给你一束光

文化酵母

中国作家的生活现场

青年报社 编

李清川 主编

陈仓 执行主编

百花洲文艺出版社
BAIHUAZHOU LITERATURE AND ART PRESS

图书在版编目（CIP）数据

文化酵母 / 青年报社编；李清川主编. -- 南昌：百花洲文艺出版社，2019.5
（对话百家）
ISBN 978-7-5500-3235-4

Ⅰ.①文… Ⅱ.①青… ②李… Ⅲ.①作家－访问记－中国－现代 Ⅳ.①K825.6

中国版本图书馆CIP数据核字(2019)第064435号

文化酵母

青年报社 编　李清川 主编　陈 仓 执行主编

出 版 人	章华荣
责任编辑	郝玮刚　张兆磊
书籍设计	方　方
制　作	何 丹
出版发行	百花洲文艺出版社
社　址	南昌市红谷滩新区世贸路898号博能中心A座20楼
邮　编	330038
经　销	全国新华书店
印　刷	江西华奥印务有限责任公司
开　本	710mm×1000mm 1/16　　印张 20.5
版　次	2019年5月第1版第1次印刷
字　数	242千字
书　号	ISBN 978-7-5500-3235-4
定　价	66.00元

赣版权登字 05-2019-91

邮购联系　0791-86895108
网　址　http://www.bhzwy.com
图书若有印装错误，影响阅读，可向承印厂联系调换。

光能繁殖

李清川

现在回想起来，我们酝酿在《青年报》新创一份文化类子刊，是在2016年春节前，甚至更早一些时候。说"论证"是不准确的，其实无需"论证"现实境遇都是尴尬的：在那个冬天，纸媒没落成了大众话题，文学式微也常见诸讨论，此时抱残守缺，以纸为阵地、以文学立足，我们似乎是在逆流而上。但是我们宁愿逆流而上，也不愿意顺势而下，因为在理性思考中我们发现，在文化多元和节奏趋快的大时代，青年更加需要定律与方向；在个人梦被自由放大的际遇下，青年比任何一个人群更加需要文化的力量。

2016年4月，《青年报》迎来第一万期出版，我们将《新青年》周刊正式落纸。之所以选择"新青年"为名，我们并无攀附之意，我们"新青年"的"新"，是思想的新，也是文化的新；我们"新青年"的"青年"，不仅是意欲照射到的目标，也是力求寻找的光源。如何赋予这份子刊以魂呢？我们以为，关键是要有眼光。我们这样比喻，文学家、文化学者、文脉传承和弘扬者，就是灵魂的塑造家。因此，我们以他们的最新作品为主线，开设《上海访谈》《自白》《重读》《旁评》等栏目，约请青年写作者进行同题创作。在文人、文章、文脉、文鉴这一逻辑下，我们致力捕捉那些既可以沉淀为历史的，又可以预见未来的文化视点，关注那些不是流行的，不是潮头的，但一定是动态的，是发展的，有力量的，有灵性的，是年轻人走着走着就会迎面相遇的。我们想做的，就是给你一束光，让它照着赶路者的某个方向。

到《对话百家》系列丛书启动编辑工作时，《新青年》周刊已经出版了133期，不觉中，我们用心陪伴了三年时光。在岁月长河中，这光景不过只是个瞬间，但如果有耐心，你就会发现这一瞬之中的永恒——要是以130多位作家为坐标点编绘一张中国当代文学地图，是不是可以观察到中国文学的当下特征和前进方向？是不是能触摸到社会发展和文化进步的某些趋势？更为关键的是，因为有更多、更深广、更具代表、更有期望空间的作家加入，这一文学地理的建构还在继续。

一路走来，我们对中国文学的过去、现在和未来，越来越有信心，而这无疑来自作家和读者。

平素里我们与文坛大家的交往，更多是在文字中相见，这种由文字及情感的共振，不免伴生仰视和忐忑。是作家们的宽容、诚恳和磊落，让我们始终温暖。联系贾平凹时，他正在武汉授课，身体很疲惫，但得知我们"等米下锅"，他在凌晨配合完成了采访。同样的情境下，迟子建在忙于家事，阿来在藏区调查，王跃文在基层参加活动，李佩甫在创作新作……我们的高频访问从未陷入"独坐悲双鬓，空堂欲二更"的不安，真是个奇迹。

每当周五收到陈仓发来的清样，我都会想，每一位作家执着的文学故事和丰厚的人生体验，都无异于一支支挥开的手电，在他们的言谈间，光就会自然发散出来。张炜在谈到长篇小说《你在高原》创作时说，如果不写完这部作品恐怕一生都不会安宁，为此，他耗时二十二年，写下450万字，流了很多眼泪。麦家的长篇小说《解密》经历了十七次退稿，他并没有因为挫败而迟疑，还将其解读为"每一次退稿对我个人而言都是打击，对作品来说都是'打铁'"。以平朴为人和谦逊姿态为人称道的陈忠实，在生前接受采访时常会强调，他不是大师，这不是谦虚，而是远远不及大师的格。

另一方面，读者始终是我们关注和连接的重点，是我们的情愫所系，源源不断给我们以持久力量。在社交网络活跃的当下，他们用传统的书信和电话，表达着对作家、作品和《新青年》周刊的偏爱。他们中，有作家、评论家、大学教授和媒体同仁，更多的还是青年学生和普通读者。他们中有人要跨年度、跨地区订阅报纸，有人想购买全套报纸收藏，还有人，只为说一句"我喜欢"。"天涯海角非远，银河夜夜相望"，如此鼓励下，我们既欢喜在心，又感重任压肩。

光是有方向的，光也能生出光。事实上，我们编辑出版《对话百家》系列丛书，还有为中国文学保存温暖历史的一点野心。客观说来，受出版形态、地域限制和传播时效影响，对话类文本的阅读体验还需优化和释放。我们希望，通过必要的梳理整理，去满足部分读者深入阅读的需要，也为文学研究者提供一种参考。这种利用纸媒积攒"光"，再借助书投照"光"的愿景，也让我们在工作之余悄然完成了一次历史记录和思想沉淀。

我们知道，出好一套书，出一套好书，并不比办报简单，恐怕还会复杂一些。《对话百家》系列丛书能够与读者见面，我们要向每一位作家致谢，向提供过帮助的朋友致谢，尤其要感谢百花洲文艺出版社的工作团队，他们倾注了热情和心血。春节前，出版社的策划、编辑团队专程来到上海，我们有过倾心一晤，他们对内容修订、装帧设计、市场推广提出了高水平意见，做了细致安排。我们都相信，有文学相伴的人生是美好的人生，被文学注入的时代是有灵魂的时代。这样的共识是幸福的，既有各自职业的坚守，也有来自文化的传承。

最后还要做几点说明：一是每卷本目录中的作家次序，大致遵从了姓氏笔画排序。姓氏传自祖先，即便是笔名也代表着文字的血统，所以是天赐的，是自然的，自然的方法应该就是科学的方法，也因此呈现出老幼相携、结队出发的友好气象。二是关于作家、作品的介绍信息，依据了报纸首发的资料，没有进行全面更新，因为作家一直都在路上，很难等到一个最终的结论。三是从报纸到图书的形态转化中，出于平衡新闻性与文学性，兼顾传播功能和阅读体验，去除了随时间推移而失去效力的部分内容。以上处理，如有不妥或者疏漏，还请予以理解和谅解。由于能力和目力所限，不免会有遗憾和失误，也希望得到各个方面的谅解。

2019年，是五四运动100周年，还是新中国成立70周年，我们以此致敬历史。遥想百年前的《新青年》杂志，提出"自由的而非奴隶的，进步的而非保守的，进取的而非退隐的，世界的而非锁国的，实利的而非虚文的，科学的而非想象的"，吹响了五四新文化运动的号角，成为历史进程中一个明亮的符号。

历史的门槛都连接着新起点。2019年6月10日，《青年报》迎来了创刊70周年的纪念，我们也以此送给《青年报》和她的读者。追溯历史，勇于尝鲜，绝不墨守，是《青年报》和青年报人最鲜明的特质，这种内生的创造力，也是今天的我们传承火炬、接续发展的重要支撑和精神力量。愿由此开端的新的路上，我们总有希望，充满发现。

（作者系青年报社党委书记、社长，中国作家协会会员，上海市新闻工作者协会常务理事）

文学属于青年

陈思和

1917年，陈独秀携带着他主编的《新青年》杂志移师北京，在北京大学发动了史无前例的"文学革命"。是年一月，《新青年》第二卷第一号发表胡适的《文学改良刍议》，二月，发表陈独秀的《文学革命论》，白话文学运动承载着思想革命的使命，席卷全中国。两年以后，1919年，《新青年》的思想启蒙直接唤醒了大批知识分子和青年学生，为了应对巴黎和会的外交事件，五四运动轰轰烈烈地爆发了，中国由此进入新的历史阶段。

陈独秀在上海创办《青年杂志》（后改名《新青年》）之初，仅仅是一个励志型的青年思想杂志。北上以后，短短几年就办得风生水起，获得了全国性的成功。什么原因？北京大学是第一个原因，那是全国优秀青年云集之地；提倡"文学革命"是第二个原因，新文学以其新鲜活泼的语言和形式，深深吸引了大学里的青年学子。新文学浪潮与青年运动相结合，便可创造一个崭新的时代。

新文学浪潮与青年运动紧紧联系在一起，在社会上产生了革命先锋的影响。我曾经把新文学运动领袖们的出生年份列出来：鲁迅是1881年出生的，李大钊是1889年出生的，就是我们今天所谓的80后；胡适出生于1891

年，傅斯年出生于1896年，属于90后；陈独秀是1879年出生，也就是70后的"尾巴"，但他已经担当了新文化运动的主将。新文化运动里几乎没有50后的作家。康有为生于1858年，严复生于1854年，他们在新文化运动兴起时已经被看作是过时的人物。而正是陈独秀、鲁迅、李大钊、胡适这样一批70后、80后和90后的青年知识分子，开创了现代中国的新纪元。

他们所开创的时代，真正是青年的时代。

上面这段议论，是我在读李清川、陈仓主持编辑的《对话百家》系列丛书书稿时，由衷想说的话。他们两位都是有文学情怀的媒体人。我与陈仓相识于复旦大学的课堂里，他来约我做一个访谈。他告诉我，青年报社创办了一个《新青年》周刊，每期用七八个版面来介绍一个当代重要作家，那时已经推出的就有贾平凹、陈忠实、张炜、余华、刘醒龙、欧阳江河、周大新、李佩甫等等，向青年读者展示当代文学的风貌。我被他们的编辑理想深深触动，我知道《青年报》是一家面向青年人的资深媒体，拥有大量的青年读者，由它来隆重推介当代文学，将会产生不可估量的影响。

新世纪的中国文学正处于一个转型更替的关键时期。我在前几年写过一篇文章，题目叫做《从"少年情怀"到"中年危机"》。我的意思是：从五四新文学发展而来的现代文学，原来就其本质而言是青年文学，它含有强烈的文学先锋因素，表达了中国青年在各个历史阶段的社会情绪和审美形态。但是新世纪以来，随着社会发展的稳定和文学功能的变化，更形象一些说，文学已经进入了"中年"阶段。其标志之一，对照百年前的新文化运动，如今在文坛一线创作的活力最强、影响最大的作家群体，依然是1950、1960年代生人，他们经过了三十多年的写作实践，形成了成熟的世界观与写作风格，艺术上也日臻完善，他们是延续五四新文学传统的一代作家，但他们毕竟已经不是青年了。而真正反映着大多数青年社会情绪的文学，却被遮蔽在资本渗透下的网络新媒体、文化市场、大众娱乐等尘霾之中，还没有发出真正的光彩。我把这种文学状态称之为"中年危机"。

因此，如何弥合这两大类文学的健康因素，有效地把五四新文学的传统与当代社会生活以及新媒体新技术结合起来，推动新一代的五四精神传人的诞生，把新文学传统的生命活力延续下去，让更多的文学青年了解和认同前辈作家的创作心声和生活态度，在新形势、新环境、新媒体中凝聚起新的力量。这对我们所有不同年龄层次的文学工作者来说，都是一项极其艰巨的任务，但也是光荣的使命。

在这个意义上，我对青年报社编辑出版的《新青年》周刊，自觉运用大众媒体来向青年读者推介当代著名作家的工作，充满敬意。他们选择的当代著名作家艺术家，是五四新文学传统的自觉继承者，弘扬他们卓越的创造性劳动成果，总结他们在文学上的精神血脉，扩大他们的创作影响，对于传承新文学传统的血脉有着重要的意义。也许他们现在做的工作，只是一种堂·吉诃德式的风车大战，但终究是"石在，火种就不会灭"，人文精神需要代代相传。

现在青年报社把《新青年》周刊上的130余位中国作家的对话录编辑成书，这是非常有意义的工作。我希望这套六卷本的书能够获得更多的青年读者的喜爱。是为序。

（作者系著名评论家，复旦大学图书馆馆长、文科资深教授，上海市作家协会副主席）

目　录

大　解

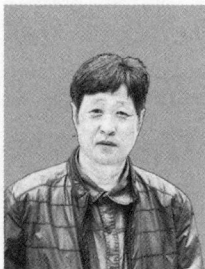

大解，原名解文阁，1957年生，河北青龙人，河北省作家协会副主席。主要作品有长诗《悲歌》、诗集《个人史》、小说《长歌》、寓言集《傻子寓言》等十多部。曾获鲁迅文学奖、中国屈原诗歌奖金奖、天铎诗歌奖、孙犁文学奖，以及《人民文学》《诗刊》《十月》《芳草》《星星》年度奖等。

诗歌是我的一个精神器官

严格来说，大解还是一位诗人。他认为，诗与人是血肉关系。诗歌是他身体里长出来的东西，是他的一个精神器官，与他的生命紧密相连。它扩大了他的身体边界，使他具有了多种向度和无限的外延。大解同时还创作了不少现代寓言，被称为"超越荒诞，走向扯淡"的开先河作家，他说自己非常喜欢寓言这种写作方式，它使他异想天开，无拘无束，比写诗还要过瘾。

据说你在年轻的时候创办过民刊，在清华水利系读书时曾经沉迷于先锋刊物，如今你如何看待那些经历？

1974年，我和六个同乡高中毕业生，共同创办了《幼苗》杂志，我是参与者，詹福瑞、王进勤两人是主创。第一期每人出资两毛钱，只刻印了四本，上面刊载诗歌、散文、小说、故事等作品，我记得好像还有歌曲。后来，由于人们各奔前程，《幼苗》出到第四期后就停刊了。这段经历对我影响深远，使我成了终生热爱文学的人。

此后，在清华大学水利系读书时，我有幸接触到《今天》杂志，让我感到新鲜和震撼。其后在许多年里，我又有幸接触到大量西方美术理论，以及科学类书籍。我读书比较杂，这对我日后的创作提供了广泛的空间和素材。我写诗，写寓言，写散文随笔，还出版过小说，但我的主要方向是诗。我认为诗是最难写的，他考验一个人的感知力和穿透力。

现在看，如果没有早年参与创办民刊《幼苗》的经历，我可能在水利工作中干到老，成为一个工程师。是文学改变了我的生命历程，我感谢文学，让我的心灵在有限的范围内，变得更自由。现在，我正在努力从诗歌中走出，把诗歌疏散和延伸，在其他文体中体现广义的诗性。

也许是你强烈的诗人身份使然，读《傻子寓言》我总会记起兰波的《地狱一季》和《彩图》，还有波特莱尔的《巴黎的忧郁》等不分行的经典之作。毋庸置疑，在想象力和创造力这两个重要的文学指标上，《傻子寓言》已具备了"经典"的大气象，各个读者群在政治、历史、自然、人性、欲望、道德、伦理、童趣和诗意诸层面，都可以各取所需。记得《傻子寓言》起初在你的博客上叫《湖边故事》，《人民文学》杂志首发时改名为《小神话》，集结成书才取名《傻子寓言》。书名变化如此之大，有什么秘密吗？

请原谅我的孤陋寡闻，你提到的三部作品我都没有读过，但我读过兰波和波德莱尔的部分诗歌。我觉得不同民族之间，可能在想象力和创造力上，有着不同的体现。其不同点主要来自于精神层面。在以基督教为主导的文化背景下产生的西方文学作品，在精神上有一个巨大的笼罩——神在上苍，人处在他律之下，人在不断去恶的过程中逐渐完善自己的一生；而以儒教为主要传统的东方文化一开始就把人确立为基点，并围绕人这个核心，确立法典，把道德推向了终极，人在自律中走向完善和自我超越。这是两种完全不同的站位和思考方式。由于精神谱系不同，东西方文化之间形成了明显的差异，体现在文学作品上，想象力和创造力也大不相同。

　　基于这样一种文化背景，我站在人的立场上，写下了一些关于人的小故事。尽管这些故事涉及到政治、经济、历史、自然、人性、道德、伦理等诸多层面，却始终围绕人这个核心，展开的幅度和深度，都没有超出人的范畴。这一点，既是我的落脚点也是我的局限。我承认，在我的身体里，有东西一直缺席。因此我的高度有限。

　　从个人的角度讲，我承认我的《傻子寓言》在想象力上是超常、离奇、荒诞的。我取材于身边的现实生活，同时考虑到隐性的非现实的元素，并把这二者结合起来，在作品中构成一个整体。在我的眼里，现实并非是平面的。现实有着许多层面和向度，但这些层面和向度并不是天然地呈现在你面前，而是需要你去穿透、游走、贯通、连缀，直到在它们之间建立起有机的联系，成为一个自由出入的空间。任何事物都有其遮蔽的部分，你发现了那些常人忽略或看不见的东西，并用新鲜的方式呈现出来，你就具备了创造力。想象力和创造力有时是分不开的，前者源于思维方式，后者是把这种思维方式，转化为实体。《傻子寓言》就是这样一个实体。

　　《傻子寓言》最初叫《湖边的故事》，因为这些故事多为离谱、荒诞的东西，当时就取其谐音"胡编"二字，意为胡编的故事。《人民文学》首发时，根据故事性质改名为《小神话》。最后结集出版时，取为《傻子寓言》。从《湖边的故事》到《小神话》再到《傻子寓言》，不仅名称发生了变化，文体也得到了明晰和确认。确切地归类，《傻子寓言》不属于童话，也不是神话，应该属于当代寓言。因为这些故事大多是取材于当下生活，最终又超越现实走向了荒诞，成为一种新的文体。

　　《傻子寓言》出版后，我把傻子和寓言分离开，让傻子这个人物独立出来，成为寓言中的主人公，写出了《傻子寓言》第二部。在第二部里，作者和傻子之间既是朋友又是相互依存的对手。寓言本身也加深了荒诞性，有时简直就是扯淡。我非常喜欢寓言这种写作方式，它使我异想天开，无拘无束，比诗歌还要过瘾。

寓言总是借用或假托动物的行动，道出人类生活中的种种问题，以进行劝喻或讽刺。纵观庄子、韩非子、伊索、乔叟等中外寓言文本，莫不如此。站在人类之外，却取拟人化角度讲故事，作者似乎可以更便捷地找到另一种眼光，去关照世界。但在《傻子寓言》里，那个形迹可疑的傻子，站在一片来历不明的湖边，在场、真实，终究是我们中的某一个。这样虚拟故事的讲述者和场景，已经与传统的寓言拉开距离，颠覆了我们固有的审美和阅读习惯。惊诧之余，我非常想知道是什么催生了《傻子寓言》横空出世？

这个提问非常有意思，也问到了点子上。传统的寓言总是愿意借用或假托动物的行为，用另外一种关照世界的方式，说出人生的某些道理。但我不这么做。我不愿意绕这个弯子。我发现了生活中的非理性之后，省去了隐喻之物，让人直接出场，面对面地出题和解题。这种方式不知是否有人用过，但我喜欢使用。我把人这个主体推到事件的前沿，到达一个不可置换的位置，不允许他推诿和妥协，他必须处理自身和世界的关系，不留一点余地。这似乎狠了点，但我要的是张力和效果。

我在寓言中舍弃其他动物，选择人这个主体，还考虑到我们的时代和处境。在人类历史上，近万年的农耕文明逐渐暗淡，在近两三百年的时间里，工业和信息时代迅速来临，科学取代了神话，人们每天都在创造着新的奇迹，人类的生活方式也因此发生了急剧的变化。在这样一个时代里，再借助动物们绕来绕去地来解释人类的原始梦想，恐怕不再是一种理想的方式。人既然已经走到了这一步，就应该直接站出来，接纳和承担这个世界，面对自己的命运。所以，人的在场不仅是必须的，也是不可推脱的。我们必须在真实的生活中找到立足点，毫不隐瞒地直取核心，揭示事物的本质，使那些被遮蔽的东西暴露出来，还原世界的真相。我深知这样写作的难度，但正是这些对我构成了诱惑，让我在人与人的相互关系中，领略到其中的紧张、悬疑、化解、生成等等意想不到的趣味。

在现实中发现非现实的元素，然后通过寓言把它还原为现实，需要勇气，也需要智慧。在写作中，我无意颠覆人们固有的审美习惯，而是出于便捷，把人确立为主角，以便省略掉转换的环节，直奔主题。如果将来出于写作的需要，我也许会邀请动物们来到我的作品中。毕竟动物也是生命这个大家族中的一员。这个世界是所有生命的世界，万物均权，即使是一只蚂蚁也有自己生命的尊严。

先应该说说这张文学路线图了：诗—长诗《悲歌》—小说《长歌》—《傻子寓言》。从短诗集《诗歌》发轫之始，你似乎一步就跨过了青春期的躁动，直接进入了中年写作，沉稳、豁达而内敛是你诗歌的特征。而长诗《悲歌》提前宣告了大解老年写作时代的来临，将近二十年时间，至转身进入小说《长歌》为止，你的写作很好地诠释了通透、包容和智性。不知你想过没有，《傻子寓言》于你，其实是一部"返童"之作。不是每个写作者都有能力让文学生命有悖常理，说说个中奥秘吧。

对于我的写作史来说，诗—长诗《悲歌》—小说《长歌》—《傻子寓言》这个路线图确实存在。1996年底开始创作的长篇叙事诗《悲歌》，是我的一个转折点，诗的结构，在叙事的框架内，完成了一部长达16000行的长篇巨制。写作《悲歌》用了四年时间，之后又用了将近两年时间，写了十万字的随笔《悲歌笔记》，前后历时六年。在这六年里，我一直生活在《悲歌》情节的弥漫和笼罩之中。这部作品构成了我生活和生命的一部分。《悲歌》的三部分——《人间》《幻象》《尘世》是一个回环结构，我力图通过一个人的生平而展开整个东方人群的生存史和心灵史。从整体上看，《悲歌》就是一部大结构的寓言。

从青春期写作到老年写作，跨越的不仅是年龄，主要是写作的心态。如果只就当下的个人而言，我活到100岁也是处在生命进程的下游，没有老迈可言。如果站在人类历史的角度考察个体生命，我在遗传史上不断延续的种群链条中，不断变换身体和性别，生生死死，已经历经沧桑。因此，你说我从青春期直接进入了老年写作，也有一定的道理，因为我经常（不自量力地）以人类的身份在思考和说话。

《悲歌》之后很长一段时间，我处在一个写作的间歇期，这期间，我写了一部中篇小说《长歌》。《长歌》写的是一个人神共存的乡村，人们艰难生存和繁衍的漫长历程，以及梦幻般的农耕历史。我自认为这是一部基于现实而又超越现实的小说，其中的诗性大于结构，成了一个寓言。

写完《长歌》以后，我发现，在我心灵的施工现场，还有许多零星的碎片可以加工和利用，于是我尝试着把这些碎片写成独立的小故事，写多了，就产生了后来的《傻子寓言》。从我的写作脉络上看，我的《悲歌》《长歌》《傻子寓言》，都是寓言性的作品，包括我的短诗，也都有一定的寓言性质。我是在不同的文体之间，做了一些转身的动作，但在精神大势上，并没有离开命定的轨道。

《傻子寓言》里167个故事，篇篇短小精悍、荒诞、滑稽，丝毫没给读者设置任何阅读障碍，大有"一网打尽"之势。考虑过将"傻子"形象引入连环画、动漫等读图领域吗?

　　《傻子寓言》属于当代寓言。在写作中,我尽量使用新闻语言,以最平实的叙述方式把故事讲清楚,不给读者设置任何障碍。使用新闻语言的好处是,虽然表面上减少了虚幻的装饰效果,但在表现力上却突出了硬碰硬的语言强度,容易一下子击中读者,直接而有力。

　　《傻子寓言》出版以后,我回头去看,自己都感到可笑。在日常中,我承认自己有些幽默,但还没有达到荒诞、滑稽,甚至是扯淡的地步。也许是寓言这种文体容易激发一个人的想象力,把我的幽默推向了极端。这些寓言大多取材于现实生活,从身边的琐事中发现那些常人看不到的层面,把它指认和揭示出来。这些寓言比童话要直接,比神话要现实,没有太多的玄幻,所以比较容易接受。至于你说的"一网打尽",我写作时并没有想那么多,但成书以后我发现,它真有可能网到很多人。无论你是思想家、哲学家、科学家、诗人、作家、学者、教授、大学生、中学生、小学生,无论你的年龄、工作、学养如何,都可以从中找到属于自己的东西。我的原则是,有什么说什么,不隐藏,不绕弯子,不表演,也不强迫你发笑或思考。我是在一本正经地讲述着发生在生活现场和生活背后的故事,我没有跟你开玩笑。如果你笑了,思考了,那一定是你自己从中看到了什么。

　　在《傻子寓言》第二部里,我作为作者,主动退回到作者本身,把傻子让位给傻子本人。我和傻子还原为作者和主人公的关系,并在其间产生了互动。我非常喜欢傻子这个人,我们之间经常相互捉弄(主要是我捉弄傻子),几乎达到不忍心的地步。但我们之间无论怎样折腾,都是在善与爱中体现幽默、荒诞和智慧,尽量把人性之恶挤压到边缘。现在,傻子的形象已经逐渐清晰,成了我心灵中的朋友。《傻子寓言》

（尤其是第二部）具备很多漫画和动漫的元素，如果未来的某一天，你在连环画或者屏幕上看到了傻子哥的形象，那就是他走出了书本，以另外的方式在世界上游荡。我了解他的性格，那个憨实的家伙有可能这样做。

听说你的傻子寓言系列之一《别笑，我是认真的》即将面世，"傻子"形象却被你彻底颠覆甚至否定了。从作者的本体，转身成为一个被作者嬉笑和讽刺的对象。为什么要让"傻子"转身？

在《傻子寓言》中，我作为傻子而出面，讲述了一些故事，是不得已之举。因为那时傻子的形象还没有明晰，我只能代替他出场。这样做的失真之处是，作者和傻子都处在虚假而尴尬的位置，既不是相互映照，也不能相互独立，这就构成了用假象印证假象的证伪关系。

傻子的出走或者说转身，给他提供了充分的自由，使他的天地变得宽阔，同时对我也是一种解脱。我不再装疯卖傻地戴着傻子这个面具，用另一个身份讲述那些编造的寓言。这些角色发生转变以后，我和傻子都变得轻松了，谁也不用装，反倒加深了可信性。同时，我和傻子之间因为相互依赖与互动，彼此都不再虚假和孤独。由此产生的话题也增加了许多，可以生发的东西无穷无尽，傻子总是有事可做，我也总是有故事可写。

《别笑，我是认真的》即将面世，就是这些寓言的延续和集成，是不是好看，我就不自我表扬了，还是让读者说了算吧。

有读者说《傻子寓言》"像小说那样惟妙惟肖，像散文那样充满抒情色彩，像诗歌那样意味深长"。无论是从文本意义，还是从业内外的反响来看，《傻子寓言》都称得上是一部奇书。你怎么看待？

读者能够喜欢这本书，我很高兴。至于说"像小说那样惟妙惟肖，像散文那样充满抒情色彩，像诗歌那样意味深长"，这是读者对《傻子寓言》的赞誉，我还是觉得愧不敢当。

从体例上说，由于我的阅读视野有限，我没有见过类似的文体。《傻子寓言》这种寓言体，是否属于首创还是第N次发明并不重要，我要的是一种适合于我的表述方式。对于我来说，形式是次要的。如果说"奇"，我认为应该体现在内容的表达上。这一点，让我引用闻书小子在《小神话大智慧冷幽默》一文中的一段话，省得我在这里自夸："作者以轻松、幽默、智慧的语言，站在当代人的立场，用167篇精短寓言切入现代生活，直击现代人生存的紧张、焦虑、荒诞和无聊，给人一种酣畅淋漓的打击和剖析。真正进入阅读之后，竟分不清天上地下，弄不清身在何处。这个名叫大解其实也可以叫大傻的人，在他的脑袋里，思想无边无涯，生命无始无终，时间无长无短，甚至生活在大地上的人也无所谓生死。在他看来，天地可以交换，阴阳可以互通，一切皆可虚无，一切皆有可能。幽默，诙谐，异想天开，海阔天空，既具备优雅的人文品质，又拥有通俗的市井情怀。说它通俗好玩，老少皆宜，我觉得并没有吹捧的嫌疑。那种痴人说梦似的讲述，有点颠覆中国人想象力僵硬的企图呢。"

你的诗曾获得过许多重要奖项，比如鲁迅文学奖、屈原诗歌奖金奖、天铎诗歌奖等等。你对这些奖项怎么看？你获得鲁迅文学奖的诗集《个人史》与《悲歌》相比，哪个更重要？

我确实获得过一些奖项，但我更在意作品本身的艺术品质和广大读者的评价。对于一个作家和诗人来说，文本是第一位的，其次才是奖项。当然，获奖会扩大一个作家的公众认知度，但时间终将会淘汰掉那些外在的浮华的东西，而剩下文字本身。如果文本经不住时间的淘洗，得什么奖也没用。

《个人史》是我的一本诗歌作品结集。我的诗，一直在探索中。我试图把根基扎进故乡和童年记忆中，并由此展开个人的心灵史和身体史。我认为，诗与人是血肉关系。诗歌是我身体里长出来的东西，是我的一个精神器官，与我的生命紧密相连。它扩大了我的身体边界，使我具有了多种向度和无限的外延。因此，我的精神没有边疆。上帝没有做完的事情，留给了我，我是幸运的。我一直在不断挑战和超越自我，试图在不可能的世界中找到语言的可能性。我的尝试未必成功，但是业内给了我充分的肯定，这使我坚定了探索的方向和方式，我会继续走下去。

我至今仍然认为，我的叙事长诗《悲歌》是我最重要的作品。这部作品构思用了四五年，写作用了四年，于2000年完成并出版，2005年出版第二版，2016年出版第三版。我试图通过一个完整的结构，展示东方人群的生存史和精神史。这样一个想法，没有结构是无法完成的。而在《悲歌》之前，汉语诗歌大多是些抒情片段，是碎片化的，很少有人使用结构。我尝试使用了，我叙事了，我得到了《悲歌》。在此前接受采访中，我曾这样说过："好坏不说，《悲歌》从体量上说是一部巨著，它所容纳的东西让我也感到震撼和茫然。许多人写文章评论它，我也写了十万多字试图解读它，但都只是论述了其中的一个侧面，无法触及全部。因为我在诗中使用了结构，而结构具有生长性，会把每一个读者都带入到个性化的解读和再创作中，完成自己的精神之旅。就字数而言，阅读这样一部作品，对人的耐力是个考验。我知道一部书和一个人一样，有它自己的命运，它出生在一个缺少叙事诗歌传统的文化背景中，确实有些突兀和傲慢，但我深信它会走远。在写作《悲歌》的四年里，我不是熬过来的，而是处在持续的激情中，像是在高原上约见众神，其愉悦和旷达，非常人可以想象。"

在这样一个读图和微信时代，人们的阅读习惯正在发生着变化，能够阅读16000行长诗的人，需要足够的耐心和毅力。我相信它不会有太多的读者。《悲歌》需要的是有效读者。它的价值和意义在于本土性和原创性，而不在于篇幅的长短。我写了《悲歌》，我的活干完了，剩下的是读者的事。

我知道你收藏石头，据说你还雕刻石头，这些与你的创作是否有关联？

先说石头。我从1996年开始收藏石头，经常在节假日里进山下河捡石头。石家庄喜欢收藏石头的人很多，慢慢地发展出一个买卖石头的市场，每年春秋两季都有大型石展，来自全国的上千家商家带着他们的集装箱来参加展销，每次我都有收获。

我认为，在自然艺术中，最能体现减法雕塑的东西莫过于石头。尤其是河滩里的那些卵石，经过上亿年的冲刷、摩擦和风化，表面上多余的东西都被淘汰掉了，剩下的部分仍然处在不断的减缩之中。一块石头的生成和死亡过程可能需要几亿年的时间，在这期间，自然作为塑造者对它们进行了不懈地削减，每一块石头都获得了自己的形体。

在石头中寻找艺术品，确实是一种审美行为。有些石头的质地和造型符合了我们的审美需求，给人以美的享受。当我们遇到那些简单到最佳状态的石头，你就无法不佩服自然的创造力。比之于人类的作品，更朴素、简捷、大胆，也更浑然天成，不可重复，你所见到的每一块石头都是孤品。

石头给我的写作带来的启示是：朴素，自然，简练，神性。有人说，玩物丧志，这对我来说恰恰相反，我的几部重要作品都是收藏石头以后写出来的，收藏对我构成了互补，滋养了我的心性，大自然教育了我，不再浮躁和轻狂。

除了收藏原始的石头，我还做过一些泥塑、玉雕，有时也雕刻石头。有些石头具备了某种雏形，只需一刀就可以勾勒出它的轮廓，每次遇到这样的石头，我就把它视为材料，以最少的雕刻，唤醒其内在的潜质，让它呈现出隐藏的部分。泥塑是加法，而雕刻是减法，去掉那些多余的东西，生命才得以彰显。我雕刻的功夫不行，非常粗砺，但粗砺也有粗砺的好处，多保留下一些原始的韵味，看上去更有质感。有时候，雕多了就是伤害。对于非常满意的石头，我从不雕刻，只是擦洗和养护，保持它原有的"味道"。

对于我来说，写作是生命与文字的互换，而收藏和雕刻是我的外来营养，也是一堂自然课，使我更加充实和健康，这两样，我觉得都有意思。

设问人：哨兵 诗人

王　干

王干，1960年生，江苏扬州人，中国作家协会《小说选刊》副主编、中国书法篆刻研究所教授。著有《王干随笔选》《王蒙王干对话录》《世纪末的突围》《废墟之花》《南方的文体》《静夜思》《潜京十年》《在场》《王干最新文论选》《隔行通气》等学术专著、评论集、散文集，另有十一卷《王干文集》出版。《王干随笔选》曾获鲁迅文学奖。

只写人性离伟大还很远

三十年来，王干一直处在中国文学的现场，自20世纪八九十年代论述朦胧诗起，莫言、苏童等人的小说都是他评述的对象，文学触角敏感的他，又是"新写实""新状态"文学思潮的倡导者和推动者。在他看来，作家要超越生活、要有理想、要有崇高感和力量感，唯有把人性、人情、人道结合起来才能成为伟大的作家。

从1986年开始，你连续三年在《文学评论》上发表文章对朦胧诗进行美学阐释。你愿意谈谈早年诗歌研究反过来对你文学思想构成的影响吗？

我在小说领域做了三十多年的研究评论和编辑工作，见证了一些作品的出炉，也见证了许多优秀作家的成长。现在还在《小说选刊》工作，但其实很多人不知道，我是从朦胧诗开始进入文学评论的。20世纪80年代初期，我的理想是做一个作家、诗人，也写了一些诗。但当我看到朦胧诗时，感到非常震惊。我感觉他们写得太好了，把诗歌写到了极致，写"绝"了。我觉得不能超越他们，就成了他们的粉丝，那时候朦胧诗发表的主要阵地都是地下刊物。我是在《诗刊》《星星》的缝隙里发现的北岛、顾城、舒婷、杨炼他们的诗歌的，对他们的诗歌产生了兴趣。因为实在太喜欢了，我就一首一首地抄下来，慢慢读，慢慢欣赏，至今还保留着当年手抄的笔记本。

对朦胧诗的热爱，虽然没有使我成为一个诗人，却在另一个层面上激发了我的自信。很多人都觉得朦胧诗看不懂，我觉得看得懂。那么如何把我读得懂的东西阐述、呈现出来？这就使我产生了一种好奇心、好胜心。我当时并没有现在年轻人修学分、完成学业的压力，纯粹是出于爱好，一种自发的热情和力量。我的第一篇文学评论《历史·瞬间·人——论北岛的诗》，反响很好，收到了近百封读者来信，这在当时是非常罕见的。

但是我写诗歌评论的时间并不长，很快就转到了小说领域。一方面，是由于朦胧诗的没落。在我看来，朦胧诗借鉴了庞德、艾略特的意象派，是对中国传统文脉和西方思潮的兼容并蓄，是中国文学的一个高峰。在那个有很多话不能说明白，不能说彻底的年代，人们需要变换着方式去表达，这就催生了朦胧诗的艺术。它对整个中国文学艺术，包括之后的新潮小说、先锋小说，甚至中国的第五代导演都产生了很大的影响。但是到了1986年之后，这种来自外界的压力慢慢消解了，与这种压力共生的艺术，也就慢慢凋零了。与此同时是，先锋小说的崛起，成为了中国文学又一个高峰。二者的发展都与时代背景有着很大的关系。对于我个人而言，朦胧诗可以说是我的文学启蒙。从诗歌评论转型做小说研究，现在又转向《红楼梦》研究，我能感受到它们之间内在的相通，这大概也是朦胧诗给我奠定的美学基础。

你有一部关于朦胧诗的论著《废墟之花：朦胧诗的前世今生》，书的环衬上写着"谨以此书献给高邮荷花塘、梁逸湾、百岁巷"。这些地方是不是给你留下深刻记忆的地理空间？它们对你当时以及后来从事文学评论产生过什么推动？

荷花塘、梁逸湾、百岁巷是我在高邮居住过的三个地方。这三个地名见证了我在高邮城自北向南迁徙的过程，也见证了我完成这本书的写作。这本书写于20世纪80年代中期，却由于种种原因，直到2008年前后才正式出版。尽管已经20多年过去了，当年文字中那些饱满的激情并没有褪去。对我来说，这三个地名，不仅仅是一个地理空间的意义，还意味着那个热情奔放的岁月。把这本书献给它们，也是出于一种感恩，不忘初心吧。

你在江苏生活过很长一段时间，能谈谈那个阶段有哪些文学印记让你难忘？有哪些人与事，有形或无形之物在你的心灵中留下过深重的足迹？

我在南京呆了很多年，现在想想那段时光，那时相交的朋友都非常有意思，非常令人怀念。比如好朋友顾小虎，他的父亲顾尔镡是《雨花》的老主编，也是一位优秀的戏曲家，20世纪70年代末期他对《雨花》的贡献很大。汪曾祺的《异秉》就在《雨花》上发的，汪曾祺当时是自由投稿。顾小虎喜欢下围棋，但他下不过储福金，于是他就培养他儿子，把储福金打败了。他喜欢古玩，带动了一批人，很多跟着他玩的人都成了收藏大家，挣了很多钱，但他依然是闲云野鹤的样子，非常潇洒。又比如古琴大师成公亮，广陵派的代表人物。他是上海音乐学院作曲系毕业的，但是有一天迷上了古琴，就不学作曲，开始学习古琴，成了一代大师。那个时候我就经常听他弹古琴，打谱。古琴只有技法，没有旋律，没有节奏，就需要打谱，分析它的旋律和节奏。他打出来以后请我们去，我还带上了韩东。听他弹琴，喝一杯宜兴红茶，那是我第一次知道宜兴红茶。我第一次写乐评，就是为成公亮写，一写就上了《人民音乐》。成老师一定要我这个外行写，我推辞不掉，就有了一篇唯一的乐评。

当时在南京，我来往的都是一帮文人艺术家，下棋的，弹琴的，画画的……著名的美术评论家李小山，他喜欢写小说，但是不考职称，号称自己是终身讲师。还有画家毛焰，擅长画人物，我的评价是他能把人的神经画出来，境界很高。我们讲到南京这么有趣，各式各样的人都有，但他们都有一个共性，都是那种散淡之人，有一点狂放，有一点文人气，有一点哥们义气，还有一点公子哥儿顽主的气质、江南名士气质。与这些朋友的交往对我影响很大，当时来看好像是我写的文章少了，懒散了。但是现在回过头看，不同领域知识的拓宽，对我是一种滋养。

南方成长的地理和文化空间，和后来你论述"南方的文体"有没有关联？

当时，我在南京出过一本书《南方的文体》，就谈到南方的文化跟北方的文化有差异。南京是六朝古都，我们谈魏晋风度、江南名士，都绕不开南京。它是江南文化的集大成者，在南方气象之上，又相对开阔、疏朗，同时也能沉淀下来。还有就是时代的因素，20世纪80年代末期在北京，文学基本上处于一种停顿的状态，但是南京接续了文学的繁荣，我曾经打过一个比方。我说南京这个城市呢，就像一部明清小说，叙述慢慢悠悠的，不着急，但是打开来看，处处有风景。北京呢，就像一个电视剧的片场，人来人往，今天他来了，明天就走了，今天你是主角，明天就换成他，太匆匆了。

你和汪曾祺及其家人交好，同时是汪老的研究者，很早就在《读书》等杂志发表过谈他的重要文章，还出版了专著《夜读汪曾祺》，你怎么看待汪老其人其文？

我和汪老交往的时间很长，与他的家人也十分交好。我有一种想法，作家分两种。一种是超越生活的作家，像鲁迅这样的，要超越生活，要抗争，要批判，像匕首一样；还有张承志，他也是要超越生活的。还有一种作家是热爱生活的作家，就是汪曾祺、沈从文这样的。我们长期以来鼓励作家超越生活，要有理想，要有崇高感，要有力量感，但是像汪老这样的作家，可能有些人觉得他写的小，比较软弱，比较冲淡。他自己也说上不了头条，没有太多的思想性。他追求的不是深刻，而是和谐。读他的作品，会让你在生活的很多细微之处发现美好，这就是他的乐观精神。这是非常宝贵的。

由你主编的一套五册《回望汪曾祺》文丛，对全面评价汪曾祺的文学成就起到了十分重要的作用。你在这套丛书的《前言》中表示，汪曾祺是被遮蔽的大师，想知道汪曾祺被遮蔽的背景与原因是什么？这么多年过去了，他的"处境"如何？

汪老在世的时候，文学地位并没有达到现在的高度。在我看来，还是时代背景导致了文学评判标准的差异。我们早年接受的是前苏联宏大叙事的熏陶，20世纪80年代中期开始转向了西方现代派的思潮，这两种审美趋势和汪老的文学风格都不对等。但是，在汪老去世的这二十年间，他的声望和影响不断地在上升，喜欢他的人越来越多，他的著作重复出版率可以说是仅次于鲁迅。我注意到，最近刘奇葆部长在一次谈话中也高度评价了汪曾祺，而且是和托尔斯泰、鲁迅等重量级人物之后提出来的，这也说明我们的生活，我们的时代在变化。汪老的可贵，就在于他打通了中西、打通了雅俗。他接续了中国传统文脉。在他的作品中展现出的温润与柔软，其实是很有力量的。这些年，我们总说要讲述中国故事，汪老就曾说过，要把中国古典诗词化开到小说中去。化开，不是照搬诗词平仄，而是把那种意境晕染开来。这才是中国故事，中国精神。

你对挖掘汪曾祺起到了十分重要的作用，这些年看到你利用各种形式，比如在《小说选刊》上重新推介老一辈作家们的作品。从某种程度上说，你这个伯乐很重要，在你的心中还有哪些作家被遮蔽了？

我不是伯乐，珍珠在那里，终会被发现。汪曾祺本来就广受欢迎，我只是希望读者看到真正的好作品。王小波就是一个例子。另外我觉得有一些知名的老作家的作品，比如王蒙的《杂色》，非常优秀，但是作品没有得到应有的认可度，也是非常可惜。周梅森的《沉沦的土地》也没有得到应有的评价。

从南方位移到了北方的文化空间，其间感受一定独特。你和一直生活在南方或北方的作家、批评家似乎不同，南北两地的气质在你身上均有体现，你能否从评论家的角度谈谈南北之间的本质差异在哪里？生活地理到底对一个作家的影响有多少？

我觉得，生活地理对作家和评论家都有着很重要的意义。老一辈作家，比如鲁迅、林语堂，都有南方北方两种生活经验；苏童、余华、格非他们也是，苏童在北师大的四年，叶兆言在北京的生活经历，对他们的创作都有很重要的影响。历史上，我们一直强调的是北方民族征服南方，其实不单是南北文化差异，近年来我逐渐意识到，东西部文化的差异，中国政治文化中心由西向东转移的过程，西域的商贸往来，甚至是茶叶等作物自西向东的传播，都对中国的历史和文明产生了重要深远的影响。所以古人说读万卷书、行万里路，其实就是不同空间不同地域的碰撞和交流。这样的碰撞和交流，能够产生一种更加有层次的文化场，不仅能丰富作家对生活的理解，也能丰富评论家对作品的解读。

王蒙先生和你有过多次文学对话，《王蒙王干对话录》收录的是1988年到1989年的对话，2016年你和王蒙先生又展开这样的文学对话。王蒙先生的作品，你也曾有过不少论述。你能谈谈，你和王蒙先生的交往吗？

我与王蒙先生的交往，后来看王蒙先生的文章才知道最早是因为胡乔木先生的推荐。王蒙先生位高权重声名显赫，却一点没有架子。看名字他以为我是一位老先生，没想到是年轻人，并且一见如故，相聊甚欢。正好有出版社向他约稿，就产生了对话的契机。他的工作非常忙，但同时又很渴望交流。那个时候我住在团结湖一个招待所的地下室，他居然找到招待所的电话联系我。前些年，出版社提出能不能有新的对话，所以我们在北戴河又展开了一次新的对话。当年和王蒙先生对话时，我才28岁。转眼二三十年过去了，我们对话的状态却一如当年，聊得非常愉快。

王蒙先生出生在河北，大部分时间生活在北京，你怎么看待王蒙的文学地理？尤其如何看待王蒙近几年的文学创作，从王蒙的作品中我们似乎找不到年龄或者说是苍老对一个作家思维的僵化，据你了解他是怎么做到的？

对我的人生产生重要影响的，有两位作家，都是我的前辈。一位是汪曾祺先生，我们是老乡，有相通的文学基因。另一位就是王蒙先生。两位老先生性格不同。汪老较为内敛，王蒙先生则性情奔放。这或许和他在新疆的生活经历有关。去年我们再次对话时，他依然是一个很有活力的状态，也没有看到岁月给他带来什么变化。我特别感慨，时间都去哪儿了？铁凝说他是高龄少男。他始终保持着一颗赤子之心，非常难能可贵。汪老和王蒙先生虽然性情不同，但他们都有这种宝贵的童心，都是明白人。所以我觉得我非常幸运，从他们身上得到很多宝贵的东西，遇到问题时有一种参照，有一种精神的力量，不是每个人都能有这样的机缘。

据我所知，你是中国传统文化的爱好者，你热爱下围棋、听古琴、写书法，可以说对传统文化的热爱和你的日常生活已融为一体。记得赵夫本写过一篇文章《说不尽的王干》，里边吐露出了许多你在南京时期的业余生活，但是时空的变化，你在北京还能找到对手、还有心情和时间下棋、听古琴、练书法吗？追忆逝去的岁月会不会觉得有些忧伤和人生感叹？

听古琴确实是少了，难了。在南京我们的聚会是雅集，有人唱昆曲，有人弹古琴。在北京，古琴更多时候带有一种传授、表演性质。但是下围棋还是有一个圈子，我和李洁非、祝晓风、胡平他们经常一起下棋，《围棋天地》还约我和常昊等国手进行对话。我有空还组织大家搞"联赛"。现在作家们也都很热衷书法。我们一度把书法和文学分开，把书法视作一种工艺，其实在古代它们是合而为一的。一个文人首先要有书法的基本训练。练书法需要掌握它的基本规律，之后就能触类旁通，就能悟出来。在北京的生活和南京不尽相同，我觉得南京的生活对我而言就是一种浸润，我对自己的概括是一个乐观的悲观主义者，一个感伤的唯美主义者。因为在这个世界上，最终是要死亡的，美好都是要消失的，从本质上我是悲观的，但是我们面对生活的时候一定要乐观，在向死而生的过程中寻找一种积极意义。这也是汪老和王蒙先生给我带来的影响吧。

注意到你对足球和电影也非常有兴趣，因此也写过不少非常重要的随笔。有新闻说，你获得鲁迅文学奖散文奖，是写新浪博客写出来的？这是生活对你的回报呢，还是文学评论家的收获？

我在南京时就踢足球，来北京也一直组织足球队踢球。我在博客上写球评，就是自然而然，有感而发。要说起来，我最喜欢的就是20世纪80年代普拉蒂尼时期的法国队，虽然没有拿冠军，但是他们的球风非常华丽，就像法国小说——梅里美的小说一样唯美。那个时候没有功利足球，不是经过科学的计算，也不像现在这么野蛮。现在的足球没有了那种理想主义的激情，没有了英雄主义的浪漫，只讲究实用主义。我现在还看球，但还是更怀念足球的黄金时代。对足球的欣赏、审美，和我对文学的欣赏、审美，其实有共通之处。

提起生活，突然想起你的《潜京十年》，你在扉页上写了一句：在京城，无人知道你是一条鱼。能给我们解释一下这句话背后隐藏着什么样的特殊感受？

赵本夫有一句话很有意思，北京深不见底，藏龙卧虎，也藏污纳垢。我的老家是水乡，鱼的意象对水乡人来说也有特别的意义。在北京，如果只是作为漫无目的的漂萍，未免有些可惜。像鱼一样沉潜水中，自由游曳，是一种安慰，是一种乐趣，也是一种生存方式。

在《潜京十年》中的《起居》一章里，你描写了京味十足的日常生活，想知道你真正地融入京城了吗？你这一代有没有大移民时代的漂浮和焦虑？

我第一次进京，是20世纪80年代借调来北京，在《文艺报》工作，那是文学的黄金时代，我很快就适应了北京。第二次是在2000年左右，我正式调到北京，不算是北漂，但也能体会到北漂的心情，充分体会到"居大不易"。北京是一个熔炉，也是一个模具，它能够锤炼你，打磨你。在小地方上，有可能你是金子也发不了光。为什么大家还是愿意来北京？真正有本事的人还是能做出一番事业，机会还是多。当然北京的艰难也不是一般的艰难，《红楼梦》里有句话，"假作真时真亦假，无为有处有还无"，这是曹雪芹北迁之后的真实感受。

说到《红楼梦》，让我想起你对《红楼梦》的研究。你为什么读了《红楼梦》很多年，兴趣未减，反而更浓？而且能把《红楼梦》与文学评论联系起来，写出了很多像是评论又像是随笔式的非常生动有趣的文章。

从20世纪80年代开始，我一直在文学现场，对于很多作家和作品都有深度地介入。这几年我渐渐感觉到，当代文学已经不能满足我的胃口了。那么我就把目光转向了《红楼梦》。我忽然发现，我们从20世纪80年代开始学习的接触的新方法、新概念、新理论，完全可以用来解读《红楼梦》，这对我是意外之喜，也是尝试一种打通吧。我觉得曹雪芹能够写《红楼梦》，跟他在南京和北京都生活过有关系。纯粹在南京城或纯粹在北京城都写不出来，必须有南北文化的交融，一种双重的视角，才能写出《红楼梦》独特的味道。

三十年来，你一直在中国文学现场。20世纪八九十年代你论述过朦胧诗，论述过先锋作家莫言、苏童等人的小说。之后，你是"新写实"文学思潮的倡导者。"新写实"，它的理论资源似乎也在西方，它在中国是怎样发生的或者说是怎样出场的？

"新写实"的主要理论资源来自三个概念，最主要的是罗兰·巴特《写作的零度》，在这里我把它化用为"情感的零度"；其次是原生态写作，借鉴了胡塞尔的现象学，把事物还给现象本身；第三个就是巴赫金的对话理论。这是"新写实"的一个理论框架。实际上我是从很多人的作品中看到了这些元素，比如刘恒、刘震云、方方、池莉的作品，我是从作品出发，做出理论提升。

如今回望"新写实"，它当年承担了什么样的历史使命和美学使命？

"新写实"经历这么几年之后有什么样的发展？它的实践与理论对当下创作的意义在哪里？

这三十年来，其实真正得到发展和沉淀的，还是"新写实"主义的写作。"新写实"不像先锋小说，它不是对西方文学的克隆，虽然借用了西方的理论资源，但底色却是中国的，是中国独特的一个小说形态。我们现在常提的怎样讲好中国特色、中国故事。"新写实"的可贵之处就在于它能够为讲好中国故事，为弘扬中国精神提供坚实的理论基础和旺盛的生命力。

你还是一位编辑家，编辑与评论家这两个角色中，你认为哪一个更有利于帮助作家的成长？

虽然我一直是以评论家的身份出场，但其实我的工作一直是编辑，做了三十多年的编辑。评论家、作家、编辑，这三重身份，我觉得它不是割裂的，而是综合的、不断切换的。我的理解是，编辑工作其实是我自身文学理想的一个延伸和外化。通过对作家作品的鉴别、欣赏、引导，去实现更广阔意义上的一种文学创作。很多年以前刘再复提过"专门性人才"，后来说"专门性人才"要增强横拓面，即"T字型人才"。我觉得自己就是干活的命，是干实事的人，苦活脏活都能干，写作、评论、编辑都能干。如果我要做一个纯粹的评论家，我可以去高校做研究，但是我用一种综合的身份在文学现场，把我的文学经验和理论准备迅速地转化到编辑程序里去，能够更好地贴近作家、作品，同时也得以通过编辑工作来实现我的文学理想，传达我的文学理念。

有人说你有透视能力，在发现新人与挖掘新作品方面有独特的眼力与胆识，这么多年经过你及你所在的平台，一批文学新人从此走上文坛，成长为中国作家的新生力量。你最看重的是一个作家作品中的什么？

我觉得一个作家最重要的能力在于，他能够发现别人发现不了的东西，并且用别人想不到的方法表达出来。而我最看重作品的有三点——人性、人情、人道。好的作品肯定是要写人性的，但是只写人性，离伟大还很远。如果能将人性、人情、人道三者结合起来，才能写出丰满厚重的作品，才能成为伟大的作家。

你是怎么评价青年作家目前的创作状态？他们与老一辈作家的差距在哪里？优势又在哪里？你有什么样的期待和提醒？

每个作家有每个作家的命运。作家都是自己成长起来的，说发现有夸大自己的嫌疑。编辑和作家，是一个相互推动的过程。很多作家的出现，给我带来了新的元素，新的色彩，丰富了我的文学资源，拓宽了我的文学格局。所以对一个评论家和编辑来说，发现作家作品的过程，也是发现自我的过程。当下青年作家的创作，和老一辈作家相比，阅历不够，沧桑感弱一些，影响了小说的丰富性。这也是为什么我重新开始研究《红楼梦》的原因。倒不是说他们的视野格局不够大，还是经历有限。这是资源配置的问题。技术性写作就像书法，并不是说掌握了技法就能成为大家。董其昌、文徵明他们把楷书写到了极致，别人只能另辟蹊径，才有了郑板桥，才有了扬州八怪，才有了伊秉绶。另一方面，青年作家大多是在城市、城镇成长起来的一辈人，城市自身的历史都很短暂，在城市的格局下也很难写出乡村乡土那种沧桑感和厚重感。相信随着城市的成长、城市的发展，青年作家的经验也会丰富多样，变得厚重而沧桑。

设问人：李敏 作家，文学编辑

叶　舟

叶舟，1966年生，甘肃兰州人，甘肃省作家协会副主席。主要作品有长篇小说
《案底刺绣》《昔日重来》，小说集《叶舟小说》《叶舟的小说》《第八个是
铜像》《我的帐篷里有平安》，诗文集《大敦煌》《边疆诗》《练习曲》《叶
舟诗选》《敦煌诗经》《引舟如叶》《世纪背影——20世纪的隐秘结构》《花
儿——青铜枝下的歌谣》，以及长篇电视连续剧《我们光荣的日子》。曾获鲁
迅文学奖、金盾文学奖、《芳草》汉语文学女评委大奖、《人民文学》小说
奖、《十月》诗歌奖、《西部》文学奖、《作品》年度奖等。连续三届入选甘
肃小说八骏。

无足轻重的小人物身上都有辉光

正如叶舟自己所说的那样，他的左手是诗歌，右手是小说，左手与右手都有相同的纹理。叶舟认为，每个人物的身上都有辉光，哪怕是无足轻重的跑龙套的小人物，也一定会有微芒般的闪烁，于是他离开了"大部队"，原因是不想被悬浮，也不想虚妄地写作，更不愿意随大流，开始问道荒原，开始漫游和寻找，后来终于找到了建构了一个纸上的城邦与王国。

你的短篇小说《我的帐篷里有平安》获得了第六届鲁迅文学奖，我是认真读了这个小说的，我觉得这个小说内容很丰富，也很特别。首先请你谈谈这篇小说吧。

这篇小说的缘起，是因为那一年北京的一家上市公司来请我，让我写一部关于仓央嘉措的音乐剧，我就写了一份故事大纲。后来音乐剧无果而终，我觉得挺可惜的，就想把大纲写成一部长篇小说《仓央嘉措》。这整个故事其实是一本关于藏地的秘闻，钥匙在我的手里。长篇写到了27万多字时，我又接到了别的写作任务，就搁下了。这一搁搁到了现在，但我知道迟早还会拾起来的，需要一个契机吧。

《我的帐篷里有平安》只是这个长篇小说中的一节，约摸八千多字，很短。颁奖词这样说：《我的帐篷里有平安》从尊者六世达赖的少年侍僧仁青的视角，通过对一个佛赐的机缘的巧妙叙述，书写了众生对于平安喜乐的向往和祈求。叶舟举重若轻，在惊愕中写安详，在喧嚣中写静谧，在帐篷中写无边人间，在尘世中写令人肃然的恩典，对高原风物的细致描摹和对人物心灵的精妙刻画相得益彰。小说的叙述灵动机敏，智趣盎然，诗意丰沛，同时又庄严热烈，盛大广阔，洋溢着赤子般的情怀和奔马雄鹰般的气概。

我觉得，这段文字点了穴，道出了我的愿景。如果要进一步追究我写这篇小说的初衷，我想我应该写的是"信"吧，一种笃信，一种执念，一种滚鞍下马的皈依……

关于它，我已经说得够多了，再说一个作者喋喋不休地谈自己的作品，总归是一件让人脸红的事儿。打住吧。

我觉得你的诗歌创作面很宽，而且写得很成功，按照一般人的理解，通过诗歌这种体裁足够表达你的思想情感，包括对世界人生的认识，那为什么又写小说？

在与评论家姜广平先生对话时，他也问及了这个问题，我当时的回答照录如下："左手诗歌，右手小说"，这是一些评论家经常对我的概括。这里面有善意的情分，但也有偷懒的嫌疑，好像在说你小子越界了，你多吃多占，你不能被一个固定的说法来框定，你没有从一而终，等着瞧吧，你两头不讨好。看见这样的话，我常有一种暗喜，觉得球还在我的脚下。

我是写诗出身的，诗歌更像我的户籍和身份证。后来时间富裕，环境宽松，我又开始了小说创作，但在长期的小说写作的过程中，我没忘记诗歌对我的恩养，对我的语言的训练。我每年都会发表几组诗，更多的诗却埋在电脑里。打个比喻吧，小说写作就像我去塔尔寺的围墙外转经，苦行，漫长，一圈又一圈的，但这并不妨碍我中途停下来，看看经幢，望望天上的经幡，辨识一些墙上的吉祥八宝。停下来的过程，则是诗歌。

我觉得在我的写作生涯中，不管是诗歌、小说、散文、剧本，还是一些别的什么文体，对我而言都是自然而然的事儿，我并没有刻意去强求。写是最重要的，不写的话，你什么都不是。另外，我还觉得诗歌与小说是一枚钱币的两面，是分不开的。如果说我的小说还有一点点特色的话，我想，那一定是因为我诗人的身份，给予了小说盎然的诗意吧。

当下中国的很多小说，虽然故事不错，讲得也很好，但是诗意皆无。我认为好的小说，一定会有诗意的涌动，哪怕是那些旁逸斜出的闲笔，都带着诗歌的光斑，能一下子抓住你的眼球，好的小说就是一首诗。

你所说的诗意是指什么？

诗意就是生命的辉光嘛。其实，每个人物的身上都有辉光的，他哪怕是个小人物，他无足轻重，他跑龙套，他的身上也一定会有微芒般的闪烁。只有这样，人物才能立体起来的。但是，我们现在的很多小说中的人物都是趴着的，立不起来，你看不见人物，你看见的只有故事，急不可耐的故事，生硬和蹩脚的故事。

或者说，诗意就是一种神态，一张生动的脸，一个表情，一句要命的话。

我理解了，也是很有感触。我一向认为小说是写人物的，诗歌是写情感的，不是说诗歌里面没有人物，也不是小说没有情绪。但是，小说一定要表现人性的光辉，人性的光辉撑起人物形象。你说诗歌和小说是一枚硬币的两面，那么我要问的是，从艺术层面来讲，你认为小说和诗歌有何差异？

在表现诗意的人性这个层面上，它们没有差异。这或许就是艺术的圭臬吧。

说到你的诗歌，毫无疑问，《大敦煌》在你创作生涯中有着举足轻重的意义。如果要分类，我和其他学者一样，认为《大敦煌》所收录的诗歌，可以归为"边塞诗"。中国的边塞诗歌有比较悠久的传统，从唐朝就开始了，我们当代文学史上也有两次边塞诗的高峰，一个是20世纪五六十年代，一个就是20世纪80年代。古代的边塞诗主要是一种非常苍凉的抒情的漠歌风格。五六十年代的边塞诗是一种将自然风光、民情风俗和主要的意识形态有机的融合在一起。那么1980年代的边塞诗更多的是一种文化诗性质的，或者说是侧重于文化的抒情和表达。那么，你的《大敦煌》诗集里面的边塞诗和中国古代的边塞诗，以及中国五六十年代，包括1980年代的边塞诗，你认为有什么承传关系？

《大敦煌》是一部诗文集，我一直很珍爱它。它是我从20世纪90年代所写的作品中遴选出来的，或者说，它是一部我早期的诗歌总集。《大敦煌》的体例很驳杂，实验性也很强，包括了短制、花环十四行、抒情诗、长诗、一部诗剧、一部长篇散文，以及模仿敦煌经卷写成的某些残片和偈语。2000年时，它结集出版后好评如潮，很快就卖光了。如今十五年过去了，敦煌市委和市政府出资，欲将它做成礼品书，但我在整理的过程中，大规模地修订了以前的内容，砍掉了三分之二，增补了不少的新作。这一次，我也没用旧的书名，我斗胆叫它：《敦煌诗经》。

回忆这一段写作生涯，我有点儿暗自庆幸，有点儿后快。我在1984

年秋天进入西北师大求学，适逢当时风起云涌的大学生诗歌运动，我和我的同学唐欣、马丁也不能幸免，卷入其中，成了参与者和见证者。我们办诗社，办《我们》诗刊，与全国各地的校园诗人们遥相呼应，书信往来，联系紧密。那时候的主义星罗棋布，那时候的流派斗转星移，那时候的山头层峦叠嶂，快感是短促的，湮灭却是注定的。但是渐渐的，我就有了一种强烈的不适症，我觉出了悬浮和虚妄，知道在随大流，有一种溺水的感觉，这可能和我的心性与青春期有关吧，叛逆是迟早的事儿。后来我慢慢地脱离开了"大部队"，我抛弃了那种众声喧哗的"浮世的写作"（张承志语），开始问道荒原，开始漫游和寻找……后来，我找见了敦煌，我用了一整本的《大敦煌》，建构了一个纸上的城邦与王国，一个能够寄寓我少年的奔跑和梦想的所在，一个可以安放我激情与呓语的圣地。时至今日，敦煌仍旧是我写作的母题之一，我始终在扪心供养她。

那么，请问一下你是怎么理解敦煌这个边塞文化符号的？

就因为敦煌所处的地理的缘故，关于她的诗篇就被归入了"边塞诗"吗？我想纠正一个概念。我看报纸说，每年去莫高窟游览的人呈几何数字增长，他们没了办法，只好将门票涨价，涨到了260元一张，以此限制游客人数。这里面有一种无奈，莫高窟每天只开放6—8个洞窟，人多的话，二氧化碳等会破坏壁画与雕塑。我每年会接待很多来甘肃游玩的朋友，他们也会去莫高窟，去一趟莫高窟，等于从兰州去了一趟北京。问题在于，他们把莫高窟等同于敦煌了。去了一趟莫高窟，看了几个窟子，吃了一顿沙州烤肉，吹了几瓶啤酒，他们就以为掌握了整个敦煌，这无疑犯了以偏概全的错误。

事实上，敦煌是几种文化的总枢，是古代西部中国的中心，无论从历史、地理、军事、贸易、宗教、民族和风俗，还是从我们这个民族的缘起与精神气象上讲，她都有一种奠基和启示的意义。而莫高窟、榆林窟、断长城、玉门关、阳关等等的文化遗址，仅仅是"敦煌"这个母题的一分子。

你梳理得很仔细，比如边塞诗的两次高峰，比如它的风格和气质，以及对两次高峰的年代的勾陈，但我想捍卫的是自己关于"敦煌"这一母题的持续写作，与所谓的"边塞诗"没有因果关系，也与以周涛、杨牧、章德益、林染等前辈诗人为代表的"新边塞诗"关系不大。敦煌是一个开放的、包容的、混血的概念，我不想被一个"边塞诗"的术语来简单地概括，来挟持，更不想让人们一再地误读敦煌文化。

你可以不同意，这只是我们的分类而已。

我猜，评论家的手里都有一把趁手的榔头，砸上一根钉子，会把所有的东西都挂上去，这样方便，也轻巧。荒谬的是，在河西走廊以至更遥远的丝绸之路上，你没有这样的钉子，也没有趁手的榔头，你试图去做的总结一般会失效，因为天空一览无余，你的钉子砸不进去，你莫可奈何。记得张承志老师说过，这里是一片"成人的风景"，干旱粗砺，你不曾经历沧桑，你就不会爱上它的。

我想说的是，所谓的"边塞诗"这个界定，是一种简单且极为粗暴的说法，或者说是归类。因为它抽离了当时那一部分诗歌诞生的背景，混淆了当时诗人们所携具的眼光与雄心。某一年的年末，在兰州，李敬泽、徐兆寿和我有一个关于丝绸之路文化的对话，李敬泽的一句话颇有禅意。他的话大意是说，当年的士子和诗人们是有"天下"这个概念的，而今却沦丧殆尽了，谁都盯着眼前，没了"天下"。

像王昌龄、岑参、李白、王翰等人的那些汗漫诗篇，一定是有它命运般的来路的。这条路直追秦汉，尤其是汉武帝开始。那是这个民族的少年时代，一直延展到了大唐盛世这样的青春期。它的精神气质就是好奇、奔跑、血勇、独孤求败，渴望征服，一心想看遍世上的所有风景。那一刻，这个帝国在开疆斥土，在金戈铁马，处于浪漫主义和英雄主义的抒情阶段，她用了张骞、卫青和霍去病去寻找新的地平线，新的天边，她用了玄奘和鸠摩罗什来满足自己对天边的一切想象，她还用了一些士子和诗人（不管是流放的，还是主动的）去给大地贴标签，去命名，去记录，去寻找一种新的可能。这或许就是"凿空"一说的来源吧。

向西突进，经略西域，那是当年的国家叙事，是一个帝国的叙事主轴。现在呢，我觉得"一带一路"也是当前的国家叙事。

于是乎，这些滚滚西去的士子和诗人们终于没有辜负，他们用诗歌给这个帝国带来了新鲜的视角、新鲜的道路，带来了别样的方言与风俗，也带来了一个又一个新鲜的地名，以诗入史，以史入诗。从这个意义上讲，他们写作的版图上没有现在的省际划分，没有话语中心这个概念，他们内心的律令就是突进、突进、突进，每一个诗人就是一支大军，一支轻骑兵，他们没有边塞，也没有被抛弃、被割肉的孤儿感。

玩笑一句吧，现在读这些铿锵伟大的诗篇，我的感觉常常是——啊，致我们已经消逝的青春，遂不免悲凉，寒由心生。但悲凉无所不在，它不仅仅是当年那些诗的唯一标签，它还有更广泛的特质需要去补充。

你的诗歌和昌耀的诗歌，你认为有什么不同和相同的地方？

昌耀先生是前辈，在他生前，我们就有过交往，而且是很信任的交往，包括他的一些家书我都亲眼目睹过。虽说见面次数不多，但通过通信，也有一些很深的交流。他的诗歌给我本人，以及我这一代诗人是有启发性的。

我以为，昌耀先生就是一个命运诗人，他们那一代人的命都很硬，但裹挟了他们命运的生存背景和时代更硬，他们就是一枚枚鸡蛋，站在高墙之下，碰也是死，不碰也是死。昌耀的高明就在于转身问己，他用诗歌来问自己这一条命，命运是他写作的唯一的一口深井，所以他不停地向内挖掘，在命运幽深的隧道里。

幸好还有诗歌这一盏灯，他被人记住了。他最后的诗集就叫《命运之书》嘛。但我没有他那样的遭际，谢天谢地，幸亏没有。——这是我和他的最大不同。相同之处在于，我们都在西北，我们的写作同时具有西部的元素，底色是没有办法去更替的，相反我还有些庆幸。

那你认为你的《大敦煌》和《边疆诗》，它有哪些特点？或者说你想在诗歌中表现什么样的内容。

熟悉那一段历史的人都明白，随着20世纪80年代的结束，诗歌或者说文学的"黄金时代"终结了。而后是一段岑寂期，一直到整个社会快速进入经济的轨道，那些坚持下来的诗人大多是暗夜疾行，独自芳香。

我前面说过了，那时候我已经离开了"大部队"，我不想被悬浮，也不想虚妄地写作，更不愿意随大流。我有两个榜样，一个是张承志老师，一个是杨显惠老师。礼失求诸野，他们的双脚扎扎实实地踏勘在西北的大地上，每一次告别，他们倔强的背影都让我潸然，也都像是一次警告或启示，催促我上路。

后来，我自己也照样学样，一次次地上路，深入到了青藏高原、蒙古高原和黄土高原的褶皱深处，在黄河上游飘摇，也在藏传佛教、伊斯兰文化、黄土文化之中穿行，在丝绸之路上漫游。我生于斯，长于斯，我和他们一点儿隔阂都没有，我其实就是他们中间的一分子。

所以浮泛地讲，我的《大敦煌》和《边疆诗》，包括《羊群入城》《大地上的罪人》和《姓黄的河流》等等的一些中短篇，以及散文集《漫山遍野的今天》和《花儿——青铜枝下的歌谣》等，都是这一种思考和行走的产物——在东南沿海的经济大繁荣时，西北的落寞、滞后、哀怨同样显而易见。对一个写作者来讲，这恰恰是这片土地的阵痛期，是她痛苦蜕变的前夜，我找见了这一个坎，并乐此不疲。现在"一带一路"了，整个西北似乎满血复活了，又将有了当年的那一番气象。

我想说，我的诗歌抓住了她的表情，赋予了她一种热烈的体温，也记录了她这一段时期的纠结。

在《大敦煌》里，除了诗歌以外，你为什么还要搞一部诗剧，一篇大散文这样的形式呢？

现如今，敦煌文化早已是一门国际显学了。我前面也说过，敦煌是几种文化的总枢，是一个集合。她的内涵是外溢的，她的外延也在不断的丰盈当中。在《大敦煌》里，当抒情短诗或长诗无法去概括她时，我就必须使用别的手段了。这本书出版于千禧年，那时也差不多到了莫高窟藏经洞发现100年之际，藏经洞的发现是20世纪中国文化标志性的事件之一，没有这个窟子，几乎可以说没有莫高窟的世界性声誉。对这么一个浩瀚的题材，抒情诗是没办法对付的，我便用了戏剧的方式，将当年的王圆箓、伯希和、华尔纳、斯文·赫定、斯坦因，以及日本的大谷光瑞和橘瑞超等人拽上了前台，让他们来演义当年的那一幕情景。《大敦煌》里的那一篇散文叫"一座遗址的传奇与重构"，主要讲述了莫高窟的前世，它相当于给那些庞杂的诗歌做了一次精神的铺垫，抹上了一层底色吧。

你的众多诗作中，《陪护笔记》应该是一篇很有意义的诗作。我看到的是对母亲生病那段陪护经历的一种真实表现。

《陪护笔记》是我在病房里写下的，虽说后来以诗歌的形式全文发表在了《芳草》杂志上，并获得了第四届《芳草》女评委的大奖之一，但在我的心中，它可能只是一篇漫长的祈祷词，对昏迷中的母亲的一种唤醒。我写了那么多年的诗，诗歌对当下社会可能是无效的，但这一次，诗歌降赐了她的神迹，她的慈悲和爱，我后来甚至觉得，母亲的缓慢康复是因为这一首诗的作用。这听起来有点儿玄，但我作为当事人深信不疑。

这首长诗的主要内容是什么？

现在重提此事，仍是一件疼痛的事儿，我试试吧。

母亲是一位大眼睛的资深美女，她性格活泛，整天乐呵呵的，身上没有什么忧愁或阴影，更没有什么家族病史，她就是一个普通的主妇，一生操劳。我作为长子真的是不可饶恕，竟然忽视了她的血压，她潜在的糖尿病，被她的快乐给蒙蔽了。2010年中秋节的晚上，母亲摔倒在地，被脑出血给击垮了，让这个家一下子站在了悬崖上，危在旦夕。从母亲发病，到苏醒过来，及至她半身瘫痪被儿女们抱着回家，那些日子里，我像一个赎罪的士兵，从生死线上把她拉拽了回来，继续做我的母亲。

妹妹是白班，我值夜班。天天夜里，在那个白帐篷似的特护病房里，我一边盯着各种仪器，一边听着她的呼吸，生怕错过了什么异常。这个情景有点儿像龙应台在《大江大海1949》中描述她父亲的感觉。那一段，长夜如同一片空旷死寂的戈壁，我必须走出来，逃出生天。我想，我或许要记录一点儿什么吧，于是拉杂着写下了一些片段式的文字，积累了不少。有一天一看，这不就是一首诗的雏形嘛。

沈苇曾说，在我们这一代诗人中，一意孤行，将抒情诗顽强坚持下去的就是叶舟了。但在《陪护笔记》里，我彻头彻尾地颠覆了自己，我不想滥情，我也不愿虚妄，只想在那些文字里填进去一个儿子的告白和祈愿，我只想让奇迹发生。另外，面对昏迷中的母亲，我还想给她写一个短短的小传，梳理一下她的生命历程，哪怕当时带着最坏的打算。

这首长诗没有炫技，也没有多少文采，只有踏实而认真的记录，只有悲哀和祷告。后来获了奖，刘醒龙老师亲自撰写的颁奖词这样说：叶舟的长诗《陪护笔记》关注个体生命的尊严与痛楚，人文视野宏阔瑰丽，既凝视在历史深处舍身搏斗的命运，又聚焦于人间气象和生活诗性。用精准的叙事和绝对的抒情，书写了两代人的心灵史，并建立起一个结构独特奇异、内涵磅礴的现代汉语诗歌世界。

我想，这个奖首先奖励的是一份奇迹，其次才是我的孝心吧。我内心感激。

长话短说，母亲现在还在康复当中，只是五年过去了，她的左半身仍在麻痹和瘫痪当中，好像一直在冬眠。我是她的拐杖，我乐意让她天天拄着我，别扔掉我。

你能不能归纳一下你诗歌的主要特色？

我觉得，我自己的诗歌和我们这一代诗人的诗歌有共同的精神背景，也有相似的出发点。这个背景和出发点就是20世纪80年代。我们是从那一座山上下来的，下来之后就走散了，相忘于江湖。

如果非要强调不一致，那我觉得，我自己的诗歌是属于旷野的产物，具有旷野的性质。它不是书斋里的冥思，也不是团伙式的发声，它就是野生的，个体的，雨打风吹的。再说得好听一点儿，它就是自然的，本真的，随性的，从漫山遍野里采撷而来的……我是从这里形成了自己的词汇表的，也可以说这是我的诗歌版图，我画地为牢，陶醉其中。

那么在诗歌艺术上你的追求呢？

我觉得任何一首诗，不管篇幅有多短，哪怕只有一行，它必须在里面有一根脊椎骨似的精神统摄起来，站起来，抓住真正的力量，从字到词，从词到句子，从句子到弥漫其间的气息，上下贯通，一脉千里，骨骼清丽……在我看来，这种脊椎骨似的精神就是恰切的抒情，反而不是思想。

我寻找的，或者如你所说的艺术追求，可能就是去找见那一种恰切的抒情。

那你认为，诗歌怎么样才有力量？

在西北有一种民歌叫"花儿"，其中一首这样漫唱说：刀子拿来头割下，不死是就这个唱法。什么唱法？我觉得诗歌如果想获得力量的话，就是保有你的那一个"唱法"，这跟性格、见识、教养、阅读、眼界、训练等有关，但最重要的，我觉得是一个人的天性，天性若此，你就不能悖逆。形象地说，天性就是那第一阵风，能让一首诗飞翔起来的风。

我记得你还有一本散文集，叫《花儿——青铜枝下的歌谣》。我觉得这个散文也很有意思。

这本书就是写西北民歌"花儿"的，用了考据、散文、仿写、对话、音乐剧等等的手段来讲述这一门民歌的前世今生。第一版是由新疆美术摄影出版社于2006年出版的，后来由甘肃人民美术出版社再版，我换了书名，改成了《漫唱》。

当初之所以写"花儿"，是因为这一套丛书的名字吸引了我。边疆话语丛书，多好听的名字呀，异质的，遥远的，混血的，太诱惑了，其中张承志老师写了《长调》，韩子勇写了《木卡姆》，沈苇写了《柔巴依》，我签约写了"花儿"。它们是好几个民族传承下来的民歌范式，至今流传不绝。

简单地说，"花儿"是生活在黄河上游的汉族、回族、藏族、蒙古族、撒拉族、保安族、东乡族、土族，这八个民族共同缔造、拥有并丰富起来的一种民歌样式，我自己的诗歌创作也从中汲取了不少的营养。"花儿"是我的老师之一，也是我一直去企及的一座高峰。这本散文集其实就是我对"花儿"的个人梳理、认知、辨析和模仿的结果吧。

能简单介绍一下"花儿"的特点和风格吗？

在早些年，"花儿"是登不了大雅之堂的，如果谁敢在村子里或者公共场合哼唱，还会遭到一定的惩戒的。因为"花儿"大多描写的是男女之情，爱情占了绝大部分的空间，加之它的表述又是直面生死，上天入地，赤裸裸的那种，所以被三纲五常、道貌岸然的那些家伙们视为洪水猛兽。如今，"花儿"终于洗脱了污名，成了名门闺秀，被联合国列为了非物质文化遗产，流传开了。

设问人：周新民 评论家，湖北大学文学院教授

宁 肯

宁肯，1959年生，北京人，北京作家协会副主席。主要作品有《宁肯文集》（九卷），长篇小说《蒙面之城》《沉默之门》《环形山》《天·藏》《三个三重奏》，非虚构作品《北京：城与年》《中关村笔记》，中短篇小说集《词与物》《维格拉姆》，散文集《一个人的现场》《说吧，西藏》《我的二十世纪》。曾获鲁迅文学奖、老舍文学奖（两次）、施耐庵文学奖、《人民文学》长篇小说双年奖、红楼梦·世界华文长篇小说奖推荐奖、美国纽曼文学奖提名奖等。

心中窗户越多了解世界越充分

诗歌，西藏，北京，成为宁肯创作的一条路径。在书写西藏的时候，他是把北京作为背景的，在书写北京的时候，他的手中又握着一面镜子，这面镜子就是中关村，在镜子里与传统的北京是遥相呼应的。他说，你心目中的窗户越多，你进入世界的窗口就越多，你对世界的了解才能越充分。

最近上海文艺出版社高调推出了你的《宁肯文集》（九卷），无疑这是对一个作家创作的集中展示，自然也是一种肯定，因为要到一定火候才可能出总结性的文集，对此很想听你谈点什么，也很好奇你怎么谈这件事。

总的感觉是到了一个重要节点，一个大站，如果有些站只停三分，这个站大概要停七分、十分，即使它不是或不算终点站，也可以和未来的已不遥远的终点站相比。我不敢说媲美，因为美谈不上，只是相比。另外，如果每一站都算一个起点的话，终点站算不算？如果终点站同时也仍是一个起点意味着什么？我除了这么谈还能怎么谈？你觉得还有更好的谈论方式吗？

一种双重的心情，想结束过去，以一种总结的方式，同时也想迫切地重新开始，不知为什么我要用"迫切"一词，我好像听出点什么。

是的，过去虽然不容易，但未来更吸引我，出了文集我就可以放下什么了，我渴望放下，打包，整整齐齐存放，不喜欢堆在那里。如果没有文集就好像没有书架，你的书东一本西一本，到处都是，有多少你也不清楚，现在好了，过去的自己非常清楚，一清二楚，可以完全放下了。

还是要总结一下。西藏大概是你的一个精神高地。文集中有三本书和西藏有关，最早是《蒙面之城》（2001）这部小说，九年之后你出版了《天·藏》（2010），又过去三年，开始以散文书写西藏：即《说吧，西藏》（2013）。你与西藏存有的那种精神上的亲缘联系开始于哪一年？

我是1983年大学毕业，工作一年以后，25岁去的西藏，在西藏待了两年，在拉萨的一个中学教书。这是最早跟西藏的一个接触。

你在《天·藏》中把西藏比作一首永不休竭的音乐，如果你刚开始就用散文的方式去表达西藏的话，很可能把握不到西藏的存在，所以说在《天·藏》中我们看到了特别多特殊的叙事方式。但问题是，既然西藏拒绝一种先行的故事，为什么你还要用小说的方式去还原？是不是小说对你来说是更为亲密的一种感知与表达方式？

不完全是。实际上我觉得可能唯有小说这种文体具有整体性。其他的文体，比如像散文诗歌，甚至包括戏剧，它的整体性都不如小说包容；而西藏恰恰体现出了它的整体性，我认为我对西藏的感知应该是整体的、全息的，它有小说，有诗歌，有戏剧，你可以用全方位的眼光去看待，但是对于西藏来讲，你用任何一个单一的文体都很难概括的，也很难表现出来的。唯有小说这样的方式，它是一个整体的全能的文体，而我理解的小说又和传统的小说概念不太一样，我觉得小说就是时间。

对传统的小说而言，可能它要有一个故事，要以人物为线索去组织。其实小说的故事往往有时候会妨碍你表达时间，我觉得比较好的方式应该是，故事天然存在，人物天然存在。传统小说的故事性它必然要排斥一些东西，比如排斥散文化，排斥诗歌的东西，排斥掉生活中的很多东西，这是我不乐意的。

传统小说需要戏剧性，而西藏没有那么强的戏剧性。西藏的那种存在感是一个完整的东西，而我认为小说和世界的关系最好是什么关系呢？最好的小说是可以想象成岩石的一个截面，故事呢，类似这块岩石上天然生成的一条鱼。比如说有一个古生物的化石，经过千万年，有一条小鱼，它就生长在整个一个大的岩石的环境里面，你要抛开这个环境，这条鱼就不存在；要没有这条鱼，岩石的意义也不明显，它就只是一个平面。岩石与鱼是相互生成的。对西藏来讲，故事相当于这条小鱼。故事和周围的环境有着千丝万缕的联系，天然的联系。你不能剥离开这个联系，即在一个岩石截面里形成故事、人物。我们不能说我们光看这鱼吧，把别的剔除掉了，这是传统小说。我希望带着原汁原味、带着这条鱼周围的所有东西，它真实存在的感觉，这是我在《天·藏》中所要追求的一个整体感觉。

文集中的五部长篇小说：从最早的《蒙面之城》（2001），到《沉默之门》（2004）与《环形山》（2006，初版题为《环形女人》），再到《天·藏》（2010）和《三个三重奏》（2014），在这些作品里，你更愿意向读者推荐其中的哪一部？

实际上对于不同的读者，我可能推荐的并不一样。我不可能对于所有读者推荐出同一本书。我最喜欢的是《天·藏》，这本书能代表我对世界的一个整体看法，但是《天·藏》不适合所有人去读，它只适合小部分人——那些比较追求存在感，在思考如何看待世界这个问题的人。那些喜欢轻松一点的人可能并不适合读《天·藏》。所以对崇尚精神，反思自己和世界的关系这样的人，对精神、对历史、对文化、对诗歌感兴趣，对人有一种不竭的思考，人到底是怎样一种具体而微存在的人，我会向他推荐《天·藏》。《天·藏》非常具体地写了一个人，他出门，散步，看到了什么，他对光线的感受，一条河为什么会这么流淌，这条河，它到底是一个源头，还是很快就要消失。他不断地在思考他看到的世界，或者说这个世界上触动他的东西。

你写的是一种思想小说吗？

思想小说好像不是特别准确，我觉得应该是思辨小说。思想小说要有一个观点，我没有一个鲜明的思想，我觉得我所有的思想都存在于一个非常具体的现象之内，对一些问题进行思辨，产生一些碎片的东西。

没有结论，永远处在一种激烈的车轮思辨之中？

对。思考，或者说思辨，追根溯源，这样一种方式是我比较喜欢的。反正我明白你这个意思，就是说它带有一种爱思想的特征。我觉得那句话说得最好，未经省察的生活是不值得过的。你对着你的生活没有任何省察，或者说你有一些感觉，但是你省察不了，那你人的主体就不清晰。我觉得小说就应该给人提供这种"明白"。

提供一种思考的场域。

不仅要提供一个思考的场域，还要在某种特定的场景下令你产生一种共鸣。小说一定要提供这种共鸣性的东西。共鸣，唤醒。海德格尔说为什么要有哲学呢，哲学就是唤醒，唤醒一定是原来已经存在过的东西，但是你意识不到它。你经历了，但实际上你丧失了对它的感觉，对它的记忆。通过阅读文学作品——哟，我一下子又想起我的小时候，我也有过这样类似的场景。其实文学和哲学带来的方法都是有一个"唤醒"的功能。

海德格尔那句话可能是"要唤醒对这个问题本身的意义的重新领悟"。

你说得非常对，实际上还原到文学上来讲，就是让那些具体而微的场域现身，你进入这样的场域，让人回忆起你自己的东西，或者你虽然没有经历过这样的事情，但是你马上明白你类似的经历，通感性的东西你是有的。

你已经预先把我的第二个问题给回答了。第二个问题关涉的正是当代理论的诗化程度已非常之深，而文学与理论的界限也愈发模糊不清的问题。我一直赞成文学与理论之间其实不要刻意分得那么清楚，这都是为读者提供一个思想起步的起点。"诗化哲学"在今天是由于某些原因而被误解与误用的。那么下一个问题，你在《天·藏》中是站在哲学的角度反观宗教，这样做会不会对宗教有一定程度的损害？我较为倾向于克尔凯郭尔的这一说法，即理性与信仰之间需要跳跃，没有一条直线道路。

我觉得从世俗的角度来讲，宗教是一种极致的东西，它已经存在着了。当你面对它的时候，如果说它已经达到极致了，我觉得这就是无法表现的东西。当我写完《蒙面之城》之后，我觉得一大缺憾是因为宗教是西藏生活中一个非常重要的部分，如果你不写宗教，几乎就代表不了西藏；但是如果书写宗教，它对我来讲则是一个非常大的难题。我怎么去表达它？我按照生活的因果去表达它吗？不行。因为原样的情况下，宗教和生活已经形成了一个非常固化的关系，是一个信仰的关系。写得太像生活了，也不行，有人是这么写的，以图解的方式。另外一种人的写法可能属于演绎，跳出来，编织一些甚至是亵渎宗教的故事，那也是一种方式，一种特定的方式。比如在一个政教合一的社会里写《十日谈》是可以的，但是在一个完全民间的环境中，你去批判它，解构它，意义就有偏差，所以我一直没有找到一个合适的进入西藏的方式。最后我碰到了《和尚与哲学家》这本书。能够跟宗教对话的是什么？我觉得唯有哲学。并不是说用哲学去表现宗教，我在这本书里表现的应该是一个对话性，就像信仰和理性应当对话一样，和尚与哲学家这对父子之间也应该对话。小说中的这父子俩，儿子是僧侣，父亲是一个哲学家，他们代表着不同的文化身份。这个父亲既看到佛教那个巨大的智慧一面，也看到佛教里有他无法理解的一面。我觉得儿子给出了非常好的解释。我原来说我也解释不了，但是儿子给出了他非常睿智的看法。二者之间并不是一个对立的矛盾关系，它是有通道的。我的小说里既有认同宗教的一面，也有坚持理性的一面，但《天·藏》在叙事上实际上还是三位一体的，因为它本身就代表着一个中间立场——文学。

这点能看出你的文学野心，你是想把文学作为一个合题吗？

对。我觉得就是想把文学做成一个合题。还是昆德拉说的那句话：我们要用文学的方式去发现事情，发现那些唯有以文学才能发现的东西。你不能用宗教代替文学，也不能用哲学代替文学。有很多事物是用其他方式表达不出来的，只有用文学。这就是文学的还原能力。

文学性的所在。最后一个问题让我们回到文学内部来谈。你在文学性的描述里有意识地掺入了思辨性质的文字以及更重要的结构——结构本身也是思想的必然产物，但是就你本人来说，是偏重形式还是在意内容？更准确地说，你认为一个时代的文学文本成立这件事，是取决于正在发生以及由此虚构变形了的故事，还是取决于为前者赋形，以便将那个故事重新讲述一遍的叙事形式？因为谈内容的话，可能会遇到《传道书》里早已谈到的结局即日光之下并无新事，我们能够想到的事情可能早已接近宇宙的逻辑极限，而形式倒是在真切地反映时代精神，它依然在反映着。每个人看待事物的方式都不太一样，这个目光落实到文学的内部就是文学的形式。我比较关心的是你对这个古老议题有何新解？

事物本来是合在一起的，但有时候你要认识它，就必须给它拆开，但是拆开来以后它又形成了一个东西，好像事物就应该拆开来去看。这本身是个问题，所以我们经常处在这样一个悖论里。我觉得形式和内容真的是不可分的。当人们获得形式和内容的时候，确确实实这里边有训练。我特别愿意打一个比喻，比如说一个音乐家，他小时候接触音乐，弹钢琴，从小汤姆森开始到拜厄，直到巴迪，其实那时候弹的都是形式，不是内容。孩子觉得非常枯燥，因为我女儿学钢琴的时候是我带她去的，我自己都恨不得会弹了。重复千百遍，一个音节，一个旋律，一个手法，那都是在学形式。世界存在着形式，每个领域都存在着形式。基本的形式我觉得的确需要训练，而且需要强度很大的训练。训练到什么时候呢？训练到所有的阶段都过去了。我们再回到文学上来，要对技巧进行训练，你要阅读，阅读什么，你作为一个普通读者，你可以不关注它的形式，但是你作为一个作家，你必须关注它的形式，怎么叙述怎么展开的，用一种什么样的方式？《铁皮鼓》是这样的方式，《百年孤独》是那样的方式，《午夜之子》又是一种方式。形式这种文学训练绝对是极其重要的，因为世界是由形式构成的，内容也是由形式构成的，你对世界经典文学的形式不了解的话，你就认识不了这个世界，也无法进入这个世界。在这个世界上，从形式的角度来看，它有多少窗户你都得清楚，你都得经过训练，把它们尽量地打开。你心目中的窗户越多，你进入世界的窗口就越多，换句话说，你掌握的形式越多，你对世界的了解才能越充分。

某种意义上讲，形式是一个先决的东西。对于钢琴家来讲，有了这样的训练之后，他成为一名钢琴家，已经不需要形式了。形式已经变成了他的潜意识，变成了他所有的习惯——认识事物表达事物的习惯。它已经成为一个天然存在的东西，这时候才可以说形式不重要。在这个意义上说，我们可以不要看重形式，而不是说没有经过训练，你还说形式不重要，那就是愚蠢。当然有些人获得形式这种训练的方式不太一样，有些人他需要刻苦的训练，有的天才很容易就用直觉洞悉到这东西，看起来好像没有经过训练，实际上在一种无意中，他已经非常直觉地习得了。但你不能说形式不重要，那些天才说我根本就不看重形式，实际上是因为他是天才，他太聪明了，他一眼就能看到的东西，别人可能得看好几眼。在这个前提下，我觉得内容才是最重要的，如果说没有形式，也就没有那个通向内容的渠道。

你出版了非虚构作品《中关村笔记》，又推出了《北京：城与年》，并且凭借后者获得了鲁迅文学奖。这两本书都显示出你对北京的独特感受与书写欲望。你眼中的北京有什么独特之处吗？

大的地方我们不必说了，诸如它是政治中心、科技中心、文化中心等等。我就说说我个人所感知的北京的特殊之处。首先是因为我生活的那个年代有相当的特殊性，从我有记忆始，它便是20世纪70年代初，部分传统文化已经开始恢复，比如说四大名著可以读了，比如说我生活在荣宝斋、琉璃厂附近，它的情形也有所改观。琉璃厂曾经的文化氛围非常浓郁，但是在经历过一个特殊年代的变形之后，它的传统文化因素已经消失很久了，变成了一个多少有些陌生的地方。等到我上学以后，也就是在尼克松访华那会儿，我记得荣宝斋突然又变了，变成了一个有徐悲鸿的画、林散之的书法，文房四宝全都摆出来的地方。我们当时觉得非常新鲜。因为我们一直以来所感知的都是一种红色的文化，这几乎是我记忆的起点。对之前的琉璃厂我既没有印象也没有记忆，我不知道它是如何消失的。可转眼间它就变成了一种黑白色为主调的中国传统水墨的形象，这让当时的我非常不理解，甚至还有点抵触。那个年代的我们会用现实的马去比较绘画中的马，那种审美趣味是特定年代塑造的。现在来看，此后又重新经历的那次传统复归，虽然你当时并不理解，但是它在潜移默化中还是对我产生了非常深刻的影响。传统文化其时虽然是作为批判用的材料，但批判客观上却带来了一个传统文化恢复的契机。

能否为我们讲述几个你记忆中的北京形象？

摔跤是过去老北京天桥的文化，在20世纪60年代基本消失了，70年代初又逐渐恢复到民间。我们现在能看到一种国际式摔跤，中国民间的摔跤不是这样，后者是你摔倒了、手一着地，就算输了，大家重新站起来。我们在摔跤时穿着用帆布轧的那种特结实的衣服，跟大坎肩似的。我记得我也是在1973年那会儿开始摔跤的，练一些基本功，一般在胡同里边找一大块空地，把土刨得特别暄腾，要不摔得疼。每到晚上，很多人都来看我们摔跤，互相之间还有点挑战，下战书擂台赛之类的活动。大概摔了三四年，都成了我们那个年代的特殊记忆。我觉得传统文化实际上它分三个层次，一个是高端的教育，一个是传统文化落实到民间的一个通俗化的过程，例如戏曲，我们的各种戏曲非常发达，其实戏曲里边有很多故事都是和传统道德训谕相通的，只不过是它把那种儒家价值观沉淀到了一个大家喜闻乐见的形式里。第三个即是民间的习武。这三位一体实际上构成了中国文化里一个特别基础的东西，它甚至构成了中国国民的人格。上层和下层完全打通了。

还有学习书法，这对我来说是一个机缘巧合。当时我们院里有一个老先生，他就是在荣宝斋上班的。我小时候有一个爱好，喜欢坐在院里写空心字，先用铅笔写一个很粗的字，然后用圆珠笔把边给勾勒出来，再拿橡皮把铅笔印一擦，这就是一个美术字。老先生一看我对写字感兴趣，当时也不明说，只说"那你练练大字吧"。他给我一本字帖，我完全不明白那个字叫什么，只是看着非常神奇，当然写起来也很麻烦。写了大概有两三年，这件事对我也挺有帮助的。后来我才知道写的是汉隶，老先生给我的字帖则是曹全碑。总而言之，在那个年代我接触到了丰富的时代景象，而且我觉得写那个年代的生活的人不多，它是一个很奇妙的氛围。我正是从这个经历的角度去看待北京的独特性的。

如我们所知，你是一位擅长书写西藏的作家，同时又是生在北京长在北京的人，那么你又是如何看待京派写作的？

我对京派文学真的了解不多，另外我觉得京派文学始终没办法在一个世界性的文化氛围内去定位。它和世界文学有点脱节。了解不多，也和我的个人经历相关，我最早读的是那些传统武侠小说，后来一上大学马上遇到了改革开放涌进国内的大量西方经典文学。所以在我年轻时候反倒觉得难以进入京派文学的语境中了。为什么《北京：城与年》这本书我现在才写？因为当时我是写不了的，也没办法处理那种奇妙的经验。经验性的东西只能在回望的年纪才会被真正发现。基本上讲，那个时候的人处在一种缺席的状态，整个人的概念完全是缺席的。接触到世界文学之后，我才意识到我获得了一个人的完整性，诸如人应该是什么样的人？人性是什么？人又有哪些权利？我试图在特殊性中发现人的普遍性，但只是到了去年，我才能够站在一个更高的高度去反观它，把握它，把它当成一个经验对象去处理。

其次，从语言的角度来讲，我是反对用方言去写作的。如果是单纯地用北京话写作，等于是把北京给弄小了。格局应该更大一些，至少从兴趣方面我可能要比他们更广泛。我对那些什么小吃啊美食啊，兴趣不是特别大。其实我那个年代已经没有小吃了。老舍先生写秋的时候全是贴着小吃写的，但他说的绝大部分我连听都没听说过，这就是我那个年代的特殊性：语言所依附的物质性因素消失了。你看为什么王朔的东西很痞，他痞是有道理的，某种意义上王朔的作品也透露出那个年代——他跟我年龄差不太多——实际上是一个极度匮乏的年代。所以他的痞是在语言上与乏味的生活取得一个平衡。但我并不认为他就是京派写作。你现在让我再用一个京味的语言去写也是很难的。

《中关村笔记》是一部非虚构作品，非虚构在写法上有哪些方面吸引着你？还有就是你如何看待虚构与非虚构之间的关系？

对于非虚构来说，我完全是一个闯入者，我对这个概念并不是很清楚，也完全没有接受过一种非虚构写作的理论训练。但是我觉得它实际上是一个发自内心的需要。首先，我的写作过去是属于向外张扬的，基本上不怎么写北京，北京是一个背景（如西藏）。最近我重新回到了北京这样一个概念。我认为我应该去写作更广阔的北京，真正体现出作为一个大都市格局和气魄的北京，这时我就想到了中关村。我们可以设想一下，如果北京没有中关村，北京是一个什么样的北京？政治历史文化的因素都有，但是从现实基础上讲，假如北京没有中关村，那么它将会是一个非常平庸的城市。中关村就像北京的一面镜子，镜子的另一面则是传统的固有的北京，两者是遥相呼应的。

　　所谓非虚构，其实我是按照小说写作的兴趣去看待的。它最终会成为小说的素材。另外呢，文学本身是以人为中心的。在人学这一点上，小说是最突出的文学。我在采访中关村的时候也是以这种目光去打量他们的，打量他们在关键时刻的一些最精彩的表现。在历史演变的转折点，他们起到了一个什么样的作用？看待历史不应该以一种非常简单的思维方式，历史充满了偶然性，我觉得中关村的创造就是一种偶然，而文学所要发现的正是细节的偶然性，而非宏大叙事的必然性。在《中关村笔记》里我完全是以人物为经纬，加了一点点评，作为人物之间的结构联络。附带说一句，传统文化对我们的影响真是潜移默化，比如史记，史记有本纪，有列传，有世家，史记实际上全部通过人物来写，但是人物写完以后有一个"太史公曰"，所以我这一部分的手记暗合了史记这样一个大的结构。每一个人物写完了，下面会有我的一个手记。

设问人：徐兆正 评论家，北京师范大学中国现当代文学在读博士

龙仁青

龙仁青，1967年生，青海海南人，青海省作家协会副主席。创作出版有"龙仁青藏地文典"三卷、小说集《光荣的草原》《锅庄》等，翻译出版有《当代藏族母语作家代表作选译》《端智嘉经典小说选译》《仓央嘉措诗歌集》《居·格桑的诗》，以及《格萨尔》史诗部本《敦氏预言授记》《百热山羊宗》等。曾获《芳草》汉语文学女评委大奖、《青海湖》文学奖、《红豆》文学奖等。

文学一如真正的爱情

端智嘉先生被人们称为"藏族的鲁迅",是作家龙仁青的文学启蒙者,在众多与文学有关的问题中,龙仁青都提到了他的名字。受端智嘉先生的影响,龙仁青在青海这片民族众多、文化多元的土地上,讲述了一个又一个带有民族特色的中国故事。在龙仁青看来,故乡,是一个外延无限大的词汇,它是祖国的同义词,写作就是深情凝望故乡,从故乡看过去,放眼世界,又从世界回眸故乡。这种信仰,一如真正的爱情。

首先请你谈谈你的文学观。比如你理想中的文学是什么样的?你想象中文学批评应该如何贴切而不是仅仅附着于文学作品?

多年前,刘醒龙老师主编的《芳草》杂志让我写一篇创作谈,记得这篇创作谈的题目叫《文学:故乡的赞美诗》。我在这篇创作谈里表达了我对文学的一种看法:写作是深情地注视故乡,并从故乡看过去,放眼世界,又从世界回眸故乡的生活方式或生活态度。多年以后的今天,我依然坚持我的这一看法,并且认为,这也是一种信仰的方式,这种信仰,一如真正的爱情。我也认为,故乡,是一个外延无限大的词汇,它是祖国的同义词。

文学批评应该如何?这是你要经常思索的问题,至于我,是不是让我做一下"减法"——我涉猎的事情太多,比如还有歌词写作、摄影、影视等,这也可能是我的写作没有呈现出应有的起色的原因吧——是否可以有更多的时间去打理写作,还有我宿命般的翻译?

你是个多面手,诗歌、小说、散文、翻译均有尝试。我刚刚读了你的"藏地文典"三卷本,我们就从小说谈起吧。我直观的感受是,你的许多小说并没有首尾连贯、层次分明的故事,而往往着力于铺写一种场景和心境,这种尝试体现在许多戛然而止的短篇小说中。你似乎较少受到西方小说"正典"关于人物性格塑造的影响。那么,请你先说说自己所接受的文学资源和精神资源是什么?

谢谢你专门花时间看我的作品,但愿没有让你枉费时间,看了一些不值得一看的东西。你提出的这个问题,我个人其实并没有认真考虑过。我写小说,比较随意,这可能与我对写作这样一种生活或者工作方式的态度有关。我一直认为,作家原本就应该是一种业余生活或工作状态,他应该是一个从事着某种工作,比如教师、医生,或者是农民、商贩什么的,而在业余书写着他所熟悉的生活或工作,这样才可能让一个作家永远在生活或工作当中,而不仅仅是去"贴近"。如果让写作职业化,在某种程度上是把作家"束之高阁"了。我们也看到,我们熟悉的一些著名作家,随着他声誉的提高,原本处在类似业余写作状态的他们,脱离了原本从事的专门工作,离开了原本的生活圈子,逐渐成为了一名专业作家,这个时候,他们的写作便也少了许多的一手资料,他们的作品有了一种"二手烟"的味道。不论自己做什么,让自己始终在生活和工作的"场"中,写作,只是一个作家需要表达和抒发生活或工作的一种方式,这是我对写作的一种态度。同时,我也认为这可能是每一个作家都需要警醒和提防的问题。

　　小说应该怎么写，这是每一个小说家都要面对的问题，而这一问题更多的是对小说形式的考虑，个人认为，对小说形式的过分在意和表现，在某些时候，也是因为"一手资料"，抑或说是富有质感的生活或工作经历、经验的缺乏，从而需要从形式上弥补内容不足的一种做法吧。写作上的这种业余心态，也可能有许多的负面影响。我的小说，之所以看不出某种师承的从属性，看不出某种写作训练或学习的痕迹，个人认为，也可能是一种"不上路"的表现，或者是作品数量少，尚未达到一定规模的原因。我需要更加努力，通过不断地写作，让自己逐渐成熟起来。

　　我走上文学写作之路，最早是因为端智嘉先生。我在海南州民族师范学校上学的时候，当时已经在藏族文坛声名鹊起的端智嘉先生忽然到我校任教。20世纪80年代中期，在那样一个时候，我们的这位老师已经在许多的文学刊物上发表了自己的作品，还出版了自己的著作。端智嘉先生是一位非常优秀的藏族作家，有人称其为"藏族的鲁迅"。他的作品有原创，也有翻译。那时候，他成了我和同学们共同的偶像，正是由于受他的影响，在那段时间，我的同学中出现了许多文学爱好者，其中有许多至今坚持文学创作，并取得了一些成绩。比如藏族导演万玛才旦先生，他的电影作品在国际上屡获大奖，而他的电影处女作，则是专门到端智嘉先生的家乡青海尖扎取的景。这部电影获得大奖后，有记者采访问及选景的问题，他说他之所以在尖扎拍这部电影，是为了向把自己带到了文学艺术之路上的先生表达敬意。我后来翻译出版了端智嘉先生的小说作品集，我个人也认为，这是对他的一种报答吧，希望他在天之灵有知，看到我们依然走在他曾经挚爱的这条文学之路上。

　　但是，一个作家和他的作品对另一个作家的影响，有一种内在的、循序渐进的过程。比如，起初我受到端智嘉先生的影响，写作也是基于青藏高原藏民族生活背景之上的，如此，我通过阅读，自然而然就会找到一批藏族作家，比如受扎西达娃老师的影响，我又会找到魔幻现实主义作家，找到加西亚·马尔克斯，找到《百年孤独》。

《百年孤独》是为数不多的让我一读再读的作品。在我写作的早期，以魔幻现实主义（尽管"魔幻"二字明显表露了站在某一文化立场上观望和评判另一文化的偏执口吻）文学表达藏民族现实生活，是我非常着迷的一种写作手法。后来，正是因为发现了他者所谓的"魔幻"对我来说其实就是庸常的生活，从而开始了新的探索，陷入了创作上的迷茫。这时候，我曾与艾·辛格相遇，这位美国作家，致力于美国犹太人生活的发掘和写作，作品中氤氲着与多数美国作家不一样的异质风格。他的写作，对我这样一个在青海写作，作品一直表达着某种地域、族裔情怀的作家来说，有着极大的启迪意义。一个作家的阅读，随着这个作家的不断成熟，文学作品和非文学作品的阅读逐渐会成反比。

和很多着力于"藏地风情"的作家不太一样，我注意到你的小说题材内容很芜杂，并没有某个一以贯之的主题。既有《大剧院》那样写非理性的自然合理性，也有《鸟瞰孤独》中边卡哨所不为人知的青春，还有《咖啡与酸奶》《看书》那样充满了机智幽默和讽刺效果的世相小说，更有很多写淳朴简单情感的短章。

小说题材内容的芜杂、没有一以贯之的主题，首先说明了我写作上的不上路，这个我刚才也说过。虽说写作多年，但依然没有形成自己成熟的路子，没有在某一自己熟悉的生活领域进行深度挖掘，而是"打一枪换一个地方"，带着茫然的探索性。不论是题材和手法，都显露出没有自信的尝试的意味，说起来也为自己感到汗颜。但是，正如你所说，如果说我的这种所谓的探索和尝试，于我有一点收获的话，那就是让我发现了我的与众不同。当然，每一个作家都在寻求自己的与众不同——那就是，我在青海这样一片民族众多、文化多元的土地上写作，这片地域以及生活在这片地域上的人们给予我的一切，都需要我用我的作品去表达，如果我做到了这一点，那我就做到了与众不同。如果说，我们承认人类所历经的历史是一种惊人的重复，人类内心情感的表达方式，同样有着惊人的相同，超越了人种和东西方，那么作为作家，他的作品可以做到的与众不同，就是他所在的地域和地域承载的文化带给他的作品的异质性。

"地域性写作"或者"地方性文学"是当下大家都比较关注的一个文学热点。你是怎么看待青海或者更广阔意义上的"藏地"文化之于文学的意义？请结合你所了解的藏族小说、诗歌等作品来聊一聊。

世界大同是不是真的就是这个世界的方向，已经有一些端倪显露出这一命题所显示出的力量。在我国，一些致力于经济发展诉求的政策行为，比如新农村建设，比如城市化进程，使得作为农业大国的我国经济得到了长足的进步，同时我们也与一些传统文化渐行渐远。这在沿海以及经济相对发达的内陆表现得非常突出。这样的时代特征一旦进入作家的笔端，作品呈现出的便是一种同质化，作家本人甚至都没有意识到，他书写的已经不是一个"中国故事"，而是一个"放之四海而皆准"的趋同化表达。

藏地由于有着深厚的民族宗教文化的围拢和保护，反而保留了更多的异质性，这种现象呈现在作家作品中时，作品中的民族地域特色就呈现出了毛茸茸的中国元素，从而也大大增强了他的作品在众多作品中的辨识度。

对一个作家来说，异质性就是自己的作品有别于他人作品的一个标志，也是可以让读者从众多作品中发现他的识别体系。当然，作品一经诞生，它就进入了一个传播系统，过于浓郁的民族地域色彩可能会影响它的传播度，所以，如何让差异的东西合理地"化"在作品文本之中，如何节制地表达民族地域文化，可能也是从技术操作层面上要注意的问题。在当代藏地书写中，我个人比较看重万玛才旦的电影和小说作品。我认为他的作品是一种在表达上脱离了20世纪80年代以来藏地题材作品刻意强调"魔幻""神奇"等一些站在他者立场上的审视叙事，逐渐回到藏地本位立场上的书写。他强调作品直面当下，不刻意对藏地进行田园牧歌般的诗化表达，对当下藏地的写作，有极好的启示。

在"寻根文学"的思想脉络中，"地方性"被赋予复兴中国本土文化主体的意义，到了新世纪以来，在保护"非物质文化遗产"和弘扬文化多样性的话语中，地方性文化又获得了新的具有"中华民族"文化活力因素的内涵。你是如何看待某种特定的地方文学、文化，比如藏族自身的民族性格、文化特点、美学传统等这样一些"特殊性"与文学的"普遍性"价值追求之间的关系的。

文化是平等的，任何一种文化都没有优劣之分，所以，对任何一种文化都不能有褒贬的态度。这句话听起来简单，但能够有这样一种文化审视目光的人却少之又少。

正如你所说，新世纪以来，文化多样性越来越受到人们的关注和尊重，也越来越看到边地的族裔文化在整个中华民族文化中的分量，以及这种文化中的"中国元素"。有着浓郁的地域和宗教特色的藏文化，近年来备受青睐。藏文化所包含的普世价值，比如对自然生态的保护意识，比如对野生动植物的热爱和呵护，以及乐观向上的生命观、对他人向善利他、互助的朴素理念等等，如此就把文化的"特殊性"与"普遍性"统一了起来。个人认为，文学中的"地方性"和"民族性"，在一定程度上可以成为一种标志，使得作家的作品呈现出一种异质气质，从而从众多的书写中脱颖而出，成为作品所特有的显而易见的辨识度。但是，如果作品一味地沉湎于民族地域的表达，可能会使作品限于某种狭隘的语境之中，缺少开放性。所以，世界性的开放态势和民族地域表达的合理结合，可能是这个时代对作家的要求也是作家个人的一种追求吧。

藏族母语文学无疑是藏族文学中极其重要的一脉，悠久的母语文学传统暂且不说，仅就你翻译的藏族母语诗歌和母语小说，我们也能间接感受到他们的魅力。比如端智嘉那样带有"民族性"批判意味的小说，拉加先那极具现实批判精神的小说，而在扎巴和扎西东主的作品中也能明显体会出他们与其他民族写作尤其是汉语写作的差异，这种差异不仅体现在写作手法上，更多是精神旨归和思想的差异，这种差异无疑对丰富中国文学乃至世界文学是有益的。那么，你在翻译这些作品的时候选取的标准和采取的"译法"是什么样的？

如果把藏语母语小说翻译成汉语，不论是内容还是语言，自然而然就会呈现出一种异质性。所以说，是否"异质"，显然不是我要选取翻译的条件之一。第一次比较集中地翻译藏族母语文学作品，是对端智嘉小说的翻译。那是在2007年，当时在北京电影学院学习的万玛才旦来到西宁，与我谈起将端智嘉小说改编成影视剧的事，他约请我加入他的这一计划，我欣然应约。那时，他刚刚拍摄完成他的处女电影作品《静静的嘛呢石》，获了大奖，一时间声名鹊起，便想把对自己走上文学和电影之路产生深远影响的端智嘉先生的作品改编成影视作品。我们曾是同一中专师范学校的同学，彼此相熟并十分了解，这也是他特意找我的主要原因。我们计划先把端智嘉的作品翻译成汉语，下一步再做改编影视的工作。如此约定之后，便分头开始翻译。后来，万玛才旦由于电影创作上的成功，使得他无法从上一工作中脱身，先生作品的翻译工作，便落在了我一个人的身上。

我大概用了两个月的时间，翻译完成了他8篇中短篇小说。经过端智嘉先生家人的授权，于2008年在青海民族出版社正式出版。这件事情，使我和文学翻译结下了不解之缘。正如你所说，端智嘉先生的小说作品有着强烈的批判精神，且有着很高的质量，有人认为，端智嘉先生的母语创作，至今"无人能出其右者"，此言虽然夸张，但也说明了端智嘉先生作品的精湛。这也成为我后来翻译的一个标准，那就是作品质量，就我个人来说，那就是好看，是翻译前的阅读打动了我。

谈及译法，就我个人经验，首先是阅读。为了翻译的阅读是真正意义上的细读。翻译工作者没有任何渠道可以投机取巧，不能在没有阅读前就进入翻译，这种细读，不光光是文字，也不光光是文字背后的文化背景，更重要的，是揣摩这些文字背后的作者。他的气息、情绪、感觉等，他是在怎样一种情状下写下这些文字，是什么样的情怀和动力让他需要倾诉，这些只有通过对原文的细读慢慢感悟，然后便是让自己能够体会和感受作者的意图和内心，然后进入翻译，这类似于演员揣摩自己要扮演的角色一般。

翻译也是一种途径，顺着这种途径，可以抵达原文的近处。这个过程，很像是面对一个体系繁杂的玩具，拆解之后，再进行组装，最终让它以另一种外形呈现，我对这个游戏充满好奇，并认定这是一个崇高的游戏。

翻译让我有一种穿越感——自由穿梭于两种语言文字之间，隐身、消遁在一种语言文字中，又在另一种语言文字中复原、出现，这是一种享受。这样的享受，我想是不亚于魔术师面对观众的惊讶与赞叹的。所以，其间的欢乐与甜蜜，有时候似乎超过了文学创作。

能否再介绍一些其他的优秀藏语作者和作品，不一定要局限于青海？

网络时代，写作者辈出。面对这样一个原本简单的问题，却有些茫然。藏族作者，特别是藏族母语作者，因为缺少发表、推广、介绍的渠道，他们往往不为人知。新世纪初，在藏族母语文坛涌现出一个诗歌写作群体，他们自称是"第三代诗人"。这个群体比较庞大，涉及安多、卫藏和康巴等地区的作家，其中的代表人物有嘎代才让、嘉布青·德卓、日·岗林、赤·桑华、达·赞布、马克·尖参等，他们有着明确的诗歌主张，他们的书写从藏族传统诗歌的母体中离析而出，在西方诗歌和当代汉语诗歌创作的影响下，在形式和意义上进行探寻、开拓和展延。他们的诗歌不再是对群体意识的强调，而是在个人体验的前提下凸显个性，有着张扬自我、回归内心的个体意识的追求。在他们身上，体现了向上、有为、探索等精神，他们是值得关注的一群诗人。我曾经参与过藏族女诗人诗选的翻译。藏族女性，在藏民族特殊的文化语境中，有着特殊的地位，在旧时代，她们几乎没有受教育的权利，因此，在这个时代她们站立在文学写作的前沿，以诗歌的名义发声，她们同样是值得关注的群体。这个群体，有华毛、梅朵吉、德吉卓玛、白玛措等女诗人。

另外我还想说的是双语作家的群体。这个群体遍及青海、西藏、四川、甘肃等省区的藏地，这个群体的特殊性，除了他们在用双语创作之外，同时也承担起了翻译者的角色，他们深谙自己所处的地域民族文化，同时又能够游走在时代前沿，穿梭在汉藏文化之间。可以说，他们是真正的民族代言人。但他们的写作翻译等工作并没有得到充分的认识，没有引起应有的关注，从而也没有挖潜出他们所具有的能量和价值。

你长期在青海工作，对于青海整个文学尤其是安多藏族文学的生态应该比较了解，他们在近些年有哪些成就和不足？他们在整个中国文学中的独特之处体现在哪里？

端智嘉先生是藏族现当代文学史上有着巨大贡献的作家，他写作的年代是在中国改革开放初期，被誉"藏族的鲁迅"。我个人非常赞同这一赞誉，因为就藏族现当代母语文学来说，端智嘉先生的创作本身，不但有着划时代意义的创新和突破，对后来的作家们也有着巨大的启蒙意义。从这一赞誉引发出的另一个话题那就是，如果这一赞誉成立，那么，藏族现当代文学在某种程度上，与整个中国的现当代文学发展滞后了几十年。这样的一个巨大的时间断层，表现在具体的文学创作和文学作品上，一是显露出藏族母语文学在创作手法过于单一、作品内涵尚待开掘等问题，这也使得藏族母语创作有了一个比之汉语文学更为开阔的挖潜空间。然而，由于中国大环境的影响，藏族当代母语文学的创作在发展速度和丰富性上要更快更好，许多藏族母语作家的创作，完全可以与同时代汉语作家比肩。

我在回答你上一个问题时提到了双语作家。青海的藏族文学创作，最大的特点可能就是有一批双语作家，比之其他省份，青海的双语作家更为集中，力量更为强大。许多双语作家，已经卓然于中国文坛之上。

我个人认为，这应该是青海需要着力打造的一种文学品牌。

藏族当代文学在整个中国文学中具有独特之处，这种独特性让它具有了更加浓郁的"中国元素"。许多作家的小说，如果把其中的地名、人名置换成西方或国外的任何一个地方都成立的话，这恰好让"中国元素"缺席。而藏族作家的作品，立足于青藏高原上浓郁的藏文化背景之上，作品所呈现的地域文化、塑造的人物都有着不可置换的特质。

我知道你也从事记者、编辑、导演和制片等工作，这些工作对你的写作有什么帮助或者有不利影响吗？我记得上次在鲁迅文学院的"现代性语境下的民族地域书写"会议上，你说到"藏地文典"三卷本算是对前一个阶段自己创作成果的总结。那么，你本人下一步有没有什么写作或翻译的规划？

此前我一直在媒体工作。这个工作，让我可以比较深入地去感受和体察许多事情，比之普通人，记者这样的一个特殊身份，给我提供了走近一些人和事的更多可能性。单单从这一层面说，它对我的写作是有帮助的。但是，媒体的工作很庞杂、琐碎，比如影视作品的摄制，是由团队共同完成的，独立的一个人不可能承担影视工作中的每一项工作，而写作恰好是"单打独斗"，这种完全不同的工作方式，塑造着不同的人格，也影响着一个人的视野、思想等，应该说，媒体工作可能有着一种宽泛的广度，而写作，需要一种向下的深度。最好的状态，可能便是这两者之间的完美结合吧——这又要求一个人要有足够的勤奋。

说来惭愧，粗粗算来，我的写作已经有30年的时间，但这样一段人生的长度，并没有撑起我文学的高度。近年来，我一直想突破我的平庸，让我在写作这件事上有一个好的表现，但收效甚微，所以，我也时常在想，是不是就此告别写作？但是，对写作的挚爱，又让我不能放下手中的笔。"藏地文典"三卷本在某种程度上呈现了我此前创作的全貌，虽然做了诸多的"包装"——除了出版社精细的编辑和精美的印刷，还有诸如名人题写书名、大家撰文推荐等，但仍然难掩它的平庸。这让我更加有一种"就此打住"的想法。

但写作似乎已经是我的一种生活状态，它似乎已经不可能以我的意志为转移。目前正在准备一部长篇小说的写作，前期的采访、大纲的罗列等一些工作已经完成。至于翻译，那更是我一件停不下来的工作。有记者采访我时，我说，翻译是我的宿命——一个写作者掌握了两种语言文字，怎么可以不涉足翻译呢？所以说，翻译，也是我的使命。目前我参与了西藏的《格萨尔》汉译项目，并完成了两部《格萨尔》史诗部本的翻译，这件工作还要持续几年。

设问人：刘大先 评论家，中国社会科学院副研究员

吉狄马加

吉狄马加，1961年生，四川凉山人，中国作家协会副主席、书记处书记。主要作品有《初恋的歌》《一个彝人的梦想》《罗马的太阳》《我，雪豹……》《致马雅可夫斯基》《我们的父亲》《吉狄马加的诗》《从雪豹到马雅可夫斯基》等，是当代具有国际影响的著名诗人，已在国内出版诗文集近二十种，被翻译成三十多种文字，在近五十个国家或地区出版发行。曾获中国新诗（诗集）奖、庄重文文学奖、南非姆基瓦人道主义奖、国际华人诗人笔会中国诗魂奖、欧洲诗歌与艺术荷马奖、波兰雅尼茨基文学奖、罗马尼亚《当代人》杂志卓越诗歌奖和布加勒斯特城市诗歌奖。

古老文化滋养我夜以继日写下去

在获得罗马尼亚布加勒斯特城市诗歌奖时，吉狄马加表示，诗歌的对话和交流，仍然是人类不同民族和国度真正进入彼此心灵和精神世界最有效的方式之一，特别是在全球化与逆全球化正在发生激烈冲突和博弈的今天，相信诗歌将会打破所有的壁垒和障碍，用早已点燃并高举起的熊熊火炬，去再一次照亮人类通向明天的道路。在他看来，他一直是一个民族的诗人，一个中国的诗人，同样也是一个与今天的世界发生着密切关系的诗人。

你曾经说过，16岁时你偶然得到一本普希金的诗集，他所表达的对自由、对爱情、对伟大的自然的赞颂，引起了你心灵的共鸣。自那一天起，你就立志当一名诗人。你一定记得自己发表的第一首诗歌吧？你创作诗歌的初心是什么？你会自我回望和审视吗？回首近四十年的创作历程、不同的阶段，写诗对于你来说意味着什么？

是的，我看到的第一本诗集就是普希金的诗选，那时候我生活在大凉山，远离大城市和文化中心。那本普希金的诗集，是从同学手中借阅的，译者是戈宝权，阅读之后，的确给我带来深深地震撼，特别是诗歌的内容，它表达了一种深沉的对未来人类的希望，对自由平等的向往，对弱者和不幸者的同情，那种人道主义精神对我具有启蒙的意义，不折不扣地进入了我的心灵。因为普希金，我爱上了诗，我想成为一个诗人。我从1978年开始写诗，但最早的诗作是在《星星》诗刊上发表的《太阳我拾捡了一枚太阳》和组诗《童年的梦》等，从那时到现在已有37年了。虽然经过了漫长的写作阶段，但我写诗的初衷从未有过改变，我想通过诗既能表达一个个体生命的独特感受，同时它又能发出一个民族集体的声音，更重要的是我希望这一切都具有普遍的人类意义。

当然，作为诗人，在每一个写作时段，都有他特别关注的内容和题材，诗的艺术形式也在不断地变化中。我始终认为，诗歌所表达的诗意，无论在何种状态下，都不能离开人的心灵，否则它就不是真正意义的诗，诗歌就是从人的灵魂和心脏里发出的声音。

你的诗歌创作拓展了当代诗歌的疆域，是从大凉山的深处传来的声音，是从彝族文化血脉的深处涌现的清流，如果说你现在的诗歌创作依然保持着当年的初心，那么在对文学的理解，对诗歌的认识，以及诗歌形式和技巧的把握上一定有了变化和发展，请谈谈这些变化和发展？哪些诗作是你诗歌之路上的标志性作品？你有没有经历过较长时间的停顿、沉淀、思索，然后厚积薄发，开始一个新的创作阶段？2016年度欧洲诗歌与艺术荷马奖等诗歌奖项就是对你诗歌创作成就的肯定，你如何看待自己的获奖？

从本质意义上讲，任何一个真正的诗人，都有属于他诗歌的疆域，我也不例外。十分幸运的是，在今天这样一个同质化的世界上，我有一片属于我的精神疆域，有一个已经延续了数千年的伟大的文明，有一群至今还保留着古老文化传统的人民。与许多诗人比较，这一切都是我的根本和财富，因为拥有这一切，才造就了我诗歌独特的精神和气质，在这个许多人认为无法再写传统意义上的抒情诗的时代，我依然承接了光荣的抒情诗的传统。这不是我比别人高明，而是我的民族古老的文化选择了我，是它让我一次又一次抵达了这个古老文化的源头。我无法想象，作为一个诗人，如果没有它的滋养，我是不是还会夜以继日地写下去。希望读者能关注我早期的一些诗作，同时也可了解一下我近几年的写作，特别是我的三首长诗《我，雪豹……》《致马雅可夫斯基》和《不朽者》，这些诗除了内容不一样外，更重要的是，在形式上也有很大的变化。至于我获奖已经是一个过去式了，当然，获奖是对我的一次鼓舞和肯定。

说起你的三首长诗，都给我留下了特别的阅读感受。在《不朽者》中，简短凝练的诗行，打开了一个开放的意义空间，渗透出东方的智慧。《致马雅可夫斯基》，生动地塑造了马雅可夫斯基在风云变幻的大时代中激进派诗人的形象，艺术上的先锋、锐意、创新与激进的社会变革理想，推动他站到了时代的巅峰，揭示了"革命和先锋的结合"的艺术特征，成为我们发掘马雅可夫斯基遗产的入口。《我，雪豹……》中，丰富的意象，灵动有力地呈现着雪豹在天地间的形与神，以在行动中思索的生命形态，将雪豹内心的声音放大，唤醒人类的反省，如何保护地球的生态，保护生命共同的家园。

从你开始诗歌创作至今，历经近四十个春秋，你的诗歌不仅影响着中国诗坛，也听到了世界的回响。你觉得你创作的诗歌已经达到了你理想中的高度吗？你已经找到了汉语诗韵的美妙旋律，在你的心里是不是还有"一首未写的诗"在召唤你？

2016年度欧洲诗歌与艺术荷马奖颁发给我，是我的荣幸，更重要的是对我的一种鼓舞。有人说，诗人有两种情况，一种是在很年轻的时候就把一生最重要的作品都写出来了，后来的作品再没有超过已经达到的高度，这在诗歌史上还不是少数，当然有的是因为诗人英年早逝；另一种诗人，就是一生都在坚持写诗，甚至到了耄耋晚年也能写出十分动人的作品，德国诗人歌德就是这样的诗人。我以为后者更不易，也更艰难。20世纪意大利伟大诗人蒙塔莱，智利伟大诗人聂鲁达，捷克伟大诗人霍朗以及赛弗尔特等，都在他们的晚年写出了令人赞叹而又耐人寻味的诗篇。我力争成为后面这样的诗人，我相信我还会写出一些自己满意，读者和朋友们也满意的作品，当然我会十分努力。

从《我，雪豹……》《致马雅可夫斯基》《不朽者》中，我分明感到了你超越自己的力量。在《寻找费德里科·加西亚·洛尔加》一诗中，你写道："他不是因为想成为诗人才来到这个世界上，而是因为通过语言和声音的通灵，他才成为了一个真正的诗歌的酋长"。这是你对诗歌的音乐性的理解和强调吗？

可以这样说，这首诗表达了我的诗歌态度和立场，洛尔加是20世纪最伟大的诗人之一，他不仅仅是西班牙语系中的伟大诗人，他也是20世纪最重要的诗人之一，他的诗就如同西班牙塞尔利亚的弗朗门戈舞蹈和谣曲，就如同吉普赛人火焰一般的喊唱，就如同斗牛士刺向牛颈的长矛，他的诗才是真正的语言的宝石，没有任何矫饰和伪装，能直抵人的心房，他的诗是词语和意象熔铸而成的匕首，这把匕首能在瞬间，像闪电一样击中目标。这样的诗人已经好长时间没有出现了，但我相信一定会出现。毫无疑问，洛尔加是我们每一个看重灵魂的诗人的榜样。《寻找费德里科·加西亚·洛尔加》是我献给他的致敬之诗。

你的诗歌有一个明显的特点，有很强的节奏感和音乐感。生动鲜活自然流畅的语言，适合朗诵也易于传唱，具有回旋的歌咏性，比如《彝人之歌》等。但同时，你的诗歌在形式上无论篇幅长与短，在题材上无论涉及自我与个体还是自然与文化，都非常注重思想性，始终以思想性保持着诗歌的深度和张力，你同意我的评价吗？请说说你对诗歌创作中的思想性的看法。

谢谢你的理解，完全同意你对我诗歌的评价，正如你说的那样，我一直强调诗歌语言的音乐性以及它内在的节奏。我们彝族人的传统诗歌特别是史诗，就有很强的音乐性，因为它需要通过吟诵来传承，另外声音的感染力是不可小觑的，我是受到了彝族古典诗歌和民谣的影响。这次获得2016年度诺贝尔文学奖的美国诗人、音乐人鲍勃·迪伦其实就是一个歌谣诗人，我以为诺贝尔文学奖颁发给这样的人，当然是一个不错的选择。现在许多诗人只注重文本和语言的实验，但是最重要的却是遗忘了灵魂，我不是说文本和语言的实验不重要，而是要说一旦离开了灵魂和精神，诗歌就失去了它存在的价值和根基。

你的诗歌修辞中具有神话的韵味，而你的诗歌叙述又有一种人类学描写的具体而丰富的细节，有的体现着现代诗歌的深刻、丰富与气势，有的又犹如彝人的歌谣般的单纯和原始，既是日常的、质朴的、温暖的，又是传奇的、神性的、现代的；有着明亮的质地，温暖的力量，没有现代派和后现代诗人那样一种失去家园的焦虑和迷茫弥漫在诗句中，而痛苦、焦虑、孤独往往成为现代派诗人基本的情感体验，成为他们诗歌写作重要的内在驱动力。你会选择什么样的关键词来描述和确认你诗歌的美学风格？什么是你一以贯之的追求？

诗歌中的质感和韵律，一直是我的一种美学追求，不想简单地说我的诗歌属于哪一类的诗歌，其实你已经作了非常好的概括。我想告诉你的是，在诗人这个大的家族中，基本上可以分成两类诗人。就拿19

世纪以来的美国诗人为例，我认为惠特曼、狄金森、弗鲁斯特、毕肖普等应该算是一个类型，而爱伦坡、庞德、艾略特、史蒂文斯等应该算是另一个类型。需要说明的是，我在这里并没有把他们进行优劣之分，而是两种不同的诗歌传统，从我个人的角度来看，我更喜欢前一个类型的诗人。我从一开始写诗就希望我的写作，能与我生活的土地、河流、村庄、森林、群山、天空，以及这片土地上人的心灵发生最亲近的关系。不是一开始对于我们这样一个古老的民族，我就是一个符号性的人物，但是真实地讲，从我拿着笔开始写第一首诗的时候，历史就选择我承担了这样的使命，我不知道这是不是宿命。

这是一种强大的自我意识，是自我和民族之间真切的感应！你的诗歌来自大凉山的深处，是彝族文化、生存状态和精神世界的现代呈现，你的诗歌创作与彝族文化血脉相连，同时你的诗歌创作又是个体、独立的自我、现代的自我对整体的突破，你书写的是真实的你，一面是彝族文化传统的记忆与滋养；一面是现代文明的冲击与挑战。你以汉语诗歌呈现了两种文化的融合，传统与现代的对话，由此丰富着你诗歌的文化内涵与生命意蕴，为中国当代诗坛提供了独特的有生命力的诗学意象和诗意美学。在一个全球化的时代，作为中国当代诗人，对你构成挑战的是什么？

正如许多社会学家说的那样，全球化已经改变了一切，这一判断绝不是耸人听闻，据不完全统计，现在每一天人类都有好几种语言在消亡，每一天都有无数种植物在灭绝，这个世界的面孔变得越来越相像，许多古老的传统和非物质文化也难以为继，这个世界实际上是被一个隐形的权力资本所操纵。客观地讲，人类今天的发展解决了许多过去无法解决的问题，特别是在解决贫困、消除疾病、文化教育，以及社会保障方面取得了令人可喜的成绩，但是同样在资源损耗、环境污染、宗教冲突、恐怖主义，以及核战争的威胁方面依然是我们面临的严峻问题。特别是在这样的时候，诗人不能缺席，更不能逃避这样的现实。我们的诗人和我们的诗歌，必须义无反顾地去见证这个时代，必须站在人类道德和良心的高地，去审视和书写当下的人类生活，我相信诗歌的存在和我们的诗歌，必将是人类通向明天的最合理、最人道的理由。

你的诗歌创作根植于彝族文化的土壤中，但却保持了一种敏感和诚挚的关心。在《我，雪豹……》中，还有《我们的父亲——献给纳尔逊·曼德拉》中，都有许多让人过目难忘的诗句。我想，题材的丰富性、视野的广阔性、思考的深入性，是你自我突破的途径，是否也是你保持诗歌创作处于一种生长状态的重要因素？

我是一个民族的诗人，是一个中国的诗人，当然同样也是一个与今天的世界发生着密切关系的诗人。立陶宛伟大诗人托马斯·温茨洛瓦为我写过一篇文章，文章的题目就叫《民族之子，世界公民》。你又说到了《我，雪豹……》这首长诗，我要告诉你一个消息，美国两次国家图书奖获得者，当代最重要的生态作家之一巴里·洛佩兹，2016年4月15日在纽约获得终身成就奖时，他的致答辞就是全文朗诵了《我，雪豹……》，这当然是我的荣幸，同样也说明这首诗在不同的国家获得了共鸣，这就是诗歌的力量，也是超出了一切藩篱的生命的力量。同样也因为我写了献给曼德拉的诗篇《我们的父亲》，2014年南非给我颁发了本年度的"姆基瓦人道主义奖"。在今天这样一个人类密不可分的时代，诗人不仅要关注你周围人的命运，更要关注生活在这个地球不同角落人的命运。为叙利亚难民的命运我曾在一首诗中这样写道："在叙利亚，指的就是没有被抽象过的/——活生生的千百万普通的人民/你看他们的眼神，那是怎样的一种眼神！/毫无疑问，它们是对这个世纪人类的控诉/被道义和良心指控的……我告诉你们，只要我们与受害者/生活在同一个时空——作为人！/我们就必须承担这份罪孽的某一个部分……"你看完这首诗，就会知道，我是一个面对重大事件必须也一定会发出声音的诗人。

在《黑色的河流》中，你给读者呈现了一幅民俗画卷，但你没有铺排民俗事态，诗句间有着死亡的肃穆，更有着生命绵延的力量，"我看见死去的人，像大山那样安详，在一千双手的爱抚下，听友情歌唱忧伤"。读着这些诗句，不是没有痛苦，不是没有忧伤，不是没有矛盾，不是没有沉重，但是感受到诗中始终保持着一种力量。你说过，"诗人表达宿命的意识并不证明他的悲观，也不是一种颓废，正如自觉到肉体必将消亡的人会更加珍惜生命热爱生活。这种自觉就是诗的出路"。诗歌是你理解文化、呈现思考的一种方式，也是你超越现实的一种力量吧？

谈了这么多，我发现你对我的诗歌的认知和判断，还是比较精准的，你之前确实做了大量的功课吧？《黑色的河流》是我早期的作品，它被选入我的第一本诗集《初恋的歌》中，这本诗集十分幸运地荣获了全国第三届新诗（诗集）奖，也就是现在鲁迅文学奖诗歌奖的前身。许多人把诗人看成是一个职业，我却不这么认为，我认为诗人就是一个社会角色。如果一个诗人靠写诗去获取生计，去卖钱，我无法想象他能写出什么好诗。在过去历史上，有过所谓的宫廷诗人，歌德就享受过这样的待遇，但是在现代社会诗人养活自己可能有别的职业和手段，诗歌写作从来是更个人化、更孤独、更特立独行的一种行为，假如它失去了自身的纯粹性，诗歌也就失去了价值和尊严。诗歌对于诗人而言，就是他们呈现思想和生活的一种方式，它当然要超越现实，它最终必须具备一种形而上的力量，但它最基础的立足点还是现实。

你曾经说过，诗歌是你的生命形式，有评论家说，你是一个诗歌的幸运儿。你同意吗？有诗人认为，对一个诗人而言，他最大的痛苦，不是身体的残疾，也不是衰老，而是失去了对语言的敏感能力。你的感觉呢？

我无法理解"幸运儿"这个词本身的指向，我们都生活在这个时代，每一个人都有不同的命运，这个时代大的历史走向会影响我们每一个人的生活，或许这也铸就了我们每一个人的命运。我常常是一个怀疑论者，但我对生活和时代始终怀抱着一种感恩，因为这个时代让我见证了许多不平凡的事件，让我经历了我的先人从未经历的生活。人的痛苦是多种多样的，但是作为一个诗人，如果有一天他真的失去了对语言的敏感能力，那当然是一件极为不幸的事，在这里我只能祈愿这个世界的诗人，在离开这个世界的前一天还保有创造力，当然我知道这仅仅是个愿望。

一位著名作家在谈到创作时表示，当代的资本运作对娱乐界、文化界的渗透，使得它影响今天的市场和大众精神生活的动能巨大，相比这种巨大的动能，作家在作品中关注的问题可能会显得轻微，反过来会影响作家对自身创作的判断。而诗人对中国当代诗歌的发展有着乐观的判断和心态，有些诗人预感到一个大的诗歌时代即将来临，你是不是也有这样的预感呢？

资本和技术逻辑对人类精神空间的挤压已经是一个不争的事实，当然对文学也不例外。是不是一个大的诗歌时代即将来临，我以为这绝不取决于在人类心灵之外是不是发生了某种变化，我认为更重要的还是诗人是不是真的成为了这个时代的见证者，是不是真正成为了人类良知的代表，我历来认为这是大诗人和小诗人的区别，毫无疑问，我们这个时代需要大诗人。

互联网对我们的生活带来了巨大影响，也对当代诗歌的传播产生了很大的影响，网络，加速了诗歌"草根性"的发展，大量草根诗人的诞生，就是诗歌大众化的一种注解，草根诗人不是我提出的，我只是使用了这个概念。你读过草根诗人的作品吗？如何评价草根诗人的诗歌创作？

是的，互联网的影响是巨大的，它不仅改变了许多人的阅读方式，同时还改变了许多人的生活方式。我历来认为诗的写作方式是多种多样的，我也很少把诗分成"精英写作"和"草根写作"，这本身是一个很符号性的表述，这和诗的本质毫无关系。我认为只有好诗和不好的诗之分，就所谓的"草根写作"而言，我也看到过不少非常好的诗，特别是一些打工的年轻诗人写的诗，他们的诗是从心灵里流淌出来的，没有任何的矫揉造作，他们的作品有着一种强烈的内在的生命张力，比我们经常看见的那些玩语言游戏的诗，我更喜欢阅读前者。

你曾经说过，一个伟大的诗人，必须在精神上和思想上超越地域和民族的限制，既是他的民族的优秀儿子，同时也是人类文明滋养的世界性的公民。庞德说过，伟大的诗人是民族的触角，你觉得伟大的诗人对于民族的意义是什么？

庞德的这句话，我想永远不会过时，因为任何一个诗人都不是抽象的，这就如同任何一个人也不是抽象的，诗人从降生在这个大地上那一天开始，他就已经是一种文化的产物。当然，诗人在自己的成长过程中，除了受到自身的民族文化对他的影响，他还会受到多种文化的影响，从这个意义而言，诗人是他的民族的儿子，也是人类文明的儿子。有意思的是，诗人还是语言和文字的最坚决的捍卫者，在历史上有不少诗人用双语或者多种语言写作，他们可以用别的语言和文字写散文类的文章，但是写诗他们必须用自己的母语，俄罗斯伟大诗人布罗斯基，巴勒斯坦伟大诗人达尔维什都是这样的诗人。我们现在缺少真正意义上的民族诗人，他绝不是一个外在的符号，如果你问我谁是美国的第一号民族诗人，我可以明确地告诉你，他就是沃尔特·惠特曼。

在全球化的语境中，如何保持民族文化的多样性？如何呈现民族文化的生命力？抵御全球化带来的由消费潮流导致的文化一体化倾向，这是值得中国当代艺术家深入探讨的命题，也是中国当代作家需要面对的挑战。作为一个诗人，你以自己坚持不懈的诗歌创作，在生命中发现诗意，在生活中提取思想；同时你被称为一个行动的诗人，大力促成多个国际诗歌交流活动，比如青海湖国际诗歌节，创立了"金藏羚羊"国际诗歌奖，让更多的人享受诗歌神奇之美，让诗歌成为心灵沟通的鹊桥，让诗歌成为文化交流的空间站。这也是你向世界呈现民族文化的生命力，呈现汉语诗歌之美的一种努力？

法国诗人达拉斯在一篇文章中，他第一次说我是一个行动的诗人，当然我理解这是一种对我的褒奖，也是一种鼓励。他想说的是，现在许多诗人与更广阔的社会生活联系太少，很难把自己的文化理想或者说诗歌理想变成一种现实。近几年，我在中国许多地方倡议创办了一些重要的诗歌活动，比如青海湖国际诗歌节、西昌琼海国际诗歌周等等，这些活动进一步加强了中国诗歌与世界诗歌的交流和对话。下一步，我们还会就国际间的诗歌交流，为开展更深入、更富有创造性的提升做好筹划。

设问人：王雪瑛 评论家，上海报业集团高级编辑

刘亮程

刘亮程，1962年生，新疆沙湾人。著有《晒晒黄沙梁的太阳》《虚土》《一个人的村庄》《在新疆》《一片叶子下生活》《捎话》等二十余部作品。曾获鲁迅文学奖、冯牧文学奖、华文最佳散文奖、《小说月报》百花文学奖等。

我相信闭住眼睛看见的光明

刘亮程从小就有一个特长：他能听懂风声。语言可能成为障碍，只有声音才能通透一切。而声音的世界恰恰也是文学的世界，刘亮程认为文学是人类的最后一个沟通之门，当大家坐到一个毯子上，回到人的层面，讲人的感情，最后是可以讲通的，这就是文学的功能。文学就是风。

我刚读完你的长篇小说《捎话》，这是我时隔一年多后再次通读全书，几乎比第一次读它还要紧张。这主要是因为小说的语言，每一句文字的张力都很大，每一句都不敢轻易错过。这部小说的题材与古代西域有关，你能谈一下小说题材的最初来源吗？

《捎话》的故事背景和西域地理历史有隐约的一点关系，但它是虚构的小说，不是历史。小说可以借助历史，但好的小说一定是孤悬于历史之外的一个单独的存在。

这是一部无法形容的小说，也是一部也许要读很多遍才能读懂、读清楚的小说。可以说它是一部荒诞寓言小说，也可以说它是一部惊悚童话。是一部超现实主义的小说，也许它还是一部死亡之书。其中具有的神秘的抽象意识流色彩，不同于西方现代小说的意识流描写，同时，整部小说都带有一种梦境色彩。你自己如何界定它？

最真实的文学都仿佛是梦。梦是封闭的时间。文学也是。再宏大的文学作品也是封闭在一个时间块里。它孤悬于现实之外。文学创造时间。当文字抵达时，那个世界醒来，但又不是完全醒来，那块时间里的夜色未褪去，朦朦胧胧，时间本身也在文字里醒来，重新安排白天黑夜，安排发生什么不发生什么。塑造一个人物，等于唤醒一个鬼魂。一部好小说，必定呈现的是一个灵魂世界。而灵魂状态如梦如醒。这也是《捎话》的整体氛围。

关于这部小说的结构安排和叙述方式：第七章和第八章，鬼魂觉和妥从两个角度的叙述，是这部小说中很动人的地方。觉和妥到了后半部越来越靠近，他们开始分别向对方回忆和描述往昔。第十章是回到黑勒城的妥的讲述。到了第十七章固玛，觉和妥又开始以回忆的形式互相对话。像兄弟一样越来越惺惺相惜。整部小说故事的推进，是不断交由谢、库，鬼魂妥、觉、乔克努克等角色来进行的。妥、觉和乔克努克以第一人称的口吻回忆、讲述，但都是由库和谢转述的。而库和谢则是以第三人称来叙述，小说这样安排是出于怎样的考虑？

《捎话》只有两个叙述者：捎话人库和毛驴谢。第一章《西昆寺》是驴和人交替叙述，第一节"扁"是毛驴谢的视觉，第二节"高"是主人公库的视角，以此交替，铺垫出故事的大背景。第二章《大驴圈》整个是从毛驴谢的视角在叙述。

第三章开始，人、驴自由叙述，有些是主人公库看见的，按人的视角在写。更多东西库看不见，毛驴谢能看见能听见，按驴的思维在叙述。叙述角色转换没有刻意交代，有时前一句是库的视角，后一句很自然地转换到毛驴谢的视角。如果不去关心这种转换，按全视角小说去读，也没问题。在小说人物安排中，驴能看见声音的颜色和形，能听懂人和鬼魂的话，能窥见人心里想什么，"人想事情时，心里有个鬼在动"。人却听不懂人之外的任何声音，这是人的局限。

人和万物间皆有障，作家写什么像什么，写驴像驴写马像马，那是到达。一般的写作者都可以做到，因为我们的语言本身就具备对事物的描述功能。但还有一些作家，他写草时仿佛自己就是草，他和万物之灵是通的，消除了障碍。鬼在人心里，对于写作者，人心之外，并没有另一个世界，那属于我们的心灵世界，睁开眼睛看不见的，闭上眼睛会看见。这便是鬼，作家要多写闭住眼睛看见的。

在这部小说里，我读到人心的分裂、自我精神的分裂、语言的分裂、信仰的分裂。比如妥、觉这个身首各异的鬼魂，比如改宗的天门寺买生，比如为捎一句话而记住又遗忘许多语言的民间翻译家库，还有让我读来惊心的人羊、马和驴没有完全结合的骡子黑丘。他们共同营造了一个撕裂与缝合的世界。这样的书写是出于什么考虑？

小说中写的是战争和改宗给人带来的身体和精神的分裂。其实，即使在平常生活中，内心分裂也是人的潜在状态，每个人心中都有另一个或另几个我。至少有一个睡着和醒来的我。乔克和努克在外人眼里，是一个人，是毗沙国常胜将军，但实际上乔克和努克是一对孪生兄弟，他们俩一个在白天，一个在黑夜，从不见面。弟弟努克在哥哥乔克的梦里率领毗沙夜军作战，把哥哥白天打过的仗再打一遍，也让战死的将领再死一遍。而当白天来临，昏睡的弟弟梦见的全是哥哥白天的战争。他们只靠梦联系。这其实是一个人睡着和醒来的两种状态——梦和醒从不相遇。或者说，梦和醒只在文学中相遇。

从生理学上来说，我们都可能有一个没有一起出生的孪生兄弟或姐妹。我认识一对孪生姐妹，姐姐跟我的一位朋友热恋，每当姐姐和男友约会时，妹妹的身体就会有强烈反应。妹妹后来便去找了姐姐的男友，把姐姐做过的事再做一遍。她们是在母腹里被分开的两个几乎一样的身体。身体分开了，心还在一起，能相互感应。

更多的人在母腹里没有被分开，孤独地来到世上。但另一个自己却始终存在，以精神分裂的形式存在，以梦中的我和醒来的我两种形态存在。我睡着时，另一个我在梦中醒来，那是我的孪生兄弟，我看见他在过一种生活，他似乎也知道我在梦见他。如果倒过来想，当我醒来时，我是否也是在他的梦中醒来呢？

人羊的故事让我想到古代的一些酷刑，历史上真有其事吗？

我在前苏联作家索尔尼琴的谈话录中，读到过突厥人制造干活奴隶的故事，他们把刚剥下来的羊皮，做成头套，缝在俘虏的头上，羊皮一干，便收缩，紧紧箍在俘虏头上，里面的头发长不出来，便朝脑子里长，时间久了脑子就变得只会听主人的话。人羊也许受这个故事启发，小男孩脱光钻进活剥的羊皮里，羊皮最后长成人的皮，人羊就做成了。这是我最不想写的一段，但写好又不想删了。

《捎话》里的人物，几乎全是精神或身体分裂的怪物。人羊是其中之一。

作为一位作家，似乎你本身就能看到声音之形，并赋予声音色彩。这种独特的对于声音的感知和塑造，在《虚土》《凿空》中便多有呈现，在《捎话》这本书中，你借助驴的视野进行讲述，可谓登峰造极。你为何对于声音如此敏感？在小说中，这种借助声音塑造人间事物的能力，似乎使得作家多出一种语言的调度，也为你的小说创造多出一种独属于个人的途经。你能谈谈其中的感受吗?

我有悠长的听觉。早年在新疆乡村,村与村之间是荒野戈壁,虽然相距很远,仍然能听见另一个村庄的声音,尤其刮风时,我能听见风声带来的更遥远的声音,风声拉长了我对声音的想象。那时候,空气透明,地平线清晰,大地上还没有过多的嘈杂噪音,我在一个小村庄里,听见由风声、驴叫、鸡鸣狗吠和人语连接起的广阔世界。声音成了我和遥远世界的唯一联系。夜里听一场大风刮过村庄,仿佛整个世界在呼呼啸啸地经过自己。我彻夜倾听,在醒里梦里。那个我早年听见的声音世界,成了我的文学背景。

在这部小说里,我感觉到作为作家你其实不信任语言。"你每学会一种语言,就多了一个黑夜。"小说中反复描写到库作为捎话人对于语言的困惑。语言更多时候是障碍,往往在人心与人心之间制造迷途。语言作为人和人交流的精神介质,反而最具有欺骗性,也最容易走样。因为语言在流通中,是利己的。西方哲学家海德格尔认为"语言即是存在"。而在中国的庄子这里,语言和知识一样无用,说出口的语言是不可靠的。在印度的《奥义书》中,语言被描述为火焰,它是跳动、闪烁、容易灼伤人的。以西域大地为背景,语言似乎有了更多的歧义和不确定性,所以库的师傅教导库:只捎话,不捎变成文字的语言。但最终,依然难以将这句话捎到。人们只能用语言交流,而在这部书中,语言却无法沟通人的心灵。作为作家,作为使用语言的人,你是否将这看作人类生命的悲哀?

我是作家,知道语言在到达时,所述事物会一片片亮起来。语言给了事物光和形,语言唤醒了黑暗事物的灵。但是,语言也是另一重夜,语言的黑暗只有使用者知道,只有想深入灵魂的书写者可以洞窥。

《捎话》思考的是语言。由语言而生的交流、思想、信仰等,也都被语言控制。连生和死也似乎被语言所掌握。说出和沉默，也都在语言的意料之中。语言是最黑暗的，我们却只能借助它去照亮。这是书写的悖论。我希望《捎话》的语言，是黑暗的照亮。但是，我也知道所有被照亮的，都在另一重黑暗里。更多时候，我们只能相信闭住眼睛看见的光明。我希望接近一种冥想中的语言状态。

语言是开始也是结束。《捎话》中的库，很小被贩卖到陌生语言地区，几乎学会所有远远近近的语言，但是，他说家乡话的舌头，一辈子都在寻找家乡的语言，即使他最终知道自己的家乡语言，早已被另一种语言征服和取代，但母语仍然在他生命的最后时刻，被已经僵硬的舌头找到并说了出来。

语言无法拯救人，最后"没有走样的驴叫"成了拯救者。这是小说没有出口的出口吗？作家没办法给出解决办法时，便转而荒诞，这也是人间的现实。读者该怎么看待这一极为荒诞讽刺的处理？

我在《凿空》中写过一群驴，《捎话》写了一头叫谢的小驴。我一直想弄清楚毛驴和人的关系，《凿空》中那些毛驴斜眼看着人，其实也是现实生活中驴的眼神。我想看懂驴的眼神，我想听懂驴叫。

《捎话》写到最后，懂得几十种语言的捎话人库，终于听懂了驴叫，并在死后再度转世，成为人驴间的捎话者。

我构造的是一个人和万物共存的声音世界，在这个世界里，人声嘈杂，各种语言自说自话，需要捎话人转译，语言也是战争的根源。语言消灭语言。人骑在驴背上，看似主人，而大地之上，高亢的驴叫声骑在低矮的人声上。驴在声音世界里的位置比人高。在忙碌奔波的人之上，鸡鸣狗吠也在往远处传递声音。塔、炊烟和高高的白杨树，是送鬼魂升天的阶梯，它们也是另一种语言。而所有的语言声音中，驴叫声连天接地。这种未曾走样无须翻译的声音，成为所有声音的希望。

我不是一个对人世的彻底悲观者。人可以从身边其他生命那里看到未来，这恰恰是人的希望。

我发现你的语言更干脆地撇去了日常的细枝末节，常常直达事物的内质。这些出乎意外的描写——通鬼神的描写，在整部小说中处处可见。你小说语言的这种讲究来自散文、诗歌，但又有所不同。有一个时期，当代小说似乎更重视讲故事的能力。对文学而言，语言文字既是形式也是内容。所以，一个小说家语言粗糙是没有借口的。在你的小说中，你怎么看待语言和故事的关系？

首先，我希望自己不是在讲故事，而是通过故事线索，讲出更多的东西。事实上，《捎话》故事不复杂，在这样一个不复杂的故事中，呈现复杂的情感和意义，而又不丢掉故事，这需要语言的力量，也即语言所营造的世界。

我努力让自己的文字修炼成精，然后用她去书写有灵万物。

当我进入这部作品，我仿佛随着这句要捎的话，随着战争经历了一场漫长的死亡。在这部小说中，我遭遇的是一场接一场的死亡，群体的死亡和个体的死亡。有几场死亡的细节描写，读来让人皮肤发紧。似乎，书中人物的死亡之疼痛，也被传递到我的身上，我开始怨恨你。到最后，滚落的头颅在驴眼中，如同玩具一般，时而真实，时而戏谑，戏谑和真实始终交错进行，太多死亡的描写反而把战争的残酷消解为游戏了。我在想，这种关于死亡的描写为什么不节制一些呢？

我的着重点不是写死亡，是写死亡的仪式、尊严，我对死的书写是在延长生。战争造成无数的死亡，战争的结果就是你死我活，打断他人生的时间。但死亡是什么，这是我着力思考的。当死亡来临，死亡并不是结束，结束的是生，而死刚刚开始，我写了几个漫长的死亡过程，这样的书写是对死亡的尊敬，死亡本身有其漫长的生命，这恰恰被我们忽视。

书中人物通过死亡学习死亡，这是一门绝学。记得你曾说过，一个作家必须解决死亡问题，这也是文学要做的事。你如何看待自己创作的这部"死亡之书"？

小说中多次写到"死亡学习"的细节，一个生命在另一个生命的死亡里，学会了自己的死亡。尽管他们互为敌人，但死亡让他们回到同一件事上，敌人和亲人的、他人和自己的，突然中断的生，让人们来到唯一的死前，死亡的仪式和庄重，成为生命最后的晚课。

我曾在印度参观泰戈尔故居，泰戈尔寝室床头，挂着诗人在这张床上临终前的一张照片，诗人无助地躺在床上，目光空洞茫然地看着前方，我不知道他最终是如何死亡的，但这张照片让我心碎。一个曾有过巨大内心精神的作家，到最后似乎毫无准备，束手无策。我也读到同样是印度哲人的奥修，一生研究思考来世，但当他临终的时候，竟然哭闹得像一个孩子。他体面妥善地安排了自己父亲的死亡，告诉多少人死亡是另一重生的开始。可是，他自己的死亡却无法自我安排。

在我的家乡，在村里，老人们会早早为死亡做准备，提前选好墓地，做好寿房（棺材）等待。尽管死亡来了依旧孤独无助，依旧会有生命最后的挣扎和不顾，但一切早已准备好。

你把死写得这样细致，自己不害怕吗？"想说出这句话的嘴也变硬，脑子里突然布满远远近近的路，每条路上都走着自己，都面朝里，往回走，身后的路在消失，前脚刚落，后脚跟就长满荒草，所有的路从脚后跟被收走。"创作这部小说，你沉浸在对死亡的想象中是什么感觉？

死亡活了。

在你眼中，人人逃不过的死亡是信仰的终极之语吗？你是在通过一场一场的死亡，质疑语言、质疑信仰吗？

死亡并不能让我们学会什么，但死亡里有它自己的生。我们把它表述为永生。我在《捎话》中为死创造了无限的生：头颅的生、手指头的生、舌头的生，还有那些死去的人，在驴眼睛里活着。甚至那些在战场上身首分离的头颅，也以骷髅的形式存在。面对死亡、理解死亡、创造死亡，在《捎话》所创造的死亡里，生命层层叠叠，并不被战争和时间消灭。我们必须为自己的死创造出生，这也是我的文学。

你有几个词的使用引人注目。小说一开始，毛驴谢"将门外的一切都看扁了"，这是你设定的一个中立者的视野？这是否意味着，一切凡间的、宗教的视野都是有局限性的，是扁的。"扁"这个词反复出现，连接起不同的意象。有些读者可能会不理解，你为什么要反复构造"扁"这一意象？

民间有"门缝看人，把人看扁"的说法。其实，任何一个单独的眼睛看别人看世界，都是扁的。《捎话》中的扁，又有了更广的寓意。"扁"让所描述的事物有了轻盈欲飞的灵魂状态。"扁"是我设定的毛驴谢所看见的世界。在那里，天国是扁的，死亡是扁的。天空和大地是扁的。所有生命和非生命，慢慢地走向扁。扁是万物的灵魂状态。

除了"扁"这个词，"黑"也是被频繁使用的，只是往往和黑夜融为一体，容易被忽略。"黑"这个词在小说里是隐性的，我理解为，一个是词语的黑，一个是夜晚的黑，一个是人心的黑，还有一个是隔开人和其他物种的黑。

小说中那头叫谢的小黑毛驴，自己带着一个皮毛的黑夜，和库一起穿越战争。刻在她皮毛下的昆经更是见不得天日的黑。《捎话》最重要的几个战争也都发生在黑夜，或昏天暗地的沙尘中。我喜欢写黑夜，我在夜里可以看见更多。大白天，万物都肤浅地存在着。

另外，读这部小说时，我感觉天上不断在落土。书中有很多从天上落土的描写。记得许多年前，《虚土》的结尾是：树叶尘土。这个词，似乎也被你赋予了特殊意义，在你的文学中，土是物质的，而漫长的尘土似乎是精神的，是一种时间的开始和结束，似乎也是一种由生命连接起来的属于大地的信仰。

我经历的落土天气太多。风刮起的土，人和牲口踩起的土，几乎弥漫一生。落土是这部小说的氛围，战争和忙碌使大地上尘土飞扬，扬到天上的土迟早会落下，但永远不会尘埃落定。

在我的小说和散文中，土是一个时间概念，包含生前死后。生于土上，葬于土下。生时尘土在上，那是先人的土，落下扬起。死后归入尘土，也在地上天上。尘土里有先人寄居的天堂。

这部小说里有很多虚构的说法，比如昆门徒、天门徒，但这种虚构又对应着真实。包括文字的虚实相映，整部小说的时空之虚。在想象力到达很远的地方，在你说"神话""鬼话""驴鸣"之时，依然能感受到一种来自现实生活的真实。你怎样看待小说虚构的真实性，或者说，两者如何达成统一？

这样一种在梦与醒、虚与实间自由穿行的语言方式，我在《虚土》中便已完成得非常好。《虚土》写一个孩子，在5岁的早晨突然醒来，看见自己的一生正被别人过掉，那些20岁的人在过着自己的青年，60岁的人在过着自己的老年。这样的醒来比睡梦还虚幻，但又真实无比。到了

《捎话》，要面对那些信与不信、白天和黑夜、鬼与人等等，语言需要悄无声息地穿行期间，神不知鬼不觉，却神鬼俱现。

写作者有时也会被语言牵着走，语言有表演欲，有惯性，该停时没停住，滑出去几句，就会败了整体。一个对语言有自觉的作家，知道在哪儿恰当停住。

读《一个人的村庄》是你，《虚土》是你，《在新疆》是你，到了《凿空》这部小说，有一部分是你。但在这部《捎话》中，已经不是你了。

从这部《捎话》开始，你的小说节奏已经完全发生了改变。从以往的散文节奏中彻底脱离出来，形成了一种新的小说气象。我相信，散文之名曾经给你的小说写作带来了客观困难。在这部小说中，你越过了这一困难。你怎么看待这种改变？

我以前的作品，大多在个人经验范围内写作，《捎话》进入纯虚构。一个作家要有虚构世界的能力。

在这部书里，我没有看到人和人最终的和解，我只看到鬼魂的和解、来世的和解。也许，人类永远无法和解。没有任何一部文学作品可以解决人心的和解。文学作品提供不了现实的解决办法，这似乎让人绝望。信仰反而使人拿起屠刀，走向反面，带来愚昧和疯狂。人性利用了信仰，还是信仰利用了人性？似乎，捎话只能建立在死亡中。终极信仰的和解并不在小毛驴谢刻在身体上的经文中。在人们还活着时，这句话却难以捎给人心。

捎话的本意是沟通。贯穿小说的也是不断的和解与沟通。只是有些话，注定要穿过嘈杂今生，捎给自己不知道的来世。那或许就是信仰了。

设问人：刘予儿 作家，木垒书院副院长

西川

西川，1963年生，江苏徐州人。主要作品有《虚构的家谱》《西川的诗》《我和我》《深浅》《大河拐大弯》等，编有《海子的诗》《海子诗全编》，翻译有庞德、博尔赫斯、米沃什、盖瑞·斯奈德、奥拉夫·H·豪格等人的作品。曾获鲁迅文学奖、腾讯书院文学奖致敬诗人奖、诗歌与人·国际诗歌奖、中坤国际诗歌奖，以及联合国教科文组织阿奇伯格奖修金等。

宣布诗歌死亡并不新鲜

面对中国诗歌波澜壮阔的发展历程，以及如雨后春笋般破土而出的中国新诗，我们究竟该如何认知？西川作为当代中国最重要的诗人，在谈到中国新诗的标准时表示，其实每个人都有自己的标准，有人的标准来自唐诗宋词，有人的标准来自雪莱拜伦普希金的浪漫主义，有人的标准来自徐志摩林徽因戴望舒冰心还有木心，不同的文学标准撞到一起就是没标准。

在上海书展期间，你作为当代中国最重要的诗人，同国内外众多知名诗人一起探讨了百年中国的新诗。这也是近期诗坛非常热门的话题。在你看来，我们诗人以及读者该如何认知中国这一百年的诗歌？对当下创作有何启发？

上海诗歌节期间，在上海交通大学关于新诗百年的座谈会上我提出了三个问题：

第一、五四运动或者新文化运动与晚清的政治、文化之间的历史逻辑是什么？曾见到有人出于对当今文化状况的不满而慨叹"五四"隔开了中国文化传统，但这些人都没能将"五四"与太平天国、洋务运动、帝国列强的介入、义和团运动、戊戌变法和作为政治文化象征的满族皇室等因素捆绑在一起来讨论问题。在当时的历史条件下，不仅中国需要现代化，印度也需要，土耳其也需要，埃及也需要。但各国选择的道路不同，所以后来结果也不一样。我们不能轻飘飘地，无关痛痒地面对历史。"五四"一代人的历史选择是出于不得已，并不是出于一时的心血来潮。从这个意义上讲，新诗的产生是必然。

第二、所谓"一百年的诗歌"，包括不包括20世纪50年代、60年代、70年代的写作？如果不包括，这个时间段就不是一百年而是七十年；如果包括，那么究竟如何评价那三十年的诗歌？我们当下的写作与那三十年扯不上一点关系吗？东欧的作家、诗人们处理了他们的社会主义经验，我们要处理这段历史经验时是否把他们的文学方式借用过来就行了？

第三、如何估计当代诗歌的成就？我个人认为，当代诗歌写作的成就超过了"五四"以来任何时期的诗歌成就。只是人们不了解当代诗歌的成就，或者不习惯说当代诗歌的成就超越了前人。其实从1919年到1949年只有三十年的时间，中间又有战争，诗人们的写作一定会受到影响。前面我说到，五四运动的产生是历史的必然。但五四新文化运动没能产生几位真正的诗人也是事实，我们现代文学史中提到的部分诗人，不过是一些文学青年和一些三流诗人而已（我不怕别人说我是八流诗人）。

当然，少数人除外，如写下《野草》的鲁迅，写下一系列十四行诗的1940年代的冯至。当然，还有几位，比如艾青等。即使郭沫若、徐志摩等，我认为他们写得好的作品也不同于市面上流行的看法。郭沫若的《夜步十里松原》是一首好作品，徐志摩的《常州天宁寺闻礼忏声》也是一首好作品。但当下的诗人们，很少有人自诩是五四或1930年代、

1940年代的中国某位或某类诗人的传人。

诗人们常挂在嘴边的大人物全是外国人：布罗茨基、保罗·策兰、T.S.艾略特、埃兹拉·庞德、里尔克、阿赫玛托娃、茨维塔耶娃、金斯伯格、米沃什、特朗斯特罗姆等等。这令咱们大学里编教科书的老先生们以及他们的博士弟子们感到焦虑，因为这威胁到了他们已然定型的审美趣味和他们的文学史书写。我们当然需要对前辈诗人做更进一步的解读——但解读的结果可能是汲取营养，也可能是彻底抛弃。对第一线的写作者来说，文学史写作是教授们的事。

在你近几年的新作《大河拐大弯》中，以"大河拐大弯"这样一个新奇的概念来面向当下中国诗歌的问题。你说，百年诗歌透露出了一种不自信。其实，在古代我们对文化有着十分的自信，但在这百年中我们为什么会不自信了？又如何自信起来？你为中国诗歌创造力找到的出发点和突破口是什么？

中国人寻求现代性不是主动的行为，而是被动的行为，是出于不得已。现代性不是肇始自中国，它是西来的东西。在过去的一百年间，中国的新诗人们不是学西方，就是学苏联；虽然1949年以来也有过大跃进民歌运动和诗人们的"古典加民歌"的追求，但新诗人们在诗艺方面学的多发明的少。这可能也与现代汉语发展的时间短有关。

古汉语有漫长的历史，现代汉语的历史语言资源相当丰富，但告别了古文、白话文的现代汉语自身的历史并不长。我认为白话还不是现代汉语：白话面向古汉语，而现代汉语成长为一种能够处理当代生活和当代思想的语言，是因为它接受了西方语言（句法方面）和日语（词汇方面）的影响。不过尽管受到外语的影响，现代汉语依然以汉字书写，依然是短句子思维，所以依然保留了它的汉语性。关于这一点，我在《大河拐大弯》那本书中有所论述。

写作，从每一个具体写作者来说，无所谓自信不自信。自信的人能够写出好东西，如李白；不自信的人也能写出好东西，如马尔克斯。马尔克斯总是怀疑自己。不过一般说来，在当代中国，越没见过世面、越无知、越缺乏客观性的人越有一种盲目的自信。所谓"无知者无畏""我是流氓我怕谁"之类的说法，都来自这种盲目的自信。我本人没有那么自信，我能一眼认出真正的、陌生的好东西，并且能够立刻检讨出自己的问题所在。在面对当下生活时我有时也会自感语言乏力。但与此同时，我也知道，我已经写出了一些我的前辈们没有写出的东西。我力图使我的写作与时代生活、历史转折中的种种跌宕、颠簸、悖论、混乱、困惑、真真假假的笑脸、哭丧脸、可能性等相对称；我为我自己发现和发明了一些概念和工作方法，例如"伪哲学""伪理性""矛盾修辞""我和我"等。

我的前辈们写出了他们的愤懑、批判、喜悦、忧伤、孤独、激情、禅意、韵味、他们理解的美，但他们似乎没能历史化地处理他们的情绪并为此在文体方面有所发现。所以有时我感觉自己身处无人之境。我做过一些文字实验，我知道什么叫失败的滋味。我还会继续实验，这不是出于对现代主义文学信条的忠诚，而是出于一种需要，即诚恳地面对社会生活、历史生活和我自己。

你如何看待中国当代汉语诗歌观念、流派众多的问题？争议喧嚣背后，你认为目前诗人创作最缺乏的是什么？

很多人感叹当代诗歌写作已经丧失了标准。这种感叹的潜台词也许是，1970年代有标准，1960年代有标准，或者古代的诗歌写作者们有标准。我想提醒大家的是，这是一个大河拐大弯的时代，大家难免观点不同、趣味不同、价值观不同。1980年代末以来，别说诗歌界，中国的整个知识界不知道分裂成了多少块，有人说八块，有人说十三块。当下中国的诗人们大致可以分为三大块：写古体诗的是一拨，跟着主流审美习惯写所谓新诗的是一拨，具有小杂志背景的反主流诗人们是一拨。第三拨诗人们，从朦胧诗开始，就分化成了许多不同的写作帮派，围绕着不同的小杂志展开活动。我们经常看到不同的群体给不同的诗人颁奖，搞得任何一个奖项似乎都缺乏权威性。前几年，网络上总能看到诗人们打架。就是今天，任何一种诗歌观点的网络发布都会吸引来相反意见的跟帖。有些诗人不在乎大众审美，而大众中胸藏不平、急脾气、缺少发言渠道的人们总是理直气壮地谴责具有实验色彩、前卫色彩的诗人们，因为大众也不是文盲，李白杜甫总是读过的！这种情况的产生有很多原因，我想其中一个主要原因是，大家的审美标准来自不同的时代、不同的地理环境、不同的信息环境。其实每个人都有自己的标准，否则不会看不惯这个看不惯那个。有的人的标准来自唐诗宋词，有的人的标准来自雪莱拜伦普希金的浪漫主义，有的人的标准来自徐志摩林徽因戴望舒冰心还有木心，有的人的标准来自虚无感、厌倦、无聊、道德反抗、道德维护、人道主义，有的人的标准来自现代主义，有的人的标准来自后现代主义……不同的文学标准撞到一起就是没标准。不同的文学标准对应着不同的时代。

自1911年以来，中国经历了满清政府的倒台、新文化运动、救亡图存、中华人民共和国建立、移风易俗、"大跃进"、"文革"十年、市场经济、全球化、信息化、城市化……你想在这样跌宕的一百年后寻求诗歌的标准，你一定是个有文化的疯子。这一百年来，中国人始终奔驰在获取现代性的道路上。许多一百年前、八十年前被提出的问题到今天并没有被回答，被解决，被消化。而凡是没能被消化的问题其实都是当代问题——一百年前的问题也是当代问题。在今天，我们其实有必要讨论一下"当代性"这个问题，它可能比"现代性"的概念更令人着迷。"现代性"对于大家来说，意义也许是相近相似的：进入机器文明、工业化、资本主义、民主政治、城市化，等等，但各个国家的"当代"也许大不相同：美国有美国的当代，俄罗斯有俄罗斯的当代，欧洲、拉丁美洲、日本、印度、土耳其、阿富汗、安哥拉也有各自的当代。"现代"或许是短暂的，而"当代"也许相当漫长。"当代"和"当代性"作为概念在这个世界上还没有被充分讨论。西方人所说的"当代"意指同时代，英文中有contemporaniety这个词，我也见过contemporality的说法。但"当代"在中文里包括了"当下"的含义，"当代"就是生长的时刻、泥沙俱下的时刻、标准混乱的时刻、生机勃勃的时刻、创造力爆发的时刻。标准往往是在"当代"尘埃落定之后确立的。

有专家曾表示，1990年代的他所面对的诗歌环境，是一片诗意的废墟和精神上的幻灭。甚至一度有人认为"中国诗歌已死"。如今全国主要城市都在大力举办诗歌节，诗歌回暖，你如何看待这份温度？它会熄灭吗？

说"诗歌已死"的话不仅在中国有，在别的国家也有。智利诗人聂鲁达在他的回忆录《我曾历尽沧桑》中说："每个时代都有人宣布诗歌的死亡。"所以宣布"诗歌死亡"这件事，既不新鲜，也不刺激，更别说有什么深刻的含义在里边。如果这句判断公布在尼采的"上帝死了"之前，还有点发明性。有些人愿意这么宣布就让他们宣布吧。问题是不知道他们要宣布多少次才觉得过足了瘾。在任何时代任何国家做此宣布的人都不会是真正的或者重要的诗人。这往往是一些边缘性诗人说给媒体的话，然后被媒体知识分子引用再引用。我想，不管诗歌是否被宣布了"死亡"，真正的诗人们还是会一如既往地继续自己的工作。如今，诗歌好像又活了过来，诗歌活动又多了起来，但我也并不觉得这是什么"回暖"。大家只是看到了诗歌活动，对诗歌本身的认识不见得就登上了新的台阶。诗歌活动的增多有许多原因：有的诗人做了老板，一把年纪以后开始怀旧（或者说不忘初心），不甘寂寞，就玩儿了回来；有的诗人掌握了某地的文化话语权，自然就会搞些诗歌节之类的活动；某些地方要开发旅游，展现软实力，搞诗歌节等于是给本地打广告。我参加过一些诗歌节。感觉有人关心诗歌总是好事，但也看出一些诗歌节中存在的问题：现在一些地方在文化虚荣心的驱动下已经不满足于只是举办诗歌节，动不动要办"国际"诗歌节了，但由于中国诗歌界与国际诗歌界其实没什么来往，所以被请来代表"国际"的人物，经常是汉学家、外国学生，以及在中国混得不上道的外国诗人；诗歌活动组织者有时甚至还会请几个已经加入外国籍的中国诗人充当"国际"代言人！当然我们也在进步。这一次上海国际诗歌节就搞得有模有样：多语种朗诵会、事先设计了话题的对谈活动，以及在大学里举办的座谈会等。诗歌节得由内行人设计和组织。诗歌节的举办应该主要是为了诗歌和诗歌文化本身。我不反对搞诗歌节（当然也觉得现在诗歌节太多了），但我想，诗歌节再多也不等于诗人们的写作已经有多么了不得了。

当下诗歌也呈现出多元现象，比如网络诗歌大发展，就让我想到了以前的白话诗，人人都可以写诗，写的诗人人都可以看懂，但是总觉得少点味道。你如何看待现在的网络诗歌，会是一种时代的倒退或者对诗歌的一种伤害吗？与此同时，得到发展的还有地方性诗歌，这一过程中底层草根诗人迅速崛起，诗歌评论家说，中国当代诗歌进入了一个全面兴起和相互竞争的阶段，各种诗歌主张和思潮开始走向深入和成熟。已经到了开始创造新的美学思潮、建立新的中国现代意义世界的时候了，你怎样看待这样的美学和意义？是否有让你眼前一亮的诗歌？

我们正经历着阅读方式的转变。有时我乘坐公共汽车或者地铁，环视一下，大家全在看手机。有些诗歌的短小形制适合手机阅读，这给了诗歌以便捷传播的方式。这让我想到，长篇小说在西方曾经一度被冷落——谁有工夫天天抱着比砖头还厚的《战争与和平》看呀！但是，没想到西方汽车工业的发展又重新刺激了本来在电视推广以后就日渐没落了的广播的发展，于是有声读物登场：你可以一边开车一边听《战争与和平》。技术创新的确会影响到我们的生活方式。现在，至少一些有心人可以在手机上读诗了。网络上的诗歌公众号也活跃起来。我本人也为好几家网络诗歌平台朗读过自己的诗。这都是好事。当然，网络对诗歌也是有选择的，它选择短小的、抒情的、煽情的、矫情的、小资的、浪漫的、文艺的、平易的诗歌，不是什么诗都适合发布在网络上，例如《神曲》《浮士德》这样伟大的作品，还有实验性的前卫的诗歌，是不会在网络上传播的。这无形中又对诗歌写作形成了限制。如果自由的、广阔的，甚至野蛮的、危险的诗歌写作最终被网络所塑造，那又是真正诗人的不幸了。

我注意到了地方性诗歌、女性诗歌借助便捷的传播手段扩张开来的倾向。这挺好，不过对诗歌的地方性，我有我的看法。诗歌需要地理特征，但"地方性"作为一种诗歌观念其实是美国诗人的发明。弗罗斯特就写地方性的诗歌，而波兰诗人米沃什说弗罗斯特的地方性是装出来的。大国诗人们可以玩地方性，而小国诗人们，小语种诗人们，例如东欧诗人，则力求表现普遍性。我们的先哲们对"地方性"也多有批判，例如墨子、孟子和商鞅都批判基于"私"概念的地方意识。他们没想到，两千多年后，中国人在知道了一点西方的个人主义、普世价值之后，在挣了点钱、意识到私有财产需要被保护之后，在商品化娱乐化之后，在目睹了自然环境被破坏使得乡愁无处投放之后，在一种大体上说去政治化的政治环境中，会向"私"概念强力回归，这能气得先哲们从坟墓中爬出来。

当下有一个火热的诗歌概念——截句，你也参与其中，并出版截句《山水无名》。你怎样看待截句这种文体？有读者评价，"截句太短，没有诗的感觉"，你如何看待这种反馈？它是碎片化阅读时代的产物吗？

"截句"的发起人是小说家、诗人、出版人蒋一谈先生。他几次动员我加入他的"截句"诗丛的出版，我就加入了。《山水无名》这个书名也是他帮我取的。书中的"截句"也是他或者他手下的编辑帮助从我过去的作品中选出来的。我只是调整了一下那些句子的排列顺序。我在这本书的后记里说："截句"这种东西古代就有，但古人管这叫"秀句"。古人会把"秀句"分门别类编成书，作为才智平庸者的写作参考书。我当然认同现代汉语诗歌需要一种短小诗歌形式的想法。

我们古代有绝句的形式，日本有俳句的写法。如果"截句"这样的短小形制能够被大家接受，那当然是好事。不过多年以来，我对自己的开发和训练，多是在相反的方向上，我要求自己能够在必要的时候口若悬河。我写过不少长诗。写长诗需要能量，气必须长。气短的诗人只能写短诗，而气长的诗人可以将他们的长诗截短。这其实是乞丐穿衣的逻辑：大街上的乞丐往往穿得挺厚，因为热了可以脱衣；但如果穿得少，天凉了没衣服可加，那就只有哆嗦着生病了。我看重诗歌中的气，以及语言推进所带出的能量感。诗歌主题如果复杂，那它只有在一定长度中才能展开，才能铺设思想的轨迹，才能体现结构的作用力，才能包纳语流的变化。一两行的短诗只需要灵感一现，灵光一闪。诗人只要捕捉到诗意的一刻就可以了。这对我来说太简单了。当然，在没有"截句"这个概念之前，我也写一两行的诗：它们要么是我的灵感笔记，要么是我对长诗写作状态的自我调整的结果。小诗容易被记住，容易展示作者的"才华"，容易吸引大众的参与，但我对诗人的综合创造力有很高的要求。

至于"碎片化阅读"，这是个时髦的说法。我警惕一切时髦的说法。我本人的阅读不是碎片化的。在阅读方面我是肯花力气的。"碎片化阅读"不应该成为阅读的懒惰和无能力思想的借口。所谓"截句"应该与所谓"碎片化阅读"没有本质的联系，我理解它是诗歌写作的一种形制。古人写绝句、对对子，也不是"碎片化阅读"的产物。说白了吧，碎片化阅读就不是阅读，那是娱乐。

走过五十岁的年纪，会不会对身边的事物越发敏感？现如今，你的生活是如何安排的，选择在什么时间创作呢？有没有新的写作计划？

我的生活分好多块。小孩在上学，父母年纪也大了。家务事总是要操心的。我在学校里教书，还有一些行政工作，也是要负责的。我本是学英美文学的出身，但多年以前我就由于许多原因转到了中国古典文学和当代文化问题的教学与研究上，我带着几个当代视觉文化研究方向的研究生。我写诗，写文章，做研究，做翻译，参与诗歌界、文学界、视觉艺术领域、文化圈的不少讨论。我在国内外旅行。我曾推掉了加拿大格里芬国际诗歌大奖组委会的一个邀请，他们要我做下一年该奖项的三评委之一。如果不推掉，我就必须阅读当年全世界出版的约600部用英文写下的和翻译成英文的诗集。这对我来说工作量太大了。

我几乎没有完整的时间写作。但我保持着做笔记的习惯。我依赖每年国际旅行的机会，离开国内的环境，从各种事务中短暂脱身，别人也找不到我，这时，我等待尘埃落下，就可以开始写点诗了。一旦我开始了一项写作，已经进入了状态，后面就不怕被打扰了。我在写诗方面没有什么计划。我保持我的盲目性。但在研究方面，我有些计划。写文章对环境和时间的要求没有那么高。思考积累到一定程度就可以动笔。近年来我的关注点都在中国古文化方面。

我曾在委内瑞拉的加拉加斯参加国际诗歌节期间最后定稿了一篇44000字的长文，题目是《唐诗的读法》。我想，作为一个写现代诗的人，我有必要清理一下当代唐诗阅读中存在的许多问题。我现在手头上也做着一点零碎的翻译活，是美国那边的朋友要我为一个中美诗歌翻译项目做的工作，但目前，我并没有翻译下一本书的计划。我已经出版了5本译著，可以啦，先歇歇，缓口气。我写作和翻译的速度并不快，又经常被打扰。工作需要一点点推进，就是这样。

设问人：李金哲 《青年报》记者

何建明

何建明，1956年生，江苏苏州人，中国作家协会副主席。主要作品有《爆炸现场》《南京大屠杀全纪实》《国家行动》《忠诚与背叛》《部长与国家》《生命第一》《为了弱者的尊严》《我的天堂》《根本利益》《落泪是金》《中国高考报告》等。三十余年来，出版四十余部文学著作，改编成电影电视八部。曾获鲁迅文学奖（三次）、全国"五个一工程"奖（五次）、徐迟报告文学奖（四次）。

希望自己讲述的故事能温暖世界

何建明的偶像是保尔·柯察金，他的性格中很多东西都是跟保尔学的。当兵、当作家等，他跟保尔有很多相似的经历。对于如何讲中国故事，何建明表示，首先要解决的，是心中有大义，心里有人民，肩头有责任，笔下有乾坤。这样的写作标杆要树起来，是作家应有的写作立场。

你是从什么时候开始文学创作的？走上报告文学创作之路是出于怎样的机缘？

有一次，我到亲戚家，看到一本没头没尾的书，我也不知道自己看的是什么书，但记住了书里的保尔·柯察金。我希望自己的性格和革命意志都像保尔一样坚强。在我的个人经历中，《钢铁是怎样炼成的》这本书影响了我的人生，也影响了我的文学创作。保尔·柯察金一直是我的偶像。在我的性格中，很多东西都是跟保尔学的，当兵、当作家等，甚至跟保尔·柯察金都有很多相似的经历。

我原来在部队当新闻干事，在采访一个人物时，我觉得已发表的相关报道，还没有充分表达完采访的内容，于是就照自己的感觉把那个人物的事迹写出来了，给茅盾当主编的《时代的报告》杂志（后来改为

《报告文学》）投稿。结果得了全国奖。所以，我最初理解的"报告文学"，就是在新闻通讯和新闻基础上加上文学手法描述和叙述。从此我走上了报告文学的创作之路。

2016年12月，《中国作家》杂志重磅推出你的《死亡征战》，讲述了在抗击埃博拉疫情的战斗中，中国医疗队到遥远的非洲拯救了无数患者的出色作为。你起意写这部作品有何契机？

我们今天一直在讲"大国崛起""大国形象"，其实真正的大国崛起和大国形象，并不单指一个国家的民众有多富裕、军事实力有多强大，而往往是看你所承担的国际义务有多少，尤其是遇到了他国的、全球性的危急时刻，你的国家是否真正出力，真正无私地援助了他国与世界。

2014年，2015年，西非地区惨遭埃博拉袭击，中国人民和中国政府做出了许多"第一"——在全世界，第一次由国家元首致电相关三国总统，慰问并宣布援助重大举措；第一次租用包机运输紧急援助物资，在他国建传染病诊疗中心；第一个整建制地派出军队医疗队；第一次援助一个地区性的灾难资金达7亿美元……一系列的"第一"叠加了中国外交和大国形象。中国在当地支持并参与疫情防控工作的医务人员累计1000多人，待的时间最长，最后一个离开，帮助非洲人民打胜了埃博拉的阻击战。这是援助非洲抗击埃博拉战斗中最成功、最重要的收获。

这样的中国故事，足以温暖世界。我希望自己讲述的故事能够温暖世界，让所有人能感受到中国的崛起对全人类是一种福音。当世界在最危难的时刻，中国是可以在国际大舞台上表现出大国风范、大国情怀，以及大国担当的。

此前，你的《国家——2011·中国外交史上的空前行动》记录了中国外交史上最大的撤侨行动。外交战线认为这是"60年来中国外交部形象的完整展示，是13亿中国人一直追求的强国梦想的一次完美实现"。

中国发展如此迅速，全世界都在注目我们。我们有职责和义务把中国的故事讲好，讲给世界听，让同一个星球上的人感动。

从20来岁写第一部报告文学《腾飞吧，苍龙》起，你就开始了中国故事的讲述。近40年过去了，你的创作紧密地追随着中国改革开放的伟大进程，能否大致谈谈这40年的创作？

《腾飞吧，苍龙》《湘西探险记》《警卫领袖风云录》《神秘的禁区》《缉私大王》等作品，是我在部队生活中所经历到的人和事件的记叙，歌颂是这些作品的主旋律，张扬真善美是基本内容，是新闻性强于文学性的初级创作阶段。

《共和国告急》《科学大师的名利场》《落泪是金》《中国高考报告》等作品，以批判现实主义为基调，几乎每一部都在社会上引起关注：《落泪是金》通过文学作品提出"弱势群体"概念；《中国高考报告》曾被评价为"中国第一部系统批判中国教育的文学作品"；获第一届鲁迅文学奖的《共和国告急》创作于1992至1994年，第一次把矿难作为报告文学的写作对象；《根本利益》捧出了一个感动中国的执政为民的公仆梁雨润……

20世纪90年代，我才第一次意识到文学作品的感召力是如此之大，自己笔下刻画的人民命运和情感，不仅表达着人民的心愿和心声，更承载着时代使命和社会责任。从《根本利益》开始，到后来的《国家行动》《大国的亮点》《永远的红树林》《北京保卫战》《部长与国家》《为了弱者的尊严》《农民革命风暴》《我的天堂》等作品，我的叙述变得逐渐成熟而理性。

这些作品结构恢弘、叙议兼长，同时在文体上有所创新。

如果一个好的故事感动人，对一个国家、一个政党、一个民族产生的精神力量是无穷的。到了近几年的《生命第一》《江边中国》《国家——2011·中国外交史上的空前行动》《忠诚与背叛——告诉你一个真实的红岩》《天津大爆炸》《南京大屠杀全纪实》等作品，更让我感受到，中国故事是可以讲给世界听的。我更加注意在全局性、前瞻性地把握创作的同时，更注重形式上的突破与创新，增强作品的艺术感染力，在艺术上进入另一种境界。比如在《国家——2011·中国外交史上的空前行动》的写作中，我采取了电影艺术的叙述方式，令人惊心动魄。

讲中国故事，是我的立身之本。中国社会所发生的伟大变革与进步，所经历的拼搏与奋斗，都被我纳入笔下，成为故事的源泉。

讲什么样的中国故事，其实能体现一个作家的立场，也是文学的根本问题。

所有的文学作品，其实都是在"讲故事"，只是形式不同而已。而在这个星球上，人是唯一能讲故事的生物，人又是唯一被故事所感染后产生理想信仰和人生动力的生物。讲中国故事是有讲究的：有人讲中国的黑暗或愚昧，有人讲中国的光明和精彩。站在什么立场讲什么故事，是当代作家首先应该解决的课题。

一个有良知的作家应该以强烈的社会责任感和使命感真实地记录社会发展过程中与人民群众生活和命运息息相关的重大事件，为人民代言，关注弱势群体，塑造时代英雄，抓住最能反映人心的事件和时代的闪光点。《落泪是金》当年产生了很大的影响，引起了全社会对弱势群体的关注，社会对贫困大学生的直接资助额至少超过3000万元，同时还有力推进了国家相应政策的出台，使数以百万的贫家子弟获益。为了写作《恐惧无爱》，我先后走访了北京、上海、山西、陕西等地，深入车站码头、监狱学校、医院街道，广泛接触那些流落街头的孤儿、处在生活边缘的犯罪人员子女、离家出走的问题少年和被人遗忘的私生子等无数"另类"少男少女。作品完成后，全国妇联和共青团组织以及很多热心读者都主动找到我，希望联手为弱势群体真正解决些问题。2012年《三牛风波》的完成，为甘肃引来企业家们10亿元的投资。

在报告文学写作这条漫长的道路上，你的"中国故事"题材在不断变化，唯一不变的，是无一不关系到国家大事，无一不关系着民生利益。

文学是需要引领的。很多写作者对我们的国家、民族，对人民的理解是浅层的，对国家的主流视而不见，对现代化进程中出现的负面问题无限放大：只看到高速公路穿过村庄带来的破坏，没有看到交通便利带给几代农民梦想的实现；只看到癌症村，没有看到华西村、永联村。我们更应该想到怎么传达正面的声音，因为写得不够多、不够好，引领、提倡得不够，正面作品的影响力还没能完全传播出去。

中国处在历史的转型期，作家在讲述中国故事中如何把握大局也非常重要。

讲中国故事第一要解决的，是心中有大义、心里有人民、肩头有责任，这样笔下才有乾坤。这样的写作标杆要树起来，是作家应有的写作立场。

多年来，你创作的足迹踏遍了农村、军营、边疆、海洋、灾区、山区、矿区，许多大小建设工地，甚至非洲、美洲……你去过最遥远的地方，采访过驰骋风云的人物，也采访过最苦难的人群。40年来，你和中国一起成长，也一起见证并亲历了诞生那些中国故事的最难忘或最精彩的过程。那么，你是如何选择中国故事的？

所有作家面对熟悉的题材，都会思考怎样才能讲出独特的中国故事。比如我在写《南京大屠杀全纪实》时，面对的首先也是这个问题：关于南京大屠杀的著作太多了。然而这些著作多为资料性的研究成果，局限于学术交流，有影响力的纪实类文学作品屈指可数，缺少全景式再现的力作。我想，叙述这个历史事件，还原本来面目固然重要，更重要的是审视灾难，发现民族与民族之间的问题。于是，我在写作中把南京大屠杀置于历史和民族的长河中观察，比较民族与民族之间的文化和国民心理上的差异，在分析和思辨的基础上，再在海量的史料查询和实地采访中获取开阔的国际视野，正视民族创痛，不断地提出思考和疑问：我们的民族是否还有血性？我们为何总是好了伤疤忘了痛？假如侵略者的屠刀再次举起，我们准备好了吗？以立法形式设立国家公祭日自然是直面历史的一项重要举措，我认为这还不够。一个仪式上的沉默与哀悼，只能在大环境、大氛围中瞬间感动与触动，只有通过深入了解、冷静思考、潜移默化地教育，才能形成主张与观念，才能形成信仰与意志，并从历史的经验与教训中认识个人层面和国家层面及时代层面上的种种深刻的问题，在一个人内心构筑信仰、坚定主张。

选好故事是第一步，那么第二步呢？

是怎么讲好中国故事。这是一个需要解决的技术问题。小说有小说的讲法，诗歌有诗歌的讲法，报告文学则更直接一些。我更看重的是切入点。我们不缺乏好的故事，而是缺乏讲故事的能力。而当下，概念化和简单化是讲中国故事不能成功的基本原因。2011年，我写了《忠诚与背叛——告诉你一个真实的红岩》。在书里我思考了一个问题：为什么

123

当时的重庆地下党会遭遇挫折？它给今天的我们带来什么警示？我采访了幸存的革命者及其后代，查阅了大量解密的档案，深感"忠诚"是共产党员最可贵的品质。《狱中八条》是蒙难的共产党人用鲜血换来的教训与启示，时隔半个多世纪仍然振聋发聩。现在虽是和平时期，但越是和平时期，我们越要有忧患意识，党的建设永远都在路上。

作为讲故事者，一定要有讲故事的信心。因为这个时代，给了我们丰富多彩的机会，中国崛起，应该让世界了解我们，需先从中国的故事讲起。

作为一名报告文学作家，在很多特殊时刻你总是冲在第一线。你一而再地强调责任，你怎么看待作家的责任？你对于作品的敏感性以及对重大题材的把握来自哪里？

对有心的作家来说，好题材不是没有，而是缺乏发现。在山西采访贫困大学生时，我就发现另外一个重要题材：有一个村，农民负担太重，许多人因此自杀。有一个农民看了《根本利益》，写信让我过去，并为我建了一个小屋。那天正好下雨，晚上我独自睡在小屋里，旁边就是一户全家都去世的农户。雨滴打在瓦片上，听上去似乎是死者的呼唤。

《破天荒》和《农民革命风暴》这两部关于改革开放的作品在文坛也有较大的反响。选择用报告文学的形式来抒写改革开放历史，你认为有何价值？

《破天荒》以"多国部队"到中国领海开采石油为主线，引出中国曾经经历的一段想来可笑而又极其严峻的真实历史，揭秘30年前中国对外开放惊心动魄历程。这部作品的意义在于，让今天所有享受到中国现代化丰硕成果的我们，要永远记住当年邓小平带领中国人民打开国门时的那段历史是何等的不易！记忆昨天，就是为了更好地珍惜今天。《农民革命风暴》的真正意义，在于通过这个历史事实的重要发现，说明中国农民当年为了改变自身的命运和寻找生存出路所付出的勇气及智慧是何等可贵，历史必需记住他们的功绩。

报告文学具有文学艺术性的"现场叙述感"，这一巨大优势能给读者带来阅读犹如亲身经历历史的艺术感染力。此外，当年的亲历者大多还健在，通过他们的口述回忆与档案资料的佐证来写作，能为历史留下第一手资料、也能让历史分外鲜活。它是真实的，同时又是文学艺术的，因而广受读者欢迎。

有人把你定位为"主旋律"作家。你怎么看？

有的人说我是主旋律创作，歌功颂德。其实我对各种误解或误读早已坦然处之。报告文学作者是时代的记录者，我认为报告文学有两种写法：一种是批判，一种是歌颂。前者是一股气，像拿着机关枪到处扫，这也是一种对国家和民族的忠诚。

报告文学更多的是关注社会发展和人的命运，它以最敏锐的视觉和最高涨的热情以及最直接的表现形式，不停地记录和颂扬着我们的改革开放成果，同时也以强烈的民族责任心和历史使命感，以及现实忧患意识，承担着批判和揭露那些在变革中呈现的某种丑恶现象与不正之风。

你的思考有全局性、前瞻性，我觉得这也是与其他报告文学作家的不同之处。你在采写上不但有扎实的功底，还有相当的技巧。同样是反映问题，你的作品得到上至高层领导下至普通百姓的重视和欢迎，而有的作家就做不到，为什么？

动态的报告文学，要求事件还没有结论时作家就去写，这时，对于是非的判断和对事件真相的把握，是对作家能力的考验。

很多人用小说的题材，或小说的架构来进行纪实作品的叙述，这里存在很大的问题。同时，也不能把社会非主流的、片面的东西作为报告文学的主流，不能用局部的、片面的狭隘替换整个社会的真实，一个负责任的优秀的报告文学作家必须全面、客观、准确地反映事物，要透过现象看本质。我们的创作必须和这个时代吻合，要发现社会的主流价值。经典的作品，都是具有高尚的精神追求的。我写的农民问题更尖锐，但我用正面形象表达尖锐的问题。文学作品除了真人真事，要着重表现时代、表现人民积极向上的追求。

报告文学作品中，很多存在热情过度、理性欠缺的问题，我觉得你在这方面把握得特别好。原因是什么？

在中央党校的学习是成长道路上的一次重大转折点。我专门完成了哲学研究生的课程，看待问题具有哲学的辩证法思考。同时，我接触到更多的省部级领导，回过头来再反观文学，我的文学思考也发生了变化。如果没有这次学习，我可能就停留在偏见、幼稚、浮浅的层次。

你的散文《母亲的泪光》被反复转载，我觉得这也是另一种形式的"中国故事"。

当我回到故乡，随母亲姗姗而行在故乡的小路上，观现忆往，别有一番滋味和感慨。我深深地被母亲内心的那份深埋的情感震撼了，只用了一个晚上，就写出这篇万言文章，那份刻骨铭心的感动引起很多读者的共鸣。讲中国故事，必须讲得生动，讲得动情，讲到读者的心坎上。

那么你认为好的中国故事必须具备哪些因素？

一个好的故事，首先就在于细节。细节来自生活，要讲好故事，必须深入生活，提高阅读生活的能力。现在很多作家，有本事将故事编得精彩，但不感动人，抓不住最核心、最根本的东西，原因就在于此；其次才是叙述故事的能力。要会感悟生活，剩下的就是"大厨的本事"，这"本事"决定故事的成败。如果情感不真实，功夫不到位，都会影响讲中国故事的生动性。

你在写作中最大的困惑是什么？

从事报告文学创作，需要大量的采访，在占有和掌握大量材料后还需要整理衔接和思考及精选，可是我的时间常常被分割。也许正因为"非专业"，我有一种非常急迫的心情——手头需要创作的东西特别多，怕很多题材没人写浪费，而这些都是我们时代和民族的宝贵资源和财富，我们不能随便浪费了。所以我对自己的要求总是在最短时间内达到最好效果，希望在这一领域中写得最好。写作是这样，人家总说用心血创作，我觉得心血还不够，还要用气场。常常是写完后感觉精气都被抽走了。这可能与军人的作风有关。

那么忙碌的工作，你是如何处理写作时间的？

我从来不找"枪手"。报告文学是用情创造的文学，有没有生活的沸点，故事能不能成艺术品，立场是关键，功夫是核心。光扎根生活不够，要用心感受生活的温暖，用功书写细腻的文字，还要观察，要体验，要感悟生活。作为作家来说，情感、思想和内心的追求，和年龄无关。如果和年龄有关，应该站在更高的视野上选择题材、思考问题，保持更客观公正的思辨性；如果和年龄有关，应该平心静气不浮躁，向着经典进军。讲中国故事，首先是故事感动了我，也在教育和提醒我。写中国故事，给我的体会是如何做人非常重要，如何做事非常重要。

你如何看待评论界"何建明现象"的说法？

我对自己有着清醒的认识。我觉得在作品中还能找到很多问题，比如文字上的处理太着急了。如果是专业作家，我可以完全处理这些不足。每一部作品像打仗，总有人追着我，写得不从容。我最适合当报告文学作家，如果有精力、有能力，我可能会写小说，我认为我真正优秀的作品还没写出来。我没办法停下来细细打磨那些完成的作品，因为后面有太多的题材等着我去写。

我真不知道如果哪一天我当了专业作家时自己的写作会是什么状态。目前我的全部文学创作自我感觉总是那么仓促，一个劲地向前奔跑几乎没有丝毫闲暇回首顾望。也使得我许多本可以写得更好的作品没能更完美些。

你的创作速度很快，有什么妙招吗？

我的记忆力很强，每一次采访非常艰苦但都特别细致，不用录音，采访用的笔记本比自己的著作多得多。我的采访内容能得到90%的利用。我特别注意小细节，多少年来一直坚持同每一个采访对象见面。同样一个人，见与不见感觉完全不同，每次见面都有新的收获。这个功夫不能少。每到一处采访，我都对地方的历史、人文、县志、日志进行全面掌握。2007年写完《国色重庆》，我卖掉的有关重庆的图书，就有105本，几十斤重；写《我的天堂》，光是苏州的方方面面的书也看了百余本。这一课必须得上。

40年来，你对"中国故事"的认识也在不断变化吧？

过去认为中国故事必是"高大全"，这是我的理解；现在的理解不一样了。首先每一个普通人都能呈现中国好故事的元素；其次，中国故事是跟这个时代的发展联系在一起的。过去写陈景润，现在有各行各业的精彩人物，作家要适应当下丰富、多彩、多元化的时代；第三，以前讲中国故事，我以为是人的故事，今天讲述的故事，包括与人相关的自然环境甚至是各种生命之间的气息。这些变化与生活历炼有关。过去一到春天，北京风沙满天，现在则是雾霾，自然环境的变化也是故事；原来的故事是身边的故事，现在拓展为你我之间的故事、中国和世界之间的故事、当代和历史的故事。

写作中，你对自己有何要求？

写报告文学时，我要求自己首先是政治家、思想家、社会学家、文学家，更要具有普通人的情怀和诗人的激情，以及小说家编织情节的能力。否则，何来四十年如一日讲述故事的动力和热情？我应当是个有使命感、责任感的作家。这个世界、这个时代和我太紧密了，世界和我命运相连，所以我要不断地写。中国城市的发展日新月异，即使写江河山水，依然有精彩的中国故事。我因此常常有一种紧迫感：有这么多好故事，如果不写很快就可能陈旧了、消失了，像金子埋在沙里。

设问人：舒晋瑜 作家，《中华读书报》总编辑助理

李元胜

李元胜，1963年生，四川武胜人，重庆市作家协会副主席。著有诗集《李元胜诗选》《重庆生活》《无限事》《我想和你虚度时光》《天色将晚》《纸质的时间》等十余部。曾获鲁迅文学奖、《人民文学》奖、《十月》文学奖、《诗刊》年度诗人奖等。2000年起开始自然生态摄影和田野考察，出版《昆虫之美》《中国昆虫生态大图鉴》等，入选新闻出版总署推荐给青少年的百种优秀图书。

奋斗之外的时光一样有价值

李元胜是诗坛一位老将，他居住于魔幻的山城重庆，安静地享受着慢生活，写出了许多重要的作品。但是真正让他从诗坛走向大众视野的，是他的诗《我想和你虚度时光》，这首诗由"读首诗再睡觉"等公众号传播，短短几个月时间阅读量竟然达到了600万。他认为，这首诗之所以能火，是因为人们的物质生活快速提高，但是精神文化生活没有跟上，其实在生活中，奋斗之外的时光同样有价值，《我想和你虚度时光》从某种意义上唤起了大家的共鸣。

李老师，你好！作为一名90后的诗歌爱好者，一直非常喜欢你的诗歌，很高兴今天能有机会对你进行专访。

你好，谢谢！

让我们直接进入主题吧，请问你是从什么时候开始写诗，或者说是出于什么原因开始接触诗歌，并走上这条道路的？

其实我觉得自己能热爱上写作，是受到我高中时期的班主任马文波老师的鼓励和影响，他第一次看到我的作文，就给了我超乎想象的肯定和表扬，是他让我相信自己很适合写作文。到了大学，没有作文课了，我就经常自己写一些随想或者笔记。

我从1981年开始接触到现代诗歌，那个时候我在重庆大学读书，记得是在图书馆，读到袁可嘉先生主编的《外国现代派文学作品选读》，里面里尔克的作品让我感到震撼，我第一次发现，寥寥几行，可以意味无穷，让人生出无限遐想。我把他的几首诗都抄了下来，有好长一段时间，经常拿出来推敲。我喜欢上了这样的语言的魔术，或者说是幻术，于是我也情不自禁地模仿起来，开始写一点儿短小的诗歌。很多校园诗人，他们的创作高潮，甚至代表作，是在读书期间写成的，我刚好相反，我写诗的进展非常缓慢，1981年开始写，写到1983年，写了30多首诗吧，也有零星发表。真正的创作是离开大学以后，参加工作接触到社会，觉得在校园里写的诗歌，完全是一些模仿品，和自我的关联很小。我大学毕业那年20岁，对社会、自我的充分认知，应该是从20岁才开始的。从1983年到1986年，我感觉自己又读了一次大学。比较让人欣慰的是，这样的过程，经常是让校园诗人放弃写作的，而对我却刚好相反。更复杂的经验，刺激了我写作的巨大兴趣，我也是从那时才开始慢慢理解几年前读到的那些外国现代诗。

1986年到1989年，这个阶段是我1980年代写作的一个高潮，写的数量多，而且变化很快，逐渐形成了自己的一些诗歌路数。我自己有一定规划性的写作主题有两个：一是试图连通中国古典文化传统的写作，也可以说是向遥远的田园文化和文士生活致敬，有100多首；二是试图表现城市生活的现场经验的写作，相对少些，有50多首。但是还有一些写作，是突如其来的即兴写作，比较有代表性的是《给》（墙外只有一棵树/它沉默的时候很像我/它从树干里往外看的时候很像我）。这样的写作不在任何路数里，刚写下的时候，自己也只觉得是消遣。但是给朋友们看，以及在刊物发表后，评价还相对高些。这首《给》这几年还经常被选来朗诵，在网上传播很广。这也促使我更重视写作的兴之所至，给自己的写作保留了一定的宽容度。事实上，在我后续的写作中，这些即兴写作逐渐拓开的领域，是非常重要的。

的确，大学时代可以说是很多诗人、作家创作生涯的开始，在这里他们完成了自己的"处女作"。我想对作者而言，"处女作"一定有着非凡的意义，甚至可以说是开启创作之旅的第一步，时隔多年，你还记得自己的"处女作"吗？

我还记得在重庆大学校园里写下第一首诗的情景，在去上自习课的半路上，突然想出了几句诗，我觉得它们很里尔克，赶紧找个没人的地方，掏出笔记本写了下来。可惜现在只记得一句：我的手像一片浅红色的落叶。为什么会写到我自己的手，整首诗是怎么回事，都忘了，这首诗好几年后还在《重庆日报》发表过，那时我都快毕业了。

那说起来还是蛮可惜的，不过，开始写诗的时候，我想你一定满怀着对诗歌的热情。我知道你大学学的是电机专业，一个离诗歌很远的专业，那时候你有没有想过今天会成为一个诗人？如果大学期间没有接触诗歌，你觉得今天会是什么样子？

其实我也经常想起这个问题，一个电机专业的学生，毕业后迅速改行做起新闻，然后又把业余时间花在文学创作上，若干年后，干脆放弃了新闻事业专事文学写作，这个跨度看起来不小。其实，从我个人爱好来说，还远比这条曲线复杂，我差不多是每三四年就会对一个新的领域着迷，然后开始疯狂地读这个领域的书，其实还没入门，新的兴趣点又来了。我就这样不断地每三四年地自学一次大学。我对音乐、围棋、图书出版、摄影、昆虫、植物等一波接一波地产生浓厚的兴趣。对音乐感兴趣的时候，我下班后都是先去碟片市场淘碟，仅打口碟（国外正版碟）就收了数百张，那时进口来的CD很贵，我一个月七百多元工资，只能买两张碟。有一年，我差不多是把家里菜金之外的所有钱都买成了CD。还好，在我最发烧的时候，全国的青年诗人都下海当书商了，我也加盟了朋友的书店，当起了兼职图书策划，兴趣的转移，让我们家逃过了一次破产。

但是，除了工作，有两个线索是例外的：一是文学创作；二是野外考察（摄影+物种学习），这两条线索自开始之后就再未中断。这么看来，以我与生俱来的巨大好奇心和探索欲望，即使我在大学期间没有开始写诗，后来也会有别的事情吸引我偏离自己大学所学的专业。

很有意思，你与诗歌有着"命中注定的缘分"。对于诗歌，我想每个诗人都有着自己的理解和态度，写诗几十年来，你对诗歌与写诗持什么样的态度，这种态度有没有在时间的流逝中发生过变化？

诗歌写作，首先是一门严肃的技艺，和其他的艺术相比，它的特殊之处在于它所依赖的材料——语言本身就具有不确定性。人类生活，从某个角度看，就是一个巨大的语言运动，而诗歌写作，不仅代表着人类试图掌握这个运动的努力，更是语言运动的极限。

语言不仅是交流的工具，也是思考的工具，它更是构成人类思想和想象力的基本材料。和语言运动的巨大规模相比，再有才能的写作者，也是渺小的。但他可以通过自己的写作，让语言跨过栅栏进入陌生的领域。这样的过程，足以令人鼓舞甚至狂喜。所以，技艺的成熟和新的发现相比，我更看重后者。

这番见解很深刻，我知道你在大学毕业后一直都呆在重庆，都说重庆是中国的诗歌重镇，能说说你如何理解重庆和诗歌之间的关系吗？

首先我觉得重庆是一个非常适合写诗的城市，它是一个有着魔幻气质的山水城市，也有着严酷的气候，在这个城市能呆下来，是需要激情的，所以重庆文学的主力军一直是诗歌。我之前的几代诗人，在全国都是有影响力的。重庆还是一个重要诗人的输出城市。很多优秀诗人，都是从重庆出生，或者学习，或者工作，然后，到了别的城市。

重庆的生活对你的诗歌写作产生了什么影响？这种影响是不是其他城市不可取代的？

从20世纪80年代开始，重庆诗坛就多种流派和风格并存，高手如云，给我提供了很好的学习和交流的机会，给我提供了最重要的写作资源。不仅如此，我长期服务的《重庆日报》社，历届领导对我的文学创作都非常支持。重庆的诗歌前辈，对我也很关照。我出的第一本诗集，责任编辑是傅天琳，序是李钢写的，我想在别的城市，我得不到这么多的文学上的扶持。重庆文坛还有一个特点，就是重性情，不太讲辈分。我刚进入重庆文坛的时候，20岁出头，却能和一批诗坛精英称兄道弟，打成一片。除了前面提到的两位，还有一位兄长何培贵，给了我很多具体的指导，让我在诗艺的学习上，保持清醒。我经常想起，和他们一起喝茶谈诗，游于山水的情景，觉得自己能在重庆开始写作，实在是太幸运了。

我也在重庆呆了四五年，感受到重庆与众不同的魅力，也在这里开始自己的诗歌创作，结识到很多志同道合的朋友，我想知道，就目前的现状而言，你认为重庆的写作氛围怎么样？

如前所说，重庆有着非常好的诗歌传统。在2000年左右，《界限》诗歌网站的出现和红火，对重庆的青年诗歌进行了很好的梳理和激发。借助网络交流的便利，诗人们能更容易进入到一个更大的全国范围内的诗歌竞技场，重庆新一代诗人的视野和格局都发生了很大变化。重庆的

60后诗人还在继续写作的不少，70后诗人群落又成为这个城市的中坚力量，他们中的很多诗人也同时是中国诗坛的中坚力量，比如唐力、金铃子、张远伦、白月、宇舒、梅依然。最令人欣喜的是，重庆90后诗人又异军突起，以余真、颜彦为代表的新一代已进入全国诗歌读者的视野。

《界限》诗歌网，在网络刚刚兴起的时代，为诗人们开辟了一个新的阵地，如今也有很多类似的诗歌网站，如中国诗歌网、中国诗歌流派网等，你能详细谈谈《界限》诗歌网的诞生和发展过程吗？

想到编一份网上诗杂志是在1998年，那时，大车创办的《重庆文学》网站已有了一定的影响。《重庆文学》网站收了我一些作品，留着我最早的一个信箱，因此迅速给我带来了不少新朋友。随着我上网浏览时间的增加，渐渐感到互联网的有趣之处，遗憾的是以诗为主题的网站比较少，而且水平很不整齐。我想，要是在《重庆文学》上办一份重庆诗人的网络诗刊，或许会给诗友之间增加更多的交流机会。

我这个想法，得到了大车和其他诗友的支持，那年年底，我和李钢、何房子、马联、大车、沈利相约聚会，聚会的主题是筹办网络诗刊《界限》。在这个会上，何房子想出了《界限》这个名字，那时候大家的意见比较一致，《界限》应该有相当的包容性，应该收集各种最新的有代表性的声音。但一开始并不顺利，第一期和第二期并没有达到我们的预期，检讨原因，我觉得主要有两个：一是立足点错了，以重庆诗人为主，内容毕竟有限；二是责任落实不具体，每个人并不清楚自己该为《界限》干些什么。我打算等条件成熟时，对《界限》改版，把它办成全国性的网络诗刊。1999年10月，我到浙江开会，相继碰到了黑龙江的张曙光、浙江的沈方等诗友，我征求了他们的意见，他们都觉得办一份全国性网络诗刊很有意思，表示愿意大力支持，这大大鼓舞了我。回到重庆后，我们成立了编委会，通过大家的努力，《界限》网站得以在同年11月24日正式推出。凭借丰富的栏目，十多个省的数十位知名中青诗人比较整齐地在网上亮相，成为了互联网上的第一个中国当代诗歌的公共事件。不久，欧阳斌和董继平参与到《界限》的组织工作中，正是他们的努力，使《界限》得以高水平地运转。

提到重庆的文艺圈，除了《界限》外，不少人都会立刻想到"少数花园"咖啡馆，听到重新开张的消息，我本人也非常激动，回想起在那里参加过的很多活动，我很喜欢这个名字，少数人的精神花园，当时怎么会想出这样一个名字呢？能聊聊一开始打造少数花园时的初衷吗？

2012年创办于重庆南坪东路的少数花园，由重庆日报报业集团和重庆大学出版社所属公司投资创办，是《界限》诗人的活动基地，与百名重庆读书人一道发起了重庆慢阅读运动，以富有思想性的阅读活动名噪一时，吸引了各界人士的参与。少数花园成为重庆梦想沙龙联盟的盟主单位、南岸区图书馆第一家精品分馆、重庆市级文艺创作基地。作为少数花园的创始人，我还是很自豪的。少数花园通过五年发展，已成为重庆有影响的文化活动平台，目前除在重庆网红景点弹子石老街与大众书局共同打造的少数花园活动大本营外，还和十多家文艺场所有合作关系。特别值得说的是，诗歌交流一直是少数花园最富吸引力，读者参与度最高的活动。少数花园开办五年，除了重庆各界名人，还接待了百余位全国著名作家诗人和全国著名民谣歌手，被华龙网等媒体称为重庆的文学会客厅。

在重庆能有这样一个地方，让人们静下心来接触诗歌，的确很有意义，这让我不禁想起20世纪80年代，可以说是诗歌的黄金年代，诗歌热潮席卷全国，可谓全民读诗，像北岛、海子、顾城他们在当时的人气颇高，堪比今天各种"流量大咖",反观当下,这种热潮早已退去,都说"诗歌已死",周围读诗看诗的人渐渐少了,诗歌不断被边缘化,你是如何看待这个问题的呢?

1980年代,是一个激情澎湃,同时又是处在一个全民文化饥饿中的时代,文化消费模式单一,供给严重不足,所以造就了全民跟读报刊文学作品的奇观。我反而觉得,对于文化消费而言,现在才是一个更好的时代,大众有更多的选择。诗歌也从一种浮夸文化崇拜中,回归正常的地位。几十年来,中国诗歌一直在默默向前,发生着复杂而又深刻的变化,呈现出丰富而又多元的形态。尽管相比很多当代诗人,我个人的诗歌作品算是传播得更广泛的,但我仍然认为,绝大多数优秀的现代诗歌,是为小众准备的。现代诗歌的阅读是有门槛的,需要文化准备,也需要阅读训练。当然,这些诗歌如果通过更多的媒介参与演绎,能让更多的人理解。

就我个人的观察,随着手机阅读成为人们获取资讯的主要方式,相对短的文学作品显然更适合这样的阅读模式。现代诗歌最近几年已成为手机阅读很受欢迎的一种文学样式,特别是朗诵热的兴起,也助推了这样的趋势,人们对现代诗歌的理解和鉴赏能力也在不断提高。我和读者、朋友进行交流的时候,发现我们能探讨的问题,已经较几年前更深入,也更能延伸展开,所以实际上,对诗歌的阅读热情在复苏。当然,这仍然没有改变,现代诗歌是为小众读者准备的这一基本的事实。

是的,我相信每个时代有每个时代的阅读特点,但我相信诗歌永远不会从我们生活中淡出。谈到你之前凭借诗集《无限事》获得的第六届鲁迅文学奖,抛开奖项的评审机制和评委的评价,我很想知道你自己是如何评价《无限事》这部诗集的?

　　《无限事》是我经历30年写作训练以后的一本有代表性的诗集，里面有很多诗都是我自己偏爱的，有我自己的心灵际遇，突然而至的即兴联想。现在回头来读，我还觉得那个时期自己的写作，过于偏执于技艺的完美，还放过了不少更有意思的、也更复杂的经验。如果我现在来重写，我觉得应该能写得更好。

　　《无限事》是一本很棒的诗集，我反复读过好几遍，获益匪浅，还有一件事不得不提，在2015年，你的诗歌《我想和你虚度时光》爆红网络，受到无数读者的喜爱，能谈谈你这首诗的创作背景吗？还有，你认为这首诗在读者当中引起这么大反响的原因是什么？

　　其实，在写诗30年后却因为这首诗意外走红，或许是因为我偶然击中"中国人已经太累了"这个社会的痛点吧。创作《我想和你虚度时光》是在2013年4月，当时工作很忙，心里萌生了从紧张的状态中解救自己的期许，于是这首诗就产生了，而且我几乎没有改，一气呵成。开始我只是把这首诗放在了自己的博客上，以及发表在业内的诗歌刊物里，当时很多圈内人都觉得这首诗不错，可它并没有立即"火"起来。后来有一位朋友把我的这首诗推荐给了"读首诗再睡觉""为你读诗"等微信公众号，通过专业播音者的朗诵，这首诗突然就火了起来。其中一个公众号的点击率居然在几个月内就达到了600万，我至今对于微信的力量都很惊讶。如今都在讲快节奏，人们物质生活快速提高，但是精神文化生活没有跟上，可是生活中，奋斗之外的时光同样有价值，"虚度时光"唤起了很多人的共鸣。虚度和浪费都是贬义词，但是将贬义词拿来抒情，词语的使用不同寻常，表达的意义也更引人深思。

　　这首诗的成功，某种意义上可以说得益于这个时代的发展，有人说我们正处于一个大众传媒占支配地位的时代、信息时代。近几年，在我们的生活中，有无数的公众号、微博、手机APP等各种平台在传播着信息，其中当然也少不了诗歌，这样"碎片化"的阅读，同时又是"爆炸性"的，我们好像每一天都从这些平台上读到很多诗，但我个人觉得，我们却不曾真正读过一首诗，对于这样的现象，你怎么看？在这样的时代背景下，对于诗歌写作者又会产生什么样的影响？作为读者，该怎么样进行"高质量"的选择和阅读呢？

你提出的这个问题很典型，其实就是我们所说的，以浏览代替阅读的现象。浏览是无所用心的，只是谋杀时间的一个消遣，而阅读，是全力以赴地进入一个文本所展现的深邃世界。大约七八年前，我们一批喜欢阅读的人共同在重庆发起了慢阅读运动，那个时候手机阅读才刚刚兴起，但我们已经感到了浏览模式的到来。我们会在一个晚上共同欣赏一篇散文，朗读讨论，充分发挥。现在看来慢阅读运动更多的只是一个象征，这不可能改变席卷而来的全民浏览模式。我们可以享受浏览，但是也要留下足够的时间，用来研读值得我们去深思的文本。有了这个警惕之心，才有可能让我们拥有高质量的阅读生活。

我很喜欢"慢阅读"这个概念，在这个快节奏的时代，能在生活、工作之余慢慢品读一首诗，也是一种难得的快乐。我本身也很喜欢写诗，当我们写诗的时候，时间一长，经常会不自觉地形成自己的诗歌语言风格，现在很多人也孜孜不倦地想写出自己的名作、代表作，比如之前说到的你的《我想和你虚度时光》，为读者所熟知，你认为这样类似于"标签化"的现象对写作者来说有何影响？作为一个诗人，是应该不断地尝试不同的风格，还是应该努力建造属于自己的"诗歌语言"？

写诗就像采气，当我们偶遇到这个世界的奇异事物，必须调动全部的心智和语言天赋，才能对它进行把握，诗歌就在这个过程中出现了。所以，我从来没法规划自己要写什么，甚至怎么写，用什么样的风格，我们能遇到什么样的事物，能产生什么样的经验，更像是宿命。也只有经历和世界突出的这一部分的相互接触后，才会发展出与这次经验匹配的写作。这一过程并非一帆风顺，多数时候，我们没法把获得的新经验纳入自己的写作，原因可能是多方面的，比如我们对自己诗歌的定义过于狭窄，以至很多重要经验被排斥在写作之外，比如我们尚无能力处理陌生的经验，更多时候，是我们的认知，并未真正理解和世界的此次遭遇。

基于以上种种，我的写作往往出现写到一半不得不停工的情况，我不会再像年轻时那样强行进入下半场，或强行结尾。我会从这个未完成的建筑工地退出来，重新审视，重新等待。退下来，对陌生的经验重新把握，直到真正找到与之匹配的诗歌写作。

"写诗就像采气"，说得真好啊！当今，越来越多的年轻写作者开始进行诗歌创作，比如90后诗人、00后诗人，其中也不乏一些实力诗人，已成为诗坛后起之秀，作为一位诗歌前辈，对于年轻人的诗歌创作，你有什么建议吗？你认为年轻一代在写作时应该注意些什么？

我不觉得前辈能真正指导晚辈的诗人。如果说的确发生过有效的指导，那可能仅止于一些亘古不变的艺术规律，或者说指导和被指导者有种相似的对世界的理解和写作偏好。所以我和青年诗人们交流的时候，我不太爱谈诗歌领域的世界观，我们可以讨论一些技艺，作为一种语言的手艺，年轻人恰恰缺乏的是语言技艺方面的修养和经验，把交流限制在技术范围内往往是有效的。当然，我也真的很期待不同代际的诗人能在"如何理解和看待世界"上有透彻、坦诚和深入的交流。当然，这仅止于期待。总的来说，每一代都会发展出自己的写作，所有的领域都是这样的。我们对于世界的看法和表达的权利，就在这个过程中完成交接。

"我们对于世界的看法和表达的权利，就在这个过程中完成交接。"李老师说得很真诚，和你的这一番交谈，我也能感受到这种心灵的交接，再次感谢李老师，期待你更多更好的作品！

设问人：张勇敢 诗人

李鸣生

李鸣生，1956年生，四川简阳人。主要作品有《走出地球村》《中国863》《震中在人心》《全球寻找"北京人"》《发射将军》等，出版作品有"航天七部曲"、《李鸣生文集》十六卷，及中篇小说、电视电影专题片多部，共约九百万字。曾获鲁迅文学奖（三次）、全国"五个一工程"奖（三次）、中国报告文学奖（三次），以及中国三十年优秀报告文学奖、中国长篇广播金奖、北京市优秀文学作品奖、上海重大文艺工程精品图书奖等。

要站在地上仰望还要置身太空俯视

27年前，国人的航天意识整体上还比较薄弱，是李鸣生最早提出了"航天文学"的概念。三十多年来，作为从发射场走出来的作家，李鸣生填补文学空白，秉持着对科技知识分子价值的认同和对科学真理的追寻，以及对科学精神张扬的责任，借助报告文学为航天事业发声。他说，一个民族的历史总要有人记录，航天历史是人类最惊心动魄、神圣伟大的历史，中国的航天历史则是其中重要的组成部分。记录这段历史，他责无旁贷，也非他莫属。

航天领域神秘复杂，可否谈谈创作中的甘苦？

首先是前期的采访难。一次发射牵涉数百个单位、百万大军，采访对象从中央领导到工人士兵，内容涉及国内、国际，军内、军外，领域众多，线条纵横。发射场犹如战场，现场采访常常会遇到风险，如燃料泄漏、火箭爆炸等，搞不好命都会搭进去。这样的风险我曾经多次经历过。其次是创作难。航天领域题材重大，主题敏感，事关国家大事，除科技外，还涉及政治、经济、文化、历史、外交，以及中外航天历史与现实等，各种事件、人物和矛盾结构起来非常棘手。创作中还要把科技生活和技术难题深入浅出地转化成饶有兴味的文学叙事，这就更难了。

你是最早提出"航天文学"概念，并在航天文学创作领域成绩斐然的一个作家。在你看来，航天文学的意义在哪里？

文学作品即是对人类历史的反映。几千年来，人类从地球上站起之日起，就开始从陆地走向高山，从高山走向大海，从大海走向天空。不管走到哪里，其足迹几乎都有文学的反映。那么人类从天空走向宇宙这一革命性的伟大壮举是不是也应该有文学的反映呢？航天的重要性、超前性和神秘性在当今信息时代越来越显示出它作为文学题材的分量和价值。作家需要用独特的眼光去审视世界和人生。27年前，国人的航天意识整体上还比较薄弱，几乎没人关注航天事业，当然这与保密也有一定的关系。"神五""神六"上天后，人们的航天意识逐渐加强，才去寻找航天的历史。但能找到的相关书籍少得可怜。这几年，在航天文学领域中，我几乎是孤军奋战。没有任何部门单位给我资金的支持，我完全凭一个作家的良知与责任，凭我生命的自觉去写中国航天的历史，表达我想表达的东西。多年来，人类远征太空、探索宇宙的伟大壮举吸引着我一步步爬行，就像一个人在黑夜的沙漠中跋涉，不知前方是什么，会有什么结果，但必须往前走。如果把航天文学比作一座大厦的话，我在为大厦添砖加瓦，我的每部作品至多算一层楼吧。我希望更多的作家和记者一起来建造这座大厦，让世界和后人了解中华民族从地球到太空的情感历程和心路历程。

《澳星风险发射》比较特殊。作品中，你将1992年3月22日"澳星"发射失败视作一种客观存在，以一种中性的叙事立场，在中国航天文学中第一次直面失败。这样颠覆常规的写作，其意义何在？

不客气地说，用一本书来专门写失败问题，在中国我是第一人，也是迄今唯一的。其实，成功与失败如同硬币的两面，无法分割。事实上中国航天的挫折与失败，自20世纪50年代就开始了，且一直伴随至今。

在我看来，一个民族若是既会欢呼成功，又能正视失败、接受失败，甚至超越失败，那这个民族才是伟大而不可战胜的。如诗人惠特曼所言，当失败不可避免时，失败也是伟大的。当然了，在当年那种生态坏境下，写中国航天的失败问题，是需要胆量和勇气的。

你写航天，实际上作品中所表达、折射的主题和内容具有极大的包容性和辐射力。

我的写作，既有对大时代、大事件的整体描述，也有对科学家个体命运的具体叙写；有对历史真相的客观揭示，也有对现实问题的深刻反省。一个民族的历史总要有人记录。航天历史是人类最惊心动魄、神圣伟大的历史，中国的航天历史则是其中重要的组成部分。作为从发射场走出来的作家，我记录这段历史，可以说责无旁贷，也可以说非我莫属。

光学家王大珩称赞《中国863》"写得很好，是一本很好的科普读物，也是历史的见证"；文学评论家李炳银认为这部作品"关注生活的现实存在，冷静地面对、严格地审问、积极地修补、乐观地期待"。你怎么评价这部作品？

我的全部写作，只是一声呼唤而已——呼唤国家意识的复苏、呼唤科学精神的张扬、呼唤对知识价值的重新肯定，更呼唤对国家人才的真正保护！我欣赏略萨的话："文学首先是对社会发言，然后才是文学本身。"

你的科学家情结来自什么？

科学家不仅仅是这个世界的探索者，还是这个世界科学文化和人类精神的铸造者、体现者。我在日常生活中常常痛感当下社会正在失去或缺乏某种东西，但是在采访科学家的过程中，我找到了答案：我们缺少的实际上是一种意识，一种像蒋新松那些科学家的自觉而强烈的国家意识，一种将个人与国家命运息息相连的忧患意识，一种位卑未敢忘忧国的主体意识和奉献精神。于是在作家、科学家、国家三者之间，我发现了一种必然的联系，知识分子历来都有强烈的国家意识，科学家用科技成果发展国家，而作家用文字表现科学和科学家。

你的作品具有广泛的影响力，不仅仅因为揭秘性，更在于视野宏阔、人物塑造生动，和国家的历史发展相呼应，具有感人至深的艺术魅力。大题材、大视野、大构架、大叙事、大主题、大气场……有评论以一连贯的"大"概括你的作品风格。你认为，这种"大"来自什么？

主要来自两点。一是来自题材本身。比如中国航天，题材重大，题旨宏阔，内容丰富，穿越古今，横跨中外，是一部史诗性的大历史，属于世界性的题材。所以，我的"航天七部曲"看似在写航天，其实不限于航天，它事关民族乃至人类的昨天、今天和明天。这就决定了我必须把作品放在世界文化的背景下，放在远古、现在、未来的时间轴上，放在天、地、人的空间上来加以构建。唯有"大写"，方能完成。二是来自作者的胸怀。雨果说："比陆地宽广的是海洋，比海洋宽广的是天空，比天空宽广的是人的胸怀。"套用这句话来说，作家的胸怀有多大，作品就有多大。我认为，作品大小，与作家的眼光、胸怀、思想有关。当然我所谓的这种大，不是形式上的大，也不是大而无当的大，更不是假大空的大，而是合情合理的大，有血有肉的大，实实在在的大，与作品长短、字数多少无关。

你作为一个报告文学作家，为何总是冲在重大事件的第一现场？

作为一名军人，没有上过战场，就如同一个船员，没有下过大海。要说遗憾，恐怕这得算一件。那一年，汶川发生大地震，我很想去，就像一个战士渴望扑向战场。故乡遭难，不去救援，良心上过不去——但去灾区一看，初衷变了。一场大地震，居然震出那么多的爱、那么多的善、那么多的美、那么多的真，中华民族的伟大精神与传统美德如同汶川大地震本身，同样震撼了世界震撼了我的心。在血迹斑斑的废墟上，我看到了人性的复杂，也看到了人心的单纯；看到了大难与大悲，也看到了大爱与大美；看到了绝望与死亡，也看到了希望与新生！身为一个作家，在故乡的废墟上、气息中、阴影里，亲历了人类历史上如此惊天动地的一场大劫难，不用文字留下点什么，说得过去吗？

此类题材众多，你在写作《震中在人心》中有特别注意的地方么？要怎样才能写出不重复、有意义的"独一个"？

汶川大地震其实是最难写的一个题材，它像一张命题考卷，逼着全世界的作家、记者迅速交出各自不同的答卷。《震中在人心》是我近20多年用心最狠、出手最快的一部。凡看过此书的人几乎都被感动得落泪了。我爱人看了十遍，第十遍还在落泪。我当时的想法是：对汶川大地震的写作，必须坚守纯粹的写作动机与起码的道德良知，任何弄虚作假、官样文章都是对遇难者的亵渎；不仅要写出真实，还要写出真相；要打破传统的重大题材报告文学的叙事模式，探索、重构新的叙事策略。唯其如此才可能"独一"。我为此做了努力。

《震中在人心》在第五届鲁迅文学奖终评中以名列第一胜出，但在初评时差一点遭到了淘汰，为什么会有这样的曲折？

《震中在人心》对我过往的创作是一次颠覆性的写作。这是我写得最辛苦的一部作品，也是我相对满意的作品。写完此书落下严重的地震"后遗症"。写作期间，每晚噩梦连连，不是梦见山崩地裂，便是尸骨遍野，吃了80多服中药。2009年中秋之夜，写到成千上万的孩子遇难一章时，我面对漆黑的夜空独自号啕大哭。至于评奖"风波"，我也是后来才听说的。主要是我的写作思维不同，理念不同，纯属作家个人化的叙事，而非传统意义上的主流叙事，故引发争议，差点被毙。好在遇上多位有识之士，最终不仅获奖，还高居榜首，或许我该把这次评奖叫做"有良知的评奖"吧。

你在不同的场合，多次谈到过自己与航天题材的缘分。我想知道的是，从你在《科学文艺》发表《用生命编写程序的人》时起，介入航天报告文学，三十多年的写作，如此持续地、长久地在航天领域挖掘一口深井，最大的收获是什么？

一是获得了一个新的看问题的角度，从而改变了我过去跪着看人生和世界的姿势。换句话说，看待人生和世界，除了现实社会的角度，还有自然科学的角度；或者说不能只站在地上仰望，还可置身太空俯视。其好处是，既合人理，又顺天意，让人变得更理性、更清醒，也更坦然。二是科学家们淡泊名利、无畏权势、追求真理、超然物外的人生境界和特有的人格魅力及精神品格，让我的灵魂和精神得到净化，获得升华。三是我切身感到，作为自然之子的人，在宇宙这位大师面前实在是渺小至极。每当我的目光和思维伸向浩瀚宇宙，便会感到自然的规律比任何空喊都要伟大、可靠、实用得多。

写了三十多年报告文学，你的每部作品都有不可替代性，每一部作品都令人震撼。尤其是出版的《李鸣生文集》。你在写作中考虑最多的是什么？

作家对文本应该有创新精神。我试图希望我的每部作品都有所不同，有所变化。比如，立意上的变化、结构方式的变化、叙事策略的变化、语言风格的变化等。这当然不易。早在20世纪80年代初，我就发表了摄影小说《相会在今天》。2009年出版的《震中在人心》，我将其命名为"长篇摄影报告文学"，这在国内是第一部。这些都是想在形式感上有所探索，至于写作技巧等问题，肯定会考虑的。但我考虑更多的也是最难的，是写作的思维方式和写作理念问题，即面对航天这个全新的题材，该用一种什么样的新的思维去观照、去审视其内容，该用什么样的艺术手法去挖掘、提炼与众不同的新的主题。

航天是一个日新月异的科学领域，其间要应对各种专业术语和新科技，你20余年坚持"航天文学"及高科技题材的创作，有哪些困难？

难度非常大，且越写越难。1992年，我与老前辈徐迟先生在北京相会，他对此科技题材的写作也深感头疼。我的想法是这类文学不能缺席，再难总得有人扛，科学精神是在任何国家任何时候都需要传递、弘扬的。和谐社会其实就是科学化的社会。写科学家可以说是责任，也可以说是天意，我只能担当、认命。

你是继徐迟之后又一位关注高科技的报告文学作家，很多人总拿你和徐迟相比。比如丁晓原就曾指出，徐迟的《地质之光》《哥德巴赫猜想》《生命之树长绿》等可谓是精致的诗，而李鸣生的《飞向太空港》《千古一梦》等作品是一种史诗，即便是《发射将军》这样的人物报告文学，也注意将个人史与国史的叙事有机融合，体现出别有意味的诗性。你认为他说的有道理吗？

有道理。徐迟先生是我敬仰的作家。看了我发表在《当代》上的第一部长篇报告文学《飞向太空港》，1992年他来北京时便打听我这个无名之辈，所以有幸与他有过一面之交。徐迟以精致的短篇取胜，我以繁重的长篇为业；他以中短篇创建典型人物的独立王国，我用长篇构造航天文学的系统工程；他发出的是泣血的呐喊，我记录的是历史的本真与现实的忧思。他属于那个时代的一座高峰，我仅是这个时代的一方小丘。我们行驶在不同的轨道，既无传承也无交叉。由于彼此的人生际遇和历史背景以及创作理念不同，其作品的旨意和呈现方式自然也就不同。所以严格说来我们没有多少可比性，都写了科技题材而已。但有一点我们是相同的，即对科技知识分子价值的认同和对科学真理的追寻以及对科学精神的张扬。

我们都知道报告文学是要"走出来"的文学，写了这么多年，你有时候会感到疲惫么？

会。而且已经疲惫了。但不是身体而是心灵、精神的疲惫。面对现实的中国，我常常焦虑不安，但常常又无能为力，或者说有力使不出，这是真正的疲惫——无奈的疲惫。

阅读你的作品，更能深深地体会到你对航天事业和对从事航天事业的开创者们深厚的感情，对笔下的每一个人物都充满感情。这是你的报告文学能深入人心的重要一点。但是我想，如此耗尽心血的写作，是否对身体会有很大的损伤？每部作品完成，你是怎样的状态？

完成一部长篇，最短的一年，最长的有20年。譬如《发射将军》，前后拖拖拉拉了20年，《千古一梦》前后经历了9年。而采访对象少则几十人，多则几百人，采访笔记最少都是几十万字。其实航天不是谁要我写，而是我自己要写，或许这就叫自找苦吃吧。写完航天前四部，腰肌严重劳损，坐一小时就得躺半小时，折磨至今。写完《中国863》，落下颈椎病，苦不堪言。现在，落下严重胃病，还剩半条命。

既有知识分子的情怀，又有"史家"的抱负，阅读你的作品，能感觉到你对当下社会、当下知识分子的忧思。为什么？

报告文学是一种非常特殊的文体，其特殊性在于它是一种有社会担当、有历史使命感的文学。"文学，首先是对社会的发言。"我个人非常赞同这一观点。尤其是当下的中国，报告文学作家更应该首先"发言"，大声发声！当然，这个声音不能是假声。鲁迅先生在《两地书》中说："中国大约太老了，社会上事无大小，都恶劣不堪，像一只黑色的染缸，无论加进甚么新东西去，都变成漆黑。可是除了再想法子来改革之外，也再没有别的路。我看一切理想家，不是怀念过去，就是希望将来，而对于现在这一个题目，都交了白卷，因为谁也开不出药方。"鲁迅和他同时代的文化精英们当年没有开出药方，但鲁迅却始终站在"药店"的门口，他先知的目光已触碰到了那张发黄的"药方"，其思想已穿越足够的深度，深到如同黑暗本身。而今不少作家交出一张白卷。不仅没有开出药方，甚至远离"药店"，忘了"药方"！因此，作家投身社会，寻找"药方"，负起担当，既是使命也是宿命。

你的作品叙事构架是宏大的，但是细节饱满丰富。你如何看待细节之于报告文学的作用？

细节对各种文体而言都至关重要，对报告文学来说更是举足轻重，非同小可。报告文学最大的特点就是真实，而细节最能体现的便是"真实"二字。因为真实的细节是很难编造甚至无法编造的，尤其一些鲜活生动而又奇异微妙的细节，体现的不光是真实，还隐藏着真相。故细节于报告文学有着实实在在的意义。

你一直呼吁报告文学作家要讲真话。

今天的中国到底需要什么样的文学？我认为，最需要的就是说真话的文学。大家最想看到的是真相，最想听到的是真话，最厌恶的是欺骗，最憎恨的是谎言。而说真话，是一个作家最基本的人文态度，最起码的艺术良知，最基本的写作追求。当然，说真话，作家的独立是前提。没有独立，便没有真话可言，也不可能有真话可言。巴金老人一辈子留下的最好作品，在我看来就三个字"说真话"。法国作家左拉说："知识分子的责任，就是说出真理，暴露谎言。"我以为，一个作家敢不敢讲真话，是态度问题；讲得好不好，是水平问题；明知是假却要说真，或者明知是真却要说假，则是人品问题。就当下而言，讲真话是中国文学最大的价值所在，也是出路所在。尤其是报告文学作家，挖掘真相，暴露谎言，更是责无旁贷。当然，说真话从来都是需要胆识和勇气的，也是有风险的。好在有人好像说过，作家的胆识，比天才还重要。

你的作品近三十年来经受住了读者和时间的检验。每部作品都一版再版，不但收入全国很多选本，有的还入选大学和中学教材。如此强的生命力，你认为是什么原因？

我的作品不仅属于文学，还希望能为人类学家、社会学家、历史学家、政治家等提供一些参考，或者留下点"标本"。在地上行走都不易，到天上去闯就更难。一个民族不能缺了这段历史，总得有人写。但写史不是我的目的，我希望读者能从中读出点别的东西，比如挣脱地球束缚的悲怆与酸楚，从陆地走向太空的精神创伤等。

多年来你秉持怎样的创作理念？

我不想靠题材取胜，更不想去赶什么时髦，我只注重我生命的表达，追求一种理想的写作状态——一种秉持着文学本心和作家良知的去除功利性的写作。一个优秀的作家，首先应该是一个思想家，其思想的基点在于对历史的反省和现实的审视，并由此提炼出时代的命题；而一部优秀的文学作品，又总是与作家所处的那个时代血脉相承。因此我的创作轨迹一直延伸在当代社会生活的前沿，始终义务地承载着传导科学思想、科学品格和科学精神的历史使命。

一个报告文学作家应具备忧国忧民的情怀，深刻的思想，深厚的文学功底，独立的人格与文化品格，很强的理性思维，敏锐的洞察能力，丰富的各个学科的知识。一个作家的思想非常重要，无论你是写什么的。思想决定作品的高度，决定作品的品质，甚至说思想决定一切。而这种思想，必须属于自己。

那么，你又如何在多年的写作中提升思想性？

我很看重作品的思想性，有西方文化学者说，知识分子乃是以思想为生活的人。其实报告文学从某种意义上说，就是知识分子的写作。报告文学是最具思想风骨的文学，或者说是最讲究思想的文学。什么是思想？就是不断地提出问题和解答问题。作家如果停止了对历史与现实的质疑与发问，便停止了思想，也等于停止了生命。我曾说过，中国不缺作家，缺的是思想家，像鲁迅那样的思想家。中国只有诞生了大思想家，才可能出现大作家。放眼古今中外，留下来的经典作品，作者无一不是大思想家。因为思想的力量才是最伟大的，既可颠倒乾坤，还能穿越时空。所以，真正优秀的作家尤其是报告文学作家，首先应该是个思想家——思想是报告文学能继续活下去的唯一理由，也是当今报告文学的救命稻草。否则在这信息疯狂泛滥的时代，报告文学还有何用？当然，我强调的思想并非一般的思想，而是具有革命意义的思想，它既不是对政治概念的"艺术"图解，也不是对国家政策的"文学"演绎，更不是对现实社会的涂脂抹粉，而是作家自己对历史与现实的独立思考与判断。至于思想的提升问题，这很复杂，非一蹴而就，得有一个漫长而曲折的过程，三言两语很难说清，甚至说只能意会无法言说，得靠作者用心去细细体悟，悟到了便有，反之则无。

设问人：舒晋瑜 作家，《中华读书报》总编辑助理

李修文

李修文，1975年生，湖北荆门人，湖北省作家协会主席。主要作品有长篇小说《滴泪痣》《捆绑上天堂》，中短篇小说集《不恰当的关系》《闲花落》《心都碎了》，以及编剧电视连续剧《十送红军》。曾获鲁迅文学奖、春天文学奖、茅盾文学新人奖、新浪年度好书最佳人气奖、大众电视金鹰奖、当当年度影响力作家等多种奖项。

屈原和项羽就在身边

他从中国戏曲中寻找对文学之爱，从古代诗歌中汲取勇气和审美，那么戏曲和诗歌是否成为他的写作资源呢？李修文认为，面对它们，既要长跪不起，也要有重新站立起来的勇气，他不一定会在其中寻找写作资源，而是将它们作为一件行囊、一种底气，在这样一个时代里头，他还得牢牢站在"中国"两个字上，而不是把武汉写成了纽约，不是把北京写成了巴黎，"在一个普遍的全球化、商业的语境当中，我们一定要搞清楚一件事情，就是赵钱孙李不是哈姆雷特、不是罗密欧、不是朱丽叶，中国的罗密欧与朱丽叶他们到底在哪里，他们又是谁？"

我最早知道你，是因为你的小说《滴泪痣》和《捆绑上天堂》，这两部作品在当时获得了极大成功。你当时还不到30岁，作为当红的深受文坛瞩目的青年小说家，为什么会突然停笔不写，自认陷入"写作的困顿"？

其实，我也并没有停笔，一直在不断地写，事实上《山河袈裟》里的一些篇章就是在那个时候写出来的，但困顿是显而易见的，作为一个小说家，写不出来小说这件事的确令我陷入了深重的羞耻感中，今天想起来，写不出来的原因有二。其一，《捆绑上天堂》因为是以一个濒死者的第一人称写出来的，所以很长时间，我陷入在某种颓丧的气息里头走不出来，我自认，只要进入写作中，我其实是比较疯魔的一个人，就像一个演员从戏里走不出来一样，当时我的确花了很大的精力，甚至将它当作一场人生必须要打的仗，才终于走出那种颓丧情绪；其二，我想还是源自于对真正写作的尊重：一度，我大踏步后撤，希望在写作中去尊重古典小说里的那种话本和传奇的传统，但是依赖太过，很快就不满足了，而一个新的世界又没那么快建立起来，于是就陷入了严重的自我怀疑，在这种自我怀疑里，我根本没办法写作。

后来，你成为了一名编剧。2014年的优秀长篇电视连续剧《十送红军》是由你提纲编剧的。这部电视剧收视率极佳，好评如潮，我也是忠实观众。我看报道说你为写《十送红军》重走了长征路，这段经历对你来说有着怎样的意义？

这只是一种下意识的需要，之所以写作这部电视剧，是因为我有许多对这个时代想说的话，需要包裹在一个有利于表达自身态度的剧本中，所以，我肯定要找到自己的说话方式。你知道，过去我们写长征时，更加着力表现的是领袖的长征和指挥部的战争，那么我就想，这回我能不能写无名战士的长征和战壕里的长征？这样，我就必须去重走这段路，在这段路上去看去听去嗅——即使写小说时，我的态度也是这样的，我似乎惟有在现实生活和自身体验里找到了确证，才能够写下去，这部电视剧其实比一部长篇小说还要长，所以，如果不找到一种莫大的相信，我肯定是写不下去的。

2008年汶川地震时，你奔赴了灾难现场，《山河袈裟》里也留下了那段经历。这种亲身经历对你的写作有影响吗？

当然，这样的经历对我的创作乃至对我的生命都有莫大的影响，我写过不少死亡，但更多是靠想象和审美推动的，所以，当货真价实的离乱死亡来到我眼前时，我还是被一次次震惊了，继而，某种沉默的、更加丰富的、静水深流的东西来到了我的体验当中，我并未怀疑从前的自己，相反，我确认了自己的美学倾向，但是这种倾向因为生活边界的扩大，毫无疑问变得宽广了起来；另外，我真切地感受到了某种将自己交付出去的体验，交给山河，交给同路人，交给命运，像一条鱼重新回到了河水之中，一个作家本应该这样生活的啊！

从小说家到编剧，这种身份转换的选择是在什么情况下做出的呢？是什么使你暂时放弃了小说写作？

我必须诚实地对你说，喜欢和谋生，两者都是很重要的原因——了解我的人都知道，我喜欢戏剧，尤其喜欢中国戏曲，我之所以做一个作家，是少年时受了中国戏曲的不少影响，所以，我难免有一部分心思精力会花在这里，事实上，不是所有的作家都能当编剧的，剧本有它自身的戒律和路径，说到底就是在学习和不断的失败中建立起来的经验；确实，也存在着谋生的原因，小说写不出来了，那几年生活里遭遇的生老病死特别多，我想活下去，有饭吃，总要给自己找一条出路，所以就很自然地去做了编剧。

我并未明确地放弃小说，只是那段时间写不出来了，但我一直都在写，只是写不到令我满意的地步，即使到今天，我也在写，值得高兴的是，我觉得今天要写得比过去令自己满意一些了。

我知道，你一直宣称自己是楚国文学的后裔，能说说你的故乡和个人创作之间的关系吗？

我的故乡是古代楚国的属地，楚国文学的形成，最早发源于"焚火夜祷"的传统，我自己和楚文化的关系，大概仍然躲在这几个字里——无论何时何地，我的写作都是一场祷告；因为祷告，我需要在大地上生起火堆，向万物发出祈求；因为祈求，我需要保证自己时刻相信镌刻在天地万物之上的纪律与准则，并且敬畏它们。

说到我自己，恐怕终究还是典型的楚地人格，某种激烈之气总归是挥之不去的。是啊，楚人身上的确有一种贯穿了几千年的不驯服，屈原也好，项羽也罢，都有明显的不驯服特征。何以如此？我曾经写过一篇《荆州怨曲》，楚人没有依靠任何天堑，楚人面临的杀伐过于频繁，楚国男子大多还未成人就得面临死亡，所以对死亡的迷恋和恐惧深深植根在楚人的性格和文化基因之中，读典籍时，你甚至觉得，某些重大的决策对楚人来说就像赌气，就像过家家，譬如项羽临死也不肯过江东，但这就是楚人，当死亡几乎成为一个人一出生就要面对的处境时，另外一种以实利权衡而展开的人生路径自然也就不存在了。显然，在写作中，我能感受到，屈原就在身边，项羽也在身边。

沃尔科特有句"改变我们的语言首先要改变我们的生活"，你在多个场合提起过。你喜欢它是因为生活抵达到哪里，我们的语言才会抵达到哪里。那么在你看来，你是为了改变写作而改变生活，还是当时只是为了生活而去生活？

显然是后者。在写作陷入停滞的那些年里，我想得最多的，就是如何将自己的穷困潦倒解决掉，为了过日子，我借了那么多钱，这些钱总要还上啊。所以，别的事情我真的已经无法去顾及了。

但是，我将继续写作下去——这个明确的预感，我是肯定有的，那时候为了生存，我在全国各地奔走，许多崭新的生活经验在我眼前展开了，作为写作者的我难免会苏醒，难免受到触动，于是就会下意识写下一些札记，这大概就是《山河袈裟》这本书的缘起，说到底，对写作还是难以忘怀，并且有隐隐的兴奋：也许有朝一日，我是可以写下这些崭新经验的。

经过十年沉寂，《山河袈裟》出版，迅速收获好评，让你重新回到文学读者的视野。在小说家、编剧之外，《山河袈裟》使你成为当代文坛独具美学追求的散文家。你在序言中说，这部散文集的作品都是在行走、医院陪床和生活困窘的时候写下的，当然，虽然是陆续写下，但又保持了风格的一致性。那么，在写作最初，你对这部散文集有明确的美学追求吗？

我想是有的，一言以蔽之，就是想强调"中国"，一个此时此刻的"中国"。但是，它不仅仅是一个朝着前方和未来昂首行走的"中国"——我明显觉得，有些独属于中国的情感和伦理，甚至某个具体的人，在今天的写作中似乎安放不下，还有许许多多的词汇也安放不下或者被轻易忽略了，比如"人民"，比如"情义"，但是，这样的词汇明显就行走在我的周边，于是，我就决定写这些东西，我希望从救出一个词汇、擦亮一个词汇开始，最终尽可能写出一个我眼里的此时此刻的"中国"。

《山河袈裟》出版后，李敬泽先生高度评价说，"李修文的文字不可等闲看……他的文字苍凉而热烈，千回百转，渐迫人心，却原来，人心中有山河莽荡，有地久天长"。批评家张莉认为这是"和'无穷的远方''无数的人们'在一起"的作品。事实上，许多批评家后来也都提到了"远方""深情""山河"，你怎样看待和理解这些评价？

我对这些评价当然充满了欢喜和感激。你提到的这两位批评家，都是严正的、具备相当的审美尺度且不随意口出妄言的人，实不相瞒，我经常在他们的评介中重新认识自己，继而重新对自己提出要求，这绝非虚言——于我而言，这种珍贵的审美信任本身就和写作同等重要，我并不指望甚至也不希望自己有很多读者，所以也就尤其看重这种审美信任。

说到敬泽老师，我刚看完他的《会饮记》，我真希望多些人来研究他的文章之道，研究他反复写下的那个"他"。在我看来，那个"他"是这个时代里的一根极其强劲而敏感的神经，多少荒唐与仓促，多少今愁与古意，都附着在这根神经上，世界一次次不请自到，那个"他"也一次次不辞而别，最终，那个碎片般的"他"却在泥潭里建起了个人生活的纪念碑。今天的写作者，不管自身的生活如何，都敢于这样来写作，都有将个人生活打下时代印痕的愿望，那么，我们这个时代的写作该多么坚硬和丰富啊！

在《山河袈裟》的写作过程中，你是如何理解你自己与你反复强调的"人民"的？

我心中的"人民"与别处所谈的"人民"并无任何区别，但我注意到，我只要一提到"人民"两个字，人们的眼光似乎就有些异样，仿佛和这两字沾边，我的写作就在倒退，甚至就有堕入某种"文学不正确"的可能。我完全不这么想，相反，我觉得应该用自己的写作使这个词越擦越亮，我当然知道"人民"这个词在不同的时代被充塞进去过各异的内容，但是，无论怎么变化，它的基础都是人，是人心，我频繁地使用这个词绝无标高之意，它仅仅只是一个提醒——我身在此处，这是十四亿颗人心凝聚之处，而非在卡佛或者美国大学写作班教出来的那种小说所诞生之处，我们此处的人心，绝不等同于彼处的人心。所以，我甚至觉得：我心中的"人民"，毋宁是一种在今日里写作的先锋性。

在相当长的时间里，我曾是一个有所谓先锋倾向的小说家，那时候，我相信伊凡·克里玛的名句："写作就是从人群回到个人"，这当然无比正确，但却使我的创作越来越难以为继。我眼睁睁看着自己、自己笔下的人越来越像孤魂野鬼，渐渐地，我甚至完全不相信我所描写的人物和他们生存的世界，我怀疑他们并不和我同在一个世界。而现在，"自我"对我来说，就是竭力进入"人民"，用我自己的遭际，植根于"人民"之中，寻找出我所要依靠和赞叹的"人民性"。

那么，你会美化你所看重的"人民"吗？

如果我足够诚实，我就应当承认，任何一个集体都有其复杂性，人性中的缺陷会普遍存在于每一个个体身上，但是恕我直言，在目前这个阶段，我选择对这些缺陷视而不见，我不是一个正在对某社群进行深入分析的社会学家，我只是一个写作者，哪怕狭隘，我也将在相当长的时间里对这种狭隘进行自我赞美。在今天，写作于我，首先是认亲，然后是报恩——既然我没有能力开出一副药方，也没有能力去改变他们的处境，那么，我至少可以用微薄之力告诉我的同路人：就这么活着吧，你们已经足够令人尊敬。

听说你自小就开始看戏，接受了中国传统戏曲的教养。从《枪挑紫金冠》里，读者读到了戏曲的魅力，以及对戏曲人物、戏曲故事的重新认知，你的《山河袈裟》许多篇章都浸润了戏曲元素。你怎样理解戏曲对你的生活和写作的影响？

的确，戏曲对我影响至深，我常常想，如果不是小时候看过那么多的戏，如果不是很早就被那些戏文所吸引，那么，我应该不会写作，我的人生也完全可能是另外一种样子。所以，戏曲里的美学和人情世故早已经成为我血脉里的一部分，尤其最近，我甚至也在尝试着去写戏曲剧本，希望能够以我的理解，在戏曲舞台上提出一些今时今日的问题，好让一种陷入了危机的、日渐被当成供奉之物的传统能够与今日生活联系得更紧密一些。当然了，这只是一种愿望，最终也极有可能因笔力不逮而终止。

在中国古代，戏不仅仅是戏，有时候它甚至是纲常的化身：在《论语》所无法抵达的地方，是戏曲在影响、提示，甚至是规范着人们的生活，这虽然是需要，但同时也是囚笼，在个人生活越来越重要、集体共识越来越难于达成、人与人之间的关系越来越孤岛化的今天，戏曲已经遭遇到了深重的挫折。因此，我其实为戏曲的未来感到忧虑，并且总是琢磨自己到底应该去为戏曲做一点什么——你看，戏曲对我的影响就是这么广大而深远。

除了戏曲之外，你还偏爱诗歌，在你的散文作品里，可以感受到一种古诗意境之美。比如那篇《长安陌上无穷树》。你多次提到喜爱杜甫的诗，喜爱《古诗十九首》，请问这些作品吸引你的特质是什么。在散文创作过程中，你是有意识地在诗歌、戏曲等传统文化形式中寻找写作资源吗？

几句简单的话语是无法道尽他们的好的，所以，对待它们，我选择去阅读，去沉浸，而不诉说，我希望我自己的语感、风格、心志都在对它们的迷醉中长成，但是，面对它们，我个人觉得，既要长跪不起，也要有重新站立起来的勇气，本质上，它们也都是时代里崭新创造力的产物，所以，我一定不会在其中寻找写作资源，而是将它们作为一件行囊、一种底气，说到底，我最大的叙述热情，还是来自于此时此刻的周遭所在。

有评价说，《山河袈裟》游走于散文与小说的边界，你写出了"修文体"的活力。你是怎样看待这个评价的？

这个评价我当不起，但我的确也有志于写出某种不同的散文，这个时代太丰富和复杂，碎片化的个人处境也越来越突出，我们似乎也无法再用某某体来命名一个作家或者一个文体了，因为这种强制性的命名早已经被宣告无效，我们惟有泥牛入海，甘做碎片，才有可能建立一座自己的战场。

但是，散文的所谓边界，我倒觉得是个值得讨论的话题，我老实承认，下意识里，我希望动用尽可能多的叙述手段和形式，比如小说、电影、音乐、戏曲等等，我希望用它们来撞击许多年来人们对散文这种文体形成的观念和认识，光是这条路就非常难走，我在很多时候都要被迫回答"这件事是真是假"之类的问题，所以，道路还十分长远，我也不知道自己最终变作什么样的作家，自然还远远未到被命名的时刻。

作为一个散文作家，你如何理解古代文章与当代散文写作之间的关系？

如前所说，任何今日里被视作传统的东西，在它诞生的时候，都极有可能是它那个时代最具创新性的产物。所以，我们去回观古代应该有一个起码的认识，即，它是活的，活的人心，活的时间，活的经验，具体到散文上也一样，如果将"古代"二字一味当作某种情怀和趣味进行继承，那么，你就是继承了一个死的传统，事实上，我们许多的今日之作，就是被这个死的传统给压趴下了。

所以，在我的理解里，对古代文章最大的继承，就是去继承它在它的时代里别开生面的决心和路径，在今天，应该敢于对许多有关散文的陈词滥调说不，也要敢于重新认识散文在此刻面对的巨大可能性，更要敢于用自己的个人创作给今天的散文创作开出一条新路。另外，事实上，我并不认为我是一个散文家，我只是在这个时间阶段写散文而已。

你特别喜欢诗歌，诗歌之于你的生活有什么样的影响？

我就跟你说说诗人张执浩吧，他是我的同事，也是我的同乡，我除了对诗歌进行大量的阅读，也正是通过和他以及他的诗人朋友的交往，才确保自己的周遭一直有诗歌生活的真实存在。

可以说，在武汉这个地方，我和张执浩这么多年来，一直是互相眺望和彼此验证的，我在他身上看到了中国作家里或者中国当代诗人里极其罕见的专注。我觉得他就是我身边的杜甫，我跟很多人讲过，李白学不了，杜甫可以学，李白是一个奇迹，是上帝送给中国人的礼物，但我们看杜甫的写作——一匹马死了，他就为马写一首诗；当他来到河边，他就为河边的石块写一首诗。这种巨大的知行合一，这种不断地在自己的奔走当中，来确认出自己是谁的气质和美学，正是张执浩的气质和美学。就说我的《山河袈裟》和他的《高原上的野花》这两本书名吧，实际上你膜拜一朵野花久了，野花就是袈裟。所以，我要感谢张执浩带给我美学上巨大的动力，让我每每怀疑自己的写作能力时，当我每每泥牛入海时，我就会想起一个安静地沉默地，住在武汉音乐学院的，像手工艺人一样的，去挑拣词汇和去验证词汇的人，我甚至能感觉到神秘之光在照耀这个人、照耀这些词汇，这个人就是张执浩。

我注意到，你频繁提到"纪律"，那么，你的纪律是什么？

此时此刻，我想我应该坚守的最大的纪律，就是一定要提醒自己做一个中国的作家，写中国式的作品。在这样一个时代里头，我的写作还得牢牢站在中国两个字上，而不是把武汉写成了纽约，不是把北京写成了巴黎，在一个普遍的全球化、商业的语境当中，我不能随之起舞。我总觉得，在今天写作，我们一定要搞清楚一件事情，就是赵钱孙李不是哈姆雷特、不是罗密欧、不是朱丽叶，那么，中国的罗密欧与朱丽叶他们到底在哪里，他们又是谁？我想，我的纪律，就是一定要清晰地把他们给辨认出来，并且写下他们的内心。

在集小说家、编剧、散文家三种身份于一身之后，你今天对作家这个身份的理解是否有了不同？

说真的，骨子里，我甚至不希望自己是个"作家"，却希望自己是个"文人"，那种有传统中国文人特质的"文人"，如果具体一点，就是希望自己成为张岱或李渔这样的人，对于这样的人来说，写戏还是写文章有什么关系呢？他想写戏时便写戏，想写文时便写文，想造园时便造园，这些对他们来说都是创作的一部分，哪里有什么转型呢？近现代以来，知识和学科的细分确实将我们束缚得太厉害了，我们也太乖了，常常不知道被什么惊吓，却真的都被吓住了。

在相当程度上，我对我今天如何作为一个人在这世上活着多了些新的理解：像之前我们探讨的散文这种文体一样，我越来越倾向于不再了解自己，越来越倾向于自己重回一个孩子的视角——不断好奇，不断长成，对世界喜悦一点，对自己冷漠一点，让我们好好看看自己到了最后会长成一个什么样的人。

2018年7月，你还多了一个新的身份，当选为湖北省作家协会主席，成为中国当代文坛最年轻的省级作家协会主席。这一身份会给你带来压力吗？你怎样理解这一新的社会身份与你未来写作的关系？

压力倒是没有什么，此后，无非是秉持公正二字，赤诚地面对每一个作家，竭尽所能将湖北文学现场建设得更有品质和尊严一些。说实话，我们许多人这辈子除了当作家，显然也不会再去干别的什么了，我们一辈子都只能待在这个所谓的文坛里了，所以，如果我们的文学生活本身没有魅力，那你当个什么劲儿的作家？我想，我应该为了建设这个魅力尽可能多做一些工作，这也是个基本责任吧。

诚实地说，作家协会公务还是占去了我不少写作的时间，这是我之前始料未及的，不过这也是件好事，这种情形在提醒我必须重新认识时间和对时间的管理。事实上，我的写作还是在持续，《山河袈裟》之后，也算写了不少东西，都在逐步地修改过程中。所以，创作一如既往仍然是我个人生活的重心和要害。我想，当这个作家协会主席无非也就两件事：其一，搞好个人创作；其二，帮助别人去搞好创作。

你近期有新的写作计划吗？未来还会担任影视剧编剧吗？

手头上正在撰写一本新的散文集，《山河袈裟》之后，我希望自己更加沉潜和平易一些，去写《古诗十九首》式的文章，少铺张，少装饰。我本来就从未希望自己成为一个写"美文"式的作家，现在就希望自己对这种可能更加警惕，因为我发现，许多作家，许多文章，它们的生命力就是被下意识里的"美文"倾向葬送了。更广大的人间，更沉着的生命力，这些东西才是我目前最看重的，可是，如你所知，真正做到何其艰难啊，有些文章写了一遍又一遍，还是达不到自己想要的效果。

未来我一定还会继续从事影视剧的编剧，事实上，我刚刚完成了一部电视剧。写剧本于我而言，许多时候甚至是解放，因为它让人兴奋，就像走在冰河之上，你不知道哪一块冰会碎裂，失足之后，我们反而有可能遇见一个真正的我，反而有可能遇见真正的命运。

设问人：孙亦薇 评论家，北京师范大学文学院现当代文学专业研究生

李春雷

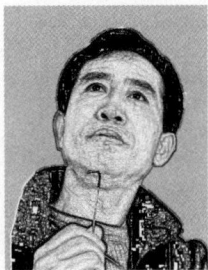

李春雷，1968年生，河北成安人，河北省作家协会副主席。著有散文集《那一年，我十八岁》，长篇报告文学《钢铁是这样炼成的》《宝山》《摇着轮椅上北大》等二十余部，中短篇报告文学《木棉花开》《夜宿棚花村》《朋友》等二百余篇。曾获鲁迅文学奖（两次）、全国"五个一工程奖"、徐迟报告文学奖（三次）、河北省文艺振兴奖（四次）、河北省"五个一工程奖"（五次）、孙犁文学奖等。

我们肩负谱写"新史记"之重任

李春雷的作品保持了良好的艺术质地，天然成态，珠圆玉润，尤其他的短篇报告文学，更是成为一种"文学现象"。他是一位不断挑战自我、登高望远的作家，他的书房名曰"通天阁"，其寓意就是通世情、通人心、通文明、通天道。李春雷认为，报告文学要报告，但更要文学、更要反思、更要担当，使读者从中能听到真理的声音，能看到文明的亮光。

春雷老师，你好！首先祝贺你的报告文学《朋友——习近平和贾大山交往纪事》（简称《朋友》）获得第七届鲁迅文学奖，也祝贺你成了为数不多的两次荣获这项文学大奖的作家。

谢谢你的祝贺！自从《朋友》被提名的消息公布之后，我就不断收到预祝获奖的信息、电话。那天中午，我是通过朋友的祝贺信息知道获奖的。当天，我正在塞罕坝一线采访，为自己关注了十多年的塞罕坝题材补充第一手资料。为了这次采访，我费了不少周折才把十几位塞罕坝林场早期建设者们聚到一起，非常不容易。他们有的已经七八十岁了，采访时间比较紧张，我们中午也没有休息，一直忙到晚上9点才结束，所以，当时很多祝福信息和电话都没有来得及回复呢。实在抱歉，谢谢大家的祝福和关注。

面对获奖，你本人表现得异常淡定。请问，你是怎么想的？

谢谢你对我观察得这么仔细！作品获奖，是每一位作家所期望的，值得祝贺。但是，我一直在告诫自己要冷静下来，获奖了也便过去了，自己不能沾沾自喜，更不能生活在过去的光环、鲜花和掌声之中，"乱花渐欲迷人眼"呐。自从那天以来，我的电话、微信不断，祝贺的、约稿的、采访的、邀请讲座的，等等，一个接一个。我必须要跳出这种表象的"热闹"，做一个作家该做的、更有意义的事。当然，得知获奖后还是有些激动，这对提振河北文坛信心，特别是对河北报告文学的创作也是个极大的鼓舞，所以大家兴奋，我也兴奋。

值得一提的是，2004年，时年36岁的你凭借长篇报告文学《宝山》荣获第三届鲁迅文学奖，成为鲁迅文学奖史上最年轻的报告文学作家。第一次获奖的感觉又是如何呢？

怎么说呢，人的心态也是与年龄段有关的。

《宝山》的主题是通过宝钢建设反思中华民族工业化道路。这是继2001年写邯钢的长篇报告文学《钢铁是这样炼成的》之后创作的第二部长篇。正是凭这部作品获得了第三届鲁迅文学奖，那一年，我36岁。当时获奖的兴奋心情，至今仍记忆犹新，真的好像从梦中走来一样。曾经做过这个梦，但没有想到能实现，果然梦想成真，年轻的自己真有些心花怒放的感觉。当时我还在《邯郸日报》社从事新闻采编工作，并不是专业作家。《宝山》也是在当年鲁迅文学奖截止报名的前一天，在朋友的劝说下，我抱着去报名试一试的心态参与的。也正是那一次的获奖，更加坚定了我走文学道路的信心。

回到这一次的获奖作品上来。请你介绍一下《朋友》创作的背景吧。

现在说起来，感觉我和"朋友"是有缘分的。2013年末，河北作家康志刚在其博客上贴发了一篇1998年刊发在《当代人》杂志上的时任福建省委副书记习近平的文章《忆大山》。文章经多家报刊转载后，引起强烈关注。当时的河北省作家协会党组书记魏平找到我，希望深入采访，创作一部报告文学。于是，春节之前，我便赶到正定进行实地走访：认真走访了当地与习近平总书记一起工作过的老干部，采访了贾大山的家人，与当年的知情人一起坐下来认真回忆，多方考证。采访的最后一天夜里，我还特地沿着习总书记当年拜访贾大山的行走路线，又细细地走了一遍，寻找感觉。后又多方查找资料，依据被采访的知情人的口述或文字，进行交叉印证，基本还原了当年的真实面貌。

创作《朋友》时，你赴正定进行了深入、扎实地采访，现在想来有何感触？

通过采访，我进一步受到触动。从习近平1982年到正定上任后的第一次登门拜访，到1997年贾大山人生最后时刻的最后一次病中探望，这个故事真实、感人且完整，是任何天才作家也虚构不出来的。而且，它拥有独特的现实意义和永久的历史价值。

《朋友》的内容非同寻常，在创作时，你有压力和顾虑吗？

压力太大了，顾虑太多了。遇上这个特殊题材，写不写？一时心中很矛盾。不写吧，有负重托；写吧，害怕过于拘谨。经过一番激烈的思想斗争，下了决心，写！我相信自己内心澄明清白，我知道我自己的目的是什么，我知道人类文明的高度在哪儿，我就是要为真善美而写作。赵瑜先生说得好，作家与题材是有缘分的，碰上"朋友"这个题材，任何一个作家都会尽心为之。机遇落到我的头上，我感到幸运，应该紧紧抓住把握好。

你遇到的最大困难和挑战是什么？

《朋友》中所再现的习近平和贾大山交往的情谊是真挚的，真挚的情谊需要依靠真实的笔触来叙述。报告文学的生命是真实，这是它最首要的品质。于是，我决心打破传统，用纯正的文学笔法去书写，为历史留下最真实、最精美的记忆。但是，当真正动手创作时，却发现困难如山。这是一个全新课题，主人公又是党和国家最高领导人。

过去，对于领袖人物，我们总是不自觉地习惯于"高大全"，写他们的伟岸与光辉，而恰恰是这种写法，让很多作品脱离了群众，淡薄了人气。所以，创作之初，我就决定从人情人性的角度切入，写出生活中、工作中本色的习近平。他与大山是朋友，与我们也是朋友。他的微笑和真诚是面对大山的，也是面对大家的。所以，在文中，除了必要的时候，我大都直呼其名：近平。

说到纪实文学的真实性，虽然很多时候都是相对的。但在《朋友》里，不能有任何虚构和想象。比如习近平与贾大山第一次相见的地点和在场人员，现有报道中众说纷纭，有说在贾大山的家，有说在文化馆，有说习近平独自寻访，有说在座者许多人，也有说在座者只有李满天。采访时，我反复考证，最后确认：习近平请李满天陪同，一起去寻访大山。先是去家里，不遇，后又赶往其供职的县文化馆。

作品写出来后修改了好几遍，确保准确无误。可以说，文内每一句话，都进行了反复推敲。不能模糊，不含虚浮，都要言之有据，准确适当。

关于《朋友》的艺术表现，你刚才谈到"打破传统，用纯正的文学笔法去书写"，请具体说一下行吗？

在表现手法上力求体现自己的语言特点，去"新闻体"，采用春秋笔法，稳健用笔，举重若轻。具体有这么几点：用"鹰眼"敏锐捕捉亮点题材；用特写小镜头反映人物思想境界；五官并用观察发现人性本质，用多重主线交叉推进叙事。

关于作品的语言，我尽力汲取中国古典诗词的营养，在古风古韵、入情入理、可咏可诵上下功夫，增添语言的意蕴和张力。习近平和贾大山之间的这种君子之交，体现了中华民族纯粹的传统美德。如何反映这种真情友谊？难道用欧化语言和魔幻结构？必须符合中国绝大多数读者的阅读心理！所以，我只有借鉴中国古典诗文，提炼语言，多用短句，注重造境，融情融理，古香浓郁，氤氲氲氲。至于结尾部分的系列短句，更是古典散文的笔法，精心设置"意象"，从而触发"象外之境"，给读者以无穷的回味。

你经常强调报告文学的"文学性"和"思想性"，上面简单谈了《朋友》的文学性，请就作品的思想性谈一下自己的认识。

说到《朋友》的思想性，我确实"别有用心"。

作为一个现实主义作家，我试图通过习总书记当年与贾大山的"正定之交"给社会，特别是官场提供一些思考。无论从尊重文化、尊重人才的角度，从勤于读书、善于学习的角度，还是从勤政廉政、干事创业的角度，抑或从端正友谊、完善人格的角度，习总书记都为这个时代做出了榜样，具有特殊的现实意义。

《朋友》连创"第一"：新华社历史上以通稿形式发表的报告文学作品，这是第一篇；全国各大网站以头条推荐的报告文学作品，这是第一名；被全国千余家报刊转载，这是报告文学历史上第一次。这次《朋友》获鲁奖，又是鲁迅文学奖历史上唯一得奖的短篇作品，而且，你还是近两届鲁奖作家中惟一"梅开二度"的作家。可是，《朋友》获奖，有人说是沾了作品题材的光。对于这种说法，你有何看法？

一千个人眼中有一千个哈姆雷特。对一篇作品见仁见智，无可厚非。这篇文章题材的确非常好，"习贾之交"的真实、感人事迹给我提供了很好的素材和机会。从文学的角度，我也做了一些探索和创新。此外，我刚谈到了作品的思想性，正是这样的特殊题材，才彰显了作品的社会价值和现实意义——这，可以说是其他作品所不能替代的。

《朋友》产生的社会影响，主要不是我创作得如何如何，而是习贾二人真挚友情和他们的人格魅力深入人心所导致的，是作品题材真实感人，也是时代的需要使然。

谈谈你的文学启蒙。

我出生在河北省邯郸市成安县的一个普通农家，兄弟四个，我排行老大。小时候，家境贫寒，红薯和萝卜是每天的主食。整个童年记忆里，我甚至没有吃过一个完整的鸡蛋。我的父亲是一位在当地较有声望的文化人，在很大程度上潜移默化地影响着我。

真正给我播下文化种子的，是从北京来村里下乡的知识青年从维雄，也就是著名作家从维熙的堂弟。他与父亲同岁，是好朋友。由于这层交往关系，从维雄便经常抱着我玩耍，时常讲述北京城里文艺界稀奇的故事，这便在无意中把作家梦的种子，植入了我幼小的心灵。

听说，你在中学时代就喜欢上了文学，散文《笑笑饭店》还获了奖对吗？

是的。1979年，我考入成安一中读初中。有一次父亲到安阳出差回来，买回一本刚刚创刊的《小说月报》，我如获至宝，因为这是我接触到的第一本文学刊物。正是这本杂志，让我彻底迷上了文学。我开始去图书馆看名著，逃学厌课，荒废学业，以致在1982年中考时，名落孙山。我7门功课总共考了155分，其中英语只考了7分。

因为喜欢文学，有幸遇到一位改变我命运的"伯乐"袁克礼老师。虽然我没有考取高中，但袁克礼老师多次找校长说情，硬是把我招收了。于是，我奋起直追，刻苦努力，自上了高中以后，各门功课竟奇迹般地追了上来，尤其是我原来基础最差的英语，后来竟在全班和全年级名列前茅。1985年高考时，我如愿地考上了大学，而且录取的专业竟然还是英语系。

谈起中学时代，不得不提那一篇改变我人生命运的文章《笑笑饭店》。1984年9月，正在成安一中读高中的我，写了一篇纪实散文《笑笑饭店》。本文曾获1984年邯郸地区中学生国庆征文比赛一等奖第一名，发表于《邯郸日报》和邯郸地区教育局联办的中学生报纸——《读与写》（1985年3月号）。发表之后，引起了关注，又被《散文》《散文家》等报刊重点推荐发表。1987年9月，我因此被河北省作家协会推荐进入河北大学作家班读书。

关于你在文学创作上取得丰硕成果的秘诀之一，有人说是从初中开始日复一日和持之以恒地写日记，是这样吗？

是的，那时自己像着了魔似的。每天最快乐的事情就是去县城的图书馆看书，开始大量阅读中外名著，特别是在中国古典文学上，用功尤勤，背诵了许多古诗文名篇。为了锻炼文笔，坚持写日记，把所见所闻所感所悟用散文的笔调记下来，每天3000至4000字，从未间断，一直坚持到大学毕业，积攒下七八十本写得密密麻麻的日记本，累计上千万字。可以说，正是这些坚持不懈的"童子功"积淀，使我能够娴熟地表达情感，在用词上也有了许多讲究，为以后的文学创作打下了基础。

是否可以说：酷爱写作，改变了你的人生轨迹和个人命运？

是的。人生，就是一个不断圆梦的过程。青春，不是用来浪费潇洒、随意挥霍的，是用来筑梦、逐梦、圆梦的。小时候懵懵懂懂地喜欢，中学时的写作尝试，大学时不间断地阅读、写作与思考，的的确确改变了我的一切。"做一位真正的作家，创作优秀的乃至传世的作品"，这一直是我的追求，激励着我前行。

因为在学生时代便开始在散文写作上崭露头角，引起河北乃至全国文坛的关注。1989年你大学毕业之后，顺理成章地进入了报社工作。可喜的是，在报社新闻写作上，你同样显示出自己的卓越才华。其间，《他捧出一颗真诚的心》《"金种子"下凡》等一系列通讯、消息、特写频频获奖，先后荣获河北新闻奖、中国新闻奖，收入人民大学新闻系主编的全国通用教材。请问春雷老师，散文写作与新闻写作的成功，是否为你下一步的报告文学创作打下了坚实的基础？

是的，确实是这样！报告文学是一种独特的文学体裁，笼统地说，介于散文和新闻之间的一种文体。我的报告文学创作的确得益于自己在散文与新闻上的成功实践——散文创作，让我学会了文学表现；新闻写作，让我学会了亮点发现。好的报告文学，需要作家在现实生活中去发现好题材，也就是用一双记者的"鹰眼"去敏锐捕捉亮点题材、去发现题材中有价值的东西；有了"发现"，接下来就需要作家去"表现"好，就是用文学的手法去表现你的发现，充分体现作品的文学性和思想性。

正是有了这些积淀，当年，年轻气盛，不甘平庸的我，开始挑战自己、证明自己——创作一部全景式记录邯钢经验诞生全过程的报告文学。这就是我的第一部长篇报告文学《钢铁是这样炼成的》。

《钢铁是这样炼成的》虽然写的是邯钢经验诞生的全过程，却从历史、经济、文化等视角，多侧面、大跨度、全景式地记述了中国国企波澜壮阔的大变革，反思了中华民族工业化进程中的教训和遗憾，展示了突破重围的契机和出路。《人民日报》《光明日报》《求是》等权威报刊纷纷发表评论，称此书是"本世纪第一部震撼人心的长篇纪实文学"，是"钢铁奏鸣的交响曲"，是"我国报告文学创作的重大收获"等等。关于这部作品的创作，你遇到了意料不到的困难和挑战，请分享一下自己的经历和心得。

1999年，正值"全国学邯钢"的高潮，全国的一些知名作家、大报大刊的记者蜂拥而至。当时，我还是《邯郸日报》一名年轻记者，也想写邯钢，没有得到邯钢的重视，去了几次，对方都不接待。但是，我认定的事情总是铁心前行，决不退缩。于是，我先写出创作提纲，到邯钢、出版社和省委宣传部游说。多方努力下，邯钢勉强答应了我的请求。

当时你又是如何深入采访，获得第一手资料的呢？

我出身农村，对工业不熟悉，对钢铁冶炼更是一窍不通。没有办法，只得买来几十本工业管理和钢铁冶炼方面的书籍，日夜苦读。厂区负责人不接受采访，我就骑着自行车采访退休老干部、老工人，每天与厂区工人一同工作，一同生活。差不多有一年时间没怎么回家住宿，其实我家距离邯钢骑自行车也就半个小时。为了体验钢铁工人在特殊时间段的心境，我经常与工人们吃住在一起，甚至当年的除夕夜，我也没有回家，而是在炼钢炉旁与工人一起吃饺子值班。当天深夜，遭遇钢包大喷事故，钢液飞溅，极其危险，我躲避不及，左手小拇指被钢液烧伤，鲜血淋漓，至今仍留有白花花的伤痕。正是这些亲身体验，正是这次剧痛，把我与工人兄弟之间的情感彻底打通了，也打通了我创作的信心通道。

由于厂区的核心人物没有接受采访，许多故事细节都只能间接得到，要用报告文学的笔法绘声绘色地描述出来十分困难。我前后苦战近一年，四易其稿。完稿之时，我的眼镜增加了100度，体重却下降了10公斤。历经百般周折，《钢铁是这样炼成的》终于在2001年出版了。

可以说，正是破釜沉舟、攻坚克难拿下了这部"钢铁"作品，才使我真正体悟到报告文学这种文体的创作之道。

《钢铁是这样炼成的》让你一炮走红，名震文坛。一年之后，你又出版一部《宝山》，被李炳银老师称赞为"堪称当代纪实文学的一部史诗性佳作"，引起社会各界广泛关注，并获得第三届鲁迅文学奖。在"两钢"之后，你于2007年出版了一部长篇报告文学《摇着轮椅上北大》，此作至今仍风靡全国校园，被全国上百所中小学校指定为必读教材。2008年，你突然一个华丽转身，连续发表温婉嫣红的"两花"，即《木棉花开》和《夜宿棚花村》两个短篇报告文学。《木棉花开》发表后，在全国引起强烈反响，被300多家报刊转载和选载，被公认为当代报告文学的名篇；《夜宿棚花村》入选《大学语文》课本，并入选20多个权威读本，荣获多项大奖。这些都是你的代表性作品。不过，你多次强调《摇着轮椅上北大》是你的"转型之作"，请谈一下它的"转型"之处。

《摇着轮椅上北大》一直是作为励志图书而畅销十年不衰的。其实，如果仅仅把该书看作是"励志读物"，那就大大低估了书的真实价值：它在让读者开卷有益、励志上进的同时，会潜移默化地受到文学的熏陶，乃至喜欢上读书写作。这部作品，是我追求作品风格转变途中最关键的一部，也就是在"两钢"作品"天翻地覆慨而慷"般的宏大叙事之后，向精致温婉转变，向纯美艺术转变。2006年写出这本书后，才有了2008年的《木棉花开》《夜宿棚花村》等，以及后来的《我的中国梦》《朋友》等作品，直到现在。每每想起这本书的创作过程，我都会有良多感慨！

提到这些作品，我认为你的许多作品都具有了获得鲁奖的实力，但是能否获奖，应该受到许多条件限制。我感觉你的《钢铁是这样炼成的》好像是在为《宝山》的获奖"热身"，《木棉花开》好像是在为《朋友》的获奖"热身"。关于《木棉花开》未能获得第五届鲁迅文学奖，前段时间，第一至三届鲁迅文学奖报告文学奖评委、第四届评委会副主任李炳银老师在接受记者采访时还表示对《木棉花开》落选不能理解，认为有失公允。你怎么看？

首先感谢李炳银老师对拙作的认可！几十年来，李老师殚精竭虑，为报告文学的创作、批评，繁荣和发展，奋力鼓呼，为年轻的报告文学作家奖掖提携，倾注心血，孜孜不倦，为新时期以来中国报告文学理论的构建、廓清、拓展，作出了特殊的贡献。应该说，在报告文学创作的道路上，李老师看着我一步一步走过来。我能取得今天的一点成绩，是与李老师的指点、提携分不开的。至于作品能否获奖，见仁见智，各有所取，那是评委的事，与我无关，我只管写好自己的作品。

有人说你是"短篇报告文学之王"，你怎么看？

近些年，我在短篇作品上有所追求，这是大家对我的厚爱与鞭策。其实，各有千秋，没什么王不王的。对报告文学，我倒是一直心怀敬畏，特别是短篇的创作，特别用心。从采访到确定主题，选材；语言、结构、意境的构建与营造；新闻、文学、思想的融会与贯通，每一个环节都比较讲究。写好一篇文章如雕刻一尊精美的佛像，需要反复打磨，使其内里和表面都达到珠圆玉润。

作为青年报告文学的领军人物，你对报告文学未来的发展有何认知与期许？

报告文学本身就是有社会责任感和历史使命感的文体，参与时代变革，记录现实生活。伴随着中国梦的实现，脚踩大地寻找生活中的亮色，讲好中国故事，报告文学是最佳文体。从某种程度上说，它肩负着中华民族新时代"新史记"之重任。

司马迁和他的《史记》是纪实类文学作家学习的榜样。今后的创作，应该本着对历史负责的精神，深入生活，创作出更多叫得响、传得开、留得住、有温度的好作品，由"高原"到"高峰"，真正谱写新时代之"新史记"。

报告文学的时代正在到来。

报告文学的繁荣还有很长的路要走，报告文学要报告，但更要文学、更要反思、更要担当，使读者从中能听到真理的声音、能看到文明的亮光、能感受到文学实实在在的力量……

设问人：雷鸣 评论家，河北大学文学院教授

周晓枫

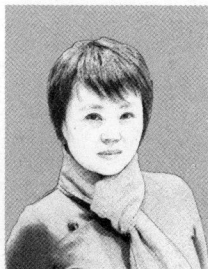

周晓枫，1969年生，北京人。著有散文集《斑纹——兽皮上的地图》《收藏——时光的魔法书》《你的身体是个仙境》《聋天使》《巨鲸歌唱》《有如候鸟》等，童话《小翅膀》《星鱼》等。曾获鲁迅文学奖、冯牧文学奖、朱自清文学奖、《人民文学》奖、《十月》文学奖、《羊城晚报》花地文学榜年度散文奖、华语文学传媒大奖等。

无论多大的旗都不是自己的虎皮

周晓枫说自己是滞销书作家，从书籍的数量，到文章的质量，需要努力的道路都还漫长。但是，她的最新散文集《有如候鸟》短短一年已经七次印刷，读者与专家的共同认可都在证明着这是周晓枫式的低调。她说自己的写作，更多出于自我表达的需要，如果能够通过写作不仅缓解自己，也能缓解他人的孤独，她就觉得安慰和温暖。而提起"张艺谋文学策划"这一身份，无论公开还是私下场合，她都拒绝渲染，"无论多大的旗，都不是自己的虎皮；我有多大程度依赖拐杖，就证明我有多大程度上不能独立。"

在北京时曾听你谈过一个观点：你的散文写作，就是在不断"试错"。当时印象很深。后来在《有如候鸟》的后记中，也读到你这样的表达："我必须尝试打破写作习惯里那些自以为是的'正确'，持续去'试错'。"在我的理解中，试错，就是创新，就是义无反顾地去突破既有的、被流行观念所固定的疆界。很想知道，你具体是从哪些方面着手试错的？写作经年，能否说一下你个人心目中"中国散文"的大概样子？

散文原来似乎有着内在的纪律，比如不能写长，比如必须依靠经验而较少借助想象等等。形散神不散，曾是散文自由精神的标志，它渐渐也成为一条内在的绳索。因为，可以形散神不散，也可以形不散而神散，或者形神俱散或俱不散。被视为错误的禁区，是我向往闯入和穿越的。

所谓试错，其实是对常规套路的反叛，是对自我挑战的鼓励，就是试图打开另一种对的可能。数学存在对错，但文学没有标准答案。在我看来，创作上害怕犯错，这才是最大的错。

我无法概括"中国散文"的大致样貌。我想，这种无法描述，正是散文，或者正是文学的美妙之处——因为，并非僵固，它千姿百态，变幻莫测。

"许多大师和前辈的成功在于：简洁而有效地使用动词，尽量减少对形容词和副词的依赖；许多学生腔的作品，都习惯堆砌过量的形容和泛滥的抒情……尽管，许多的经验与教训，我依然不悔对形容词的热爱，依然向死而生。"读到《形容词赞美诗》中的这段话，有遇到同道的暗暗激动，因为我也是一个相当程度的形容词迷恋者和热爱者。汉语，对于大众而言，是公共性的；但对于作家来说，是否在这个公共性的工具上烙有深刻的个人印痕，是衡量一个作家是否成功的重要标识。你的文字，鲜明的"周晓枫风格"几乎是暴力式呈现。能否描述一下这种"周晓枫语言"？或者坦白你的语言美学偏好？

散文讲究留白，讲究东方的含蓄之美，听起来，特别佛系。但是这个世界上有佛教信仰者，也有大碗喝酒大口吃肉的游牧民族，你无法去比较是非，是不同的存在方式而已。

我们有着奉简约为上的散文传统。起步阶段的习作者常常写得环佩叮当，成熟之后，他们与形容词的一夕之欢迅速瓦解，并耻于回忆。那种昏天黑地、纸醉金迷的过度修饰存在问题，但唯简是尊，未必就是铁律。写意有写意的好，工笔有工笔的妙。有人是写作上俭省的环保主义者，极简主义无可厚非。有人用字铺张，也谈不上罪过——毕竟词汇和物资不一样，浪费倒是个创造和积累的过程。如果仅从简单明了的原则出发，那日常词汇和基础用语就够了，但是文字不一样，它有高于生活的部分。

我觉得写作者不必拘泥，可以骨感，也可以丰腴。大美不雕，对不对？当然对。但形容词的判断标准，是必要性，而不是数字意义的多与少。不必要的，多一个也是多；必要的，多十个也不多。我读你的文字，像看油画中的静物，连光都是凝重的。你的形容词多而庄严，颜色是饱和度很高的那种釉彩：浓郁，强烈，黏着。你在这方面远比我讲究。

我的风格也一贯绵密、黏重、细碎、繁复、强烈。我迷恋修辞，容易被有幻彩的词句带着走，文风具有辨识度，比喻比较新鲜和陡峭。有时，这是缺陷。我现在有所调整，对不同题材进行不同处理，有时我蓄意提高速度，写得很快，不那么斟酌文字，保持一种相对的粗颗粒感。

文本中的你，有强大的语词繁殖能力。你的文字，很多地方确实给人以"喷薄而出"的感觉。这种能力，是上天的馈赠，还是个人长期修行的结果？

谢谢你的鼓励，可惜我并没有这种自我信赖带来的安全感。有人是天赋，我是运气。区别在哪儿？天赋，是每时每刻都不会离开的运气；运气，是盼星星盼月亮盼来了转瞬即逝的天赋。

即使写作者自信于才华，又怎么样呢？无法放松和炫耀，他并不能由此为所欲为。像个走钢索的人，在地面上他无法展示天赋，所以平常状态下他没有自信；即使有了钢索，到了写作的高空，全部精力都用于维护个人安危，无暇他顾……所以，他还是难以自信。

写作需要持续的训练，否则，很难意到笔到。心想事成只是一种祈福方式，而不是劳动手段。不经过训练的意，常常瘫痪，不足以支撑笔力的运行。有人遗恨，说自己开始出色，后来越写越不好了，属于"高开低走"型——江郎才尽者可以为他们逝去的天赋发出这样的哀鸣，可对我们这样的凡夫俗子，我心生疑窦，起步阶段的"高"，能"高"到哪儿去？

我记得有一次相遇车前子，他得知我连续跑了几个笔会，提醒我注意。我参加这种活动，一方面是挣些散碎银两，一方面也是长风物上的见识，还有聚会朋友。他劝我，在生计得以保障的前提下，要尽量避免在应景中违心。他上车之前跟我说了一句话，让我触动："每个人的才华有多有少，老天给的才华，你要慢慢把它养大了，而不是养没了。"当然，我希望自己能成为于坚、鲍尔吉·原野那样强悍的写作者，能从容穿越应景文字的迷障，把采风活动完全变成自己所需要的素材，写起来还是纵心纵性、我行我素。有人具备这种消化金属的胃液，他不会吃坏肚子，吃什么都长身体。可免疫力低下的脆弱者，可能难以完成这么伟大的转换。所以要小心，别动了心机、坏了手艺。

写作者要感恩上天的馈赠，但完全寄生于好运之上，极其危险。

在我个人的分类法中，艺术家分成两类：浓郁型和清淡型。李贺、梵·高是浓郁型；杨万里、倪云林属于清淡型。你是我认定的浓郁型艺术家，不知是否认同这种认定？将来有"绚烂之极归于平淡"的打算吗？

我属于浓墨重彩的，不仅写作风格如此，阅读上，我也偏爱个人风格强烈而质密的作者。我知道"真水无香"，可倘若嚼半天甘蔗榨取一点甜水，我嫌费时间又不解气，就更无兴致去辨别若有若无的一丝游踪了。有人风格多变，不那么好概括。他们或者本来就一人千面，或者经历"君子豹变"。我难以预测自己的走向，到底是洗面革新，还是积重难返。我会顺应内心，无论是夏叶繁茂，还是秋木萧索——我打算接受自然而然的将来，不做打算。

以我有限的目力所及，你也有众多绝对忠实的读者，尤其是你的同性，甚至认你为她们内心的代言者。作家可能有两种，一种是为他的读者代言，一种主要是自我倾诉。在写作的那一刻，你偏向于哪一种？

从生活到创作，我从男性朋友和男性作家所获，并不比女性少，甚至更多。男性与女性，与人和人之间的关系一样，最重要的是彼此尊重，我以为在尊重基础上那种性别经验的分享，是有意思的事情。

我不是自信的代言者，我对他人缺乏足够的了解。我的写作，更多出于自我表达的需要。由于我不是孤本，是芸芸众生中普通的一个，所以，肯定有人，和我有着相似的经验、感受和观点。如果能够通过写作，不仅缓解我自己，也能缓解他人的孤独，我觉得安慰和温暖。

每一个成熟作家，都有其立足发言的"个人根据地"。这种根据地，可以是实的，地理意义上的，也可以是虚的，精神性的。地理意义上的根据地，故乡最为常见，像鲁迅的浙东、沈从文的湘西；也有非故乡的地理根据地，在我的阅读视野中，出生南京的王以培，他对三峡库区的持续书写与深情，有打动我的地方。属于你个人的，我感觉是一种"精神性根据地"，即对人与人性的深刻探究和剖析，这种探究和剖析，有一种令人内心绞痛的平静和残酷。不知你是否主观意识到你的这种根据地？

坦率地说，我没有清晰且自觉的意识。父母是大学毕业后分配到北京，我生长在北京，除了离京读大学，我就没有什么地理意义的迁徙。我没有太强的故乡概念，我喜欢也习惯北京，但也谈不上特别的依恋和深情。

假设存在着"精神性根据地",那我还在寻找之中。但我的确对人性抱有探究的好奇,这种挖掘也针对自己。不仅是心理学,我对生物、地理、宗教都有兴趣,总之,我对整个世界充满迷惑与渴望。

除散文外,据我所知,你还涉足过小说、电影、童话等多个领域。记得很多年前,我们还在电话中探讨过意大利导演费里尼。2018年《人民文学》第一期的头条发表了你的童话《星鱼》。作为一个有着超强消化力和表达力的作家,未来,你的写作文体还是以散文为主吗?当然,这种问法是从狭义的角度提出的,也比较愚蠢,因为在我的观念中,文学文体,只分散文和韵文两种。

我还是喜欢散文,无论过去还是未来,还是会以散文为主。我只写过一本笔记小说,插科打诨的,不计入比赛成绩。电影,我是动口不动手的策划,也算不得真正参与。童话创作,对我来说倒是很大的惊喜;假如时间倒回两年前,我根本不相信自己有一天会写童话。我的童话里,依然有很强的散文特点;或者说,我是在拿童话写散文。

我的第一个童话《小翅膀》,写一个专门给孩子送噩梦的小精灵,是如何帮助孩子克服恐惧,并且他在其中也获得了成长。《星鱼》是我的第二个童话,时空更开阔,是关于梦想、自由、亲情、成长、友谊和责任的故事,有奇幻情节,有科普知识,也有所谓的哲学思考。

安徒生有句话对我的创作产生影响,他说:"当我在为孩子写一篇故事的时候,我永远记得他们的父亲母亲也会在旁边听。因此我也得给他们写一点东西,让他们想想。"我希望自己的童话,不仅仅写给孩子,也写给成人和家长。

你相信这样一种"悖论":"创作心态越纯粹,作品所呈现出来的越丰富；创作心态越复杂，作品呈现出来的反而越单薄。"当下，有很多的写作者利用一切机会，争先恐后发声，唯恐被世界遗忘。这涉及到作家的定力问题。你认为作家的内心定力从何而来？

我自己的定力和定性都不怎么样，能够理解写作者的焦虑与慌张。至少对我来说，假设生存缺乏基本的安全保障，就难以潜心创作。写作者再有形而上的追求，也是肉身凡胎，难以克服虚荣，难免被名利诱惑。

然而，读者助阵的呐喊，出版利益的回报，都不能进入创作环境，那会相当于噪音。写作者内心的安静非常重要，有助于他专心地追踪题材。我想，猎食者成功猎杀的前提，除了需要锋利的牙和凶暴的指爪，还有个重要因素，就是保持行动之前的安静。

如果足够热爱写作的话，对文学的敬畏会让我们安静下来，沉静下来。

写作时有什么个人化的习惯和要求吗？比如对于环境、时间、工具等。

我喜欢在家里写，可能因为巨蟹座特别需要安全感。我白天写，不熬夜，体力上支撑不了，也怕影响睡眠。我更喜欢用台式机写，笔记本也行。我以前必须要在绝对安静的环境，后来改变习惯，边听音乐边写。奇怪，音乐没有加重声音的存在，反而，加重了安静。

刚才说到定力，顺便说一下动力。让你持续写作的动力是什么？

对自己能力的好奇，对成长的渴望，对虚荣心的贪恋，对安全感的需求，对无聊和孤独的畏惧……都有吧。

你曾自陈："吃国产奶酪长大的孩子，消化道始终被异域食物填充而获得了适应性的营养。"请谈谈你的阅读。

我读书缺乏体系，缺乏辽阔中的坐标系。我读翻译文学相对多一些，对一些布克文学奖、普利策文学奖等获奖书籍，有着追踪阅读。对中国文化、历史和传统的了解，我盲区甚多，无知得令人尴尬。

我偏爱优秀的科普文学，不仅增加新知，还能把速度、重量、体积、形状这些看起来枯燥的东西，进行写实基础之上的趣味处理。好的科普文字，告诉我什么是对事物的观察耐心，什么是准确而传神的修辞。

阅读对个人写作有帮助吗？具体体现在哪些方面？

阅读，让我们有可能超越自身的经验局限，不在偏狭的一己之见里自鸣得意。我们丰富自己，要对直接经验和间接经验都有所补益。其实狭隘很难自知，我们经验和文化中的钙不易被发现，经过烧煮和沉淀，我们才能分辨其中的残渣。

阅读没有省力的技巧。所谓"听君一席话，胜读十年书"，它除了是恭维之辞，还是典型的偷懒技巧，希望以一席话的速效省却十年苦读。如果真有这样金玉良言能够点醒倾听者，那么也是在倾听者读了十年书之后。否则，面对空空白白的痴脑，怎么当头棒喝也没用。

至少对我，写作需要阅读的背景支撑。

"我的读与写，包含着某种自救的成分。"这句话怎么理解？

冷眼旁观，我觉得自己身上有很多讨厌的部分：既敏感又脆弱，既懒散又焦虑，既好奇又任性。这些毛病，如果从事许多工作，都令人厌烦；可放在写作里，未必是坏事，好像得到了某种掩饰。缺陷看出现在什么地方，皱纹看长在哪儿——长在眼皮上的皱纹就是双眼皮。阅读和写作，对我意味着拯救，缓解了我的自我怀疑与自我厌弃。

对于"张艺谋文学策划"这一身份，无论公开还是私下场合，你都拒

绝渲染，出于什么考虑？

有些写作者沾了影视，就回不到文学了——我很怕重蹈覆辙。无论多大的旗，都不是自己的虎皮；我有多大程度依赖拐杖，就证明我有多大程度上不能独立。我曾非常不愿意谈论，因为电影是合作的产物，我只是流水线上微弱的一环。电影好了，我说创作过程如何如何，就像我一个人在讨论怎么分大家的钱一样；电影坏了，我说创作过程如何如何，就像我想独自撇清集体作案中的罪责一样。我做电影的文学策划，既是为了对生活有所保障，又是为了体验各种经历，说到底是为写作服务，而不能被废了武功。目前，我已辞去这一身份，专心投入写作。

我从这段经历中学到很多。张艺谋曾说："我热爱我的工作，我愿意为它呕心沥血。"这句话听起来像口号，但我现在明白其中的诚实。的确，我看到了勤奋到非人程度的忘我劳动，看到了繁华背后的艰辛和复杂，看到了天才的光亮和局限，尤其看到我自身的不足。每与张艺谋存在价值和审美的分歧，我都直言不讳，甚至出语刻毒，感谢张艺谋和团队对我的宽容乃至纵容，让我的耿直心性未受折损。更重要的，电影给了我写作上的借鉴。比如我注重画面感，使用特写镜头，微距摄影，加快或放慢的节奏，悬念控制下的情节延宕，颠覆性的翻转……这些都是电影中的常用技法。"文学策划"，其实是给了我另外的角度和手法，去处理文学。

但我在读你写张艺谋的《宿命》一书时，却遭遇到很多感动点。特别是"尾声"一节，充满了你的智慧，更充满了你的坚定与凛然，如布帛裹剑。你对自己的气质、性格有着怎样的评判？

至于写作《宿命》，是迫于出版社编辑的情感压力才动笔的。不·

是什么传记，传记根本不是那个写法，它只是我的工作观察和总结。有读者认为，我写张艺谋就是变节——我不觉得，因为张艺谋作为素材，我并不需要高看或者低看。就像写珠宝和石头、写大象和小鸟，没有区别。有读者认为，我是替张艺谋鸣冤，也对，也不对。张艺谋肯定有他冤的地方，但从整体上看，不冤，因为张艺谋不是未成年人，他只能为自己的性格和选择支付代价。就像我写这本书，同样是性格使然。我的性格啊，既软弱又冲动，既善良得愚蠢，又无情得务实。我自己也概括不清楚。

读者对于喜爱的作家，除了读他的作品，还有探视他生活的热情。你在《月亮上的环形山》中自诉："我拒绝生育，认定只有让子宫像死火山一样休眠，自己的生活才不会遭受致命破坏。"如果可以，能否介绍一下你目前的日常生活？

我的日常生活，就是特别日常的那种生活：写作之外，喜欢阅读、看电影和旅行。以所谓传统女性的标准来看，我的表现乏善可陈。不喜欢家务，重复性强、创造含量低又花费精力，有时间我更愿意看书和发呆。我没有孩子，反倒是幸运的，因为溺爱倾向使我缺乏教育能力，其实也缺乏陪伴的耐心。据说巨蟹座的父母普遍累心，至少我信。邻居家唐氏综合征的孩子，还有亲戚家的病童，给我带来始自童年的隐忧；我容易焦虑，未必能培养出一个积极明亮的孩子。不曾生育，我至今从未后悔；如果晚景孤独，那也是我应该遭受的惩罚。

截至目前，你可以说是获奖累累：鲁迅文学奖、冯牧文学奖、《人民文学》奖、《十月》文学奖，华语文学传媒大奖年度散文家奖等；你发表在2017年第3期《十月》杂志上的《离歌》，在《收获》《扬子江评论》《北京文学》等刊物的年度文学排行榜上，全是位列非虚构（散文）类第一名。你的作品，已经赢得一般读者和同行专家的共同认可。我感觉你对这些，保持着一种令人尊敬的警惕。你曾经说过："声誉这种东西就像套在狼脖子上的铃铛，行动时带来夸张的喧嚣，将使我们无法捕获猎物。"现在，众多的这些"铃铛"，影响你"捕获猎物"吗？

奖项的鼓励，让我在艰难的自我挑战中，获得短暂却美妙的安慰。我倒没什么可炫耀的，在前辈和高人面前，我是小巫见大巫。不过，我从未因奖项而找谁求情，感激那些或远或近、或熟悉或陌生的师长、同道和朋友，能让我保持始自年少的任性，并且一直没有丧失好运。

当然，绝对顺利的路程只存在于物理世界；现实中，我们需要克服或大或小的阻力，才能依靠文字，把自己运输到理想意义的远方。应该始终保持对文学的敬畏与诚恳，心无旁骛，全力以赴。写作者每次交战，奖项只是补充的粮草，而不是追逐的目标；即使弹尽粮绝，也要孤往绝诣。写作是孤独的劳动，无论是胆怯的初学者，还是盛誉下的名家，一旦动笔，都必须独立面对困境……这是写作的公平与魅力所在。每当作家处理新题材，采用新角度，没有什么具体的经验可以帮助，抽象的奖项何用？没有单枪匹马，只剩赤手空拳。

你过誉了，我还真没有"赢得一般读者和同行专家的共同认可"。我的个人风格强烈，不是畅销书写作者的路数。有的作家清新，饱满，没有特别的苦涩味。我的文风比较另类，偏爱的就特别偏爱，讨厌的就特别讨厌。我曾开玩笑说，自己是一个滞销书作家，谢谢那些珍贵读者的陪伴。从书籍的数量，到文章的质量，我需要努力的道路都还漫长。

"尽管我们不过是油漆匠，但我们胸怀远大，期待着获得绘画史上大师的称谓。"你经常如此"刻薄"自己，但我感觉，在你的内心，又有着隐而不发的绝对强烈的自信。你是一个矛盾的人吗？

　　我非常看重写作的及物，希望批评别人的时候一针见血，批评自己的时候也能入木三分。我真不觉得对自己刻薄呀。我们总是"严以律人，宽以待己"，我们总是自相矛盾，又想自圆其说。我不是自信，是悲观之后的宿命，宿命之后的平静——和从容中的自信，表面类似。

　　你对目前的自我写作状态满意吗？作为你个人文学王国的君王，在你的国度内，已经矗立有众多地标性的建筑，你正在或将要建设的是什么，是否可以透露一下？很想知道你的文学理想。

　　我现在专业写作，对命运的感恩无以言表。我的写作缺乏计划性，只知道笔下的这一个，根本不知道下一个题材和方向在哪里。很惭愧，这个状态，实在不像一个职业作家的习惯。我的创作，的确是即兴的、偶然的、突发的。我的电脑里列了一些储备中的选题，它们慢慢生长，我难以预估成长期和成熟期。比如这两年写的，无论是童话《小翅膀》《星鱼》，还是散文《离歌》《森林里的老孩子》，还有刚刚完成的近三万字的散文《野猫记》，之前都毫无准备，是临时遇上的。还准备写一个童话，是喜剧，对我来说太具挑战性，说实话，我至今没什么信心。我的文学理想，微小而具体，就是争取把每篇作品，写到自己能力的最大极限。

　　"我们文学的教育和引导功能是什么？无畏孤独，信任奇迹，满怀好奇地去认识世界和自己，深入黑暗中去理解，也不在名利的强光里造成瞬盲。"我想用你的这句话结束这次访谈。谢谢晓枫！

　　谢谢黑陶，谢谢你的诚恳和耐心。

设问人：黑陶 诗人，作家

欧阳江河

欧阳江河，1956生，四川泸州人。代表作品有《悬棺》《玻璃工厂》《计划经济时代的爱情》《傍晚穿过广场》等，著有诗集《透过词语的玻璃》《谁去谁留》《凤凰》《如此博学的饥饿》《大是大非》等。曾获华语文学传媒大奖年度诗人奖、华语文学传媒大奖年度杰出作家奖等。

诗歌不能忘记它的崇高

欧阳江河是诗人中间特别引人注目的一个，他从朦胧诗派开始，一直走在诗歌创作的前沿，尤其是凭借着诗集《大是大非》获得了华语文学传媒大奖年度杰出作家奖，这是他第二次站在这个领奖台上，更加明确地彰显了自己的大国写作理念，以及娴熟地使用综合性语言进行诗性表达的技巧。

《大是大非》是你最新一本诗集，你是如何阐释或界定这种"大是大非"的？

每个人对"大是大非"的立场都不一样，《大是大非》问世以后，我还有另外一个概念，就是"大国写作"。有一些诗人认为这是不是跟"中国梦"之类似。可以说，我也是一个非常政治化的诗人，但政治对我而言是万古的事情，它不是即时意义上的，是一个从古至今、从中到外、全球意义上的世界观。

也许我要澄清一些个人的基本看法。我所说的"大国写作"，指的是，中国自古以来是一个诗歌引导的文明体，中国自古以来就有诗教，有诗歌写作的崇高传统。而且像孔子编《诗经》时所讲"不学诗，无以言"，这其中已然包含了一种用诗歌作为语言文明、伦理文明、文化文明基本构成的含义，这样一个生命文明意义上的特别高蹈但又特别日常的东西，既是崇高的，又是日常的；既是文明的，又包含了普通人的生活。从这个意义上讲，我说中国是一个古已有之的诗歌文明体，中国的诗歌写作是"大国写作"，而不是那种小格局的、小语种国家的写作，这不是大国沙文主义，而是在文明意义上讲的诗歌文明大国。中国的很多世界观、伦理立场，以及对人的看法，包括语言的塑造、成熟、变化，都是通过诗歌来加以呈现、规范、汇集和分享的，我是就这个诗歌意义上来讲"大国写作"，而且是从语言文明共同体的角度讲的。

而我讲的"大是大非"，更多指的是当下的境遇。改革开放以来，从朦胧诗掀起文学革命新一页开始，诗歌慢慢回归到了人的真实的生活，回到普通人的日常性，以及美文、抒情、伤感和个人写作、个人内心当中。而且不同性质的写作都在享受诗歌写作成熟的现实成果，比如语言的丰富性、优美性。现代汉语意义上的中文，包括媒体语言、行话、广告词等，全都受到这种诗歌语言的滋养，所以各种现代语体都到了五花八门、异彩纷呈的成熟阶段，使表达有了太多的可能性。但同时又有太多的自动化的东西，许多超越个人感受的东西。它变成一个时代的时尚，一个大家都可以用的、集体性的、教科书性质的东西。这种东西到一定的时候，既是一件好事，同时又会产生副作用——语言的原创性减弱，创造的可能性大大的减弱。语言的创作出现了一种惰性、惯性，进而就产生了一种自动性，变得谁都可以拿来用，变成了当年的"熟读唐诗三百首，不会作诗也会吟"。人们只要看一下诗人最近的习惯用语，就可以写诗了，而且可以写得不太差、像模像样，但那种写作只是在表面产生一种修辞上的联系，不带有原创性。这时候，一种负面性、消费性的东西就出现了。写作和阅读都变成一种消费，消费眼泪、伤感、忧郁、优美和爱情中的一些泡沫。这种情况下，有很多小打小闹、小恩小惠、小伤小感、小优美的东西就出现了，反而"大是大非"的东西在语言修辞的狂欢和消费的惯性中受到遮蔽、混淆。我就是在这个意义上提出"大是大非"的。

汉语诗歌中有"是"的地方吗？你的《大是大非》中的"是"到底是指什么？

我指向的"是"是诗歌中的崇高——诗歌不能忘记它的崇高。我曾经谈到过数学的崇高、力学的崇高。这种对崇高的区分是从早期的康德那里来的，力学的崇高后来被法国当代哲学家阿兰·巴丢改写成了自然的崇高。

通俗来说，如果我们把金钱看成一种语言的话，力学的崇高是不断在里面加杠杠，也就是阿基米德的"支点"意识。力学的崇高就是支点意识。在诗歌领域，关键词或者理论的原理就是用以撬动我们的意识形态的支点。比如圆周率就是力学的崇高，但圆周率本身也是一个数学的崇高。

有意思的在什么地方？力学的崇高是在日常生活中随处可见的自然的、客观的东西，是已经存在的，也是对日常生活的超越，或者说，把日常生活汇集成一种超经验的东西或者支点性的、原理性的东西，或者是元诗立场。但它又是跟我们日常生活息息相关的，有经验的成分在，这里面当然有大量的"是"。而数学的崇高处理的是我们关于宇宙的想象。这些是根本没有出现事实，只是宇宙的模型。从名字上就能看出，力学的崇高是关于物、物质的，有物质性在里面。我的早期诗歌如《玻璃工厂》《手枪》，一直在处理词与物的关系，持续我三十多年的写作。我一直认为中国诗歌最大的欠缺就是物质性，我一直想恢复它（词语）处理物质性的能力。因此，力学的崇高在我的诗歌中大量出现。

《大是大非》中我特别强调的是第二种崇高——数学的崇高，关于宇宙模型，关于我们的计算，它不存在于任何物质性中，是对物质性的一种超越、空想，它更多的是一种精神理念、模型，及公式。这些模型或公式有的可以在物理现象中得到证实，有的不能得到证实，只是一个猜想，但它带来一种崇高。包括我们讲到的引力波，它一定是一种数学崇高，很难被观察到，可能一百年后才能被观察到；再比如相对论，它是一个概念，是理论物理，像我们诗歌中所说的理论诗歌一样。

之所以这本书叫《大是大非》，首先里边收录的一首诗就叫做《大是大非》，另一方面在处理"大是大非"的时候，我对正在发生的、新闻报道性质的东西，对我们身边日常琐碎的、信息爆炸的东西，就像那种一天之内发生的、过了之后就没了的，那种短命的、热闹的、消费的、正在发生的东西，进行了追踪，来跟我们诗歌所追求的"大国写作"、诗歌文明体的记忆与文化身份做一个连接和叠加，做一个综合和汇集，让它呈现出一种诗歌的理解、立场和文本建构。这里面我就特别强调写作的状态，比如那种既是当下鲜活的、正在发生的、新鲜出炉的东西，但里面又体现了我们所认为的万古、万卷、万瓦，以及人之境或人之初的那种东西。这种东西得以综合之后，我想从中提炼出一种我所认为的崇高，就是"大是"。但是这个"大是"把"非"也包括进来了，把黑暗的、负面的、说不的东西也包含进来，并加以处理和呈现。

你具体是如何处理词与物的关系以及那种琐碎的转瞬即逝的东西？

我觉得不仅是我本人，中国可能有不少诗人也在这样做。我们和世界上其他国家诗歌特别大的一个差别在于，中国当代诗歌写作近年来特别注重处理日常性，把日常性包含进来。

这种日常性又包含了我刚才说到的"大是大非"的那种崇高。我们不仅寄居于江湖之中，还"相遇江湖，但又相忘于江湖"。诗歌写作是既相遇又相忘的产物。它是一个能够让我们在里面呈现记忆和追忆，但同时也可以让我们在其中消失和相忘的东西。

"我们"指的是哪些人，是写诗的人？

整整一代人。不光诗人自己，还包括批评者和读者，包括不读、或读了但不喜欢当代诗歌的人。有人以为不读当代诗，就可以被我们的诗"放过"吗？其实诗歌已经深刻而诡异地波及你了，你只是躲在读诗的后面不读它而已。这个"不读"有时是假装的、喜感的，有时是较真的、傲慢的、生气的、主权般的。有时人们更愿意拿"不读诗"所省下的心智和心绪，去坐在阳光中，端起咖啡读一份小报。

但这没用。就像花儿开不开都簇拥着你，诗，你读不读都蒙绕着你的身体和呼吸，蒙绕着逆光中轻轻浮起的红尘和灰尘。就像屋子外面的空气、阳光、雾，你以为关在屋子里不出来就不会受到光与雾的影响，但它们还是会有各种各样的弥散方式触及你。

因此你对自己目前的诗歌写作会不会有一些特殊的、很高的要求？

最近我都在强调，像我写了这么多年之后，我觉得我该失去的都失去了，该得到的得到了。我不是想通过写作达到什么交易目的，或者攫取什么、获得什么。我觉得我该获得的也差不多了，很多虚荣的东西我也觉得没意义，像什么通过写作来得奖，获得一种大佬名声、江湖地位、影响力，这些虚荣心的东西，对我来说真的都不太重要。我不是说我是圣人，我也有我的局限性，但在这个方面，我和写作之间，现在袒露出的是一种赤诚相见的关系。我觉得这样会比较自在。因为我没有在那种体制里面，没有必须要求我发表多少首诗、获得什么大奖、出版多少种书，这些压力我都没有。所以我就会对写作中出现的消费性、治疗性、交易性的东西非常警惕。那种东西，也可能会很真实，因为每个人的真实不一样，治病、成功也可能是真实。你不能说失败才真实成功不真实，或许有人会为了失败去写作，为了毁灭而写作，为了治病去写作，或者相反是为了成功写作。无论何种写作，你不能说他不正确，不能说他错或者不高尚。但是这些东西都不是我写作里想要的。因为它都有可能呈现出我称之为消费意识的东西。

你过去是站在反消费主义立场上的，你觉得当下诗歌写作值得批评的地方是什么？

值得批评的是，出现了各种抒情的意象、中产阶级的东西，就是那种安慰人的，特别正确、伤感、优雅的小资的东西。比如，大都市生活经验的复杂层次、生命状态的多层叠，被众多诗人忽略了，他们一心只存活在那种高品位、高修养中，那种舒适精致的享受、自恋的东西、傲慢的东西中，由此提炼出种种诗学情绪，甚至称不上是观念。这在各个方面都体现出来，比如如何对待颜值，如何对待时间，如何对待男女爱情，如何对待热恋和失恋，如何对待小的成功感，如何对待乡愁，如何对待孤独，在这样一些主题上，标准版之本我、微缩版之超我，全都赤裸裸地呈现了出来，有时简直就是在怒放。所有这些主题的处理，到最后都指向一种典型的消费性质的中产阶级意识形态，一种大男孩拒绝成长的东西，一种甜蜜的优美的伤感，一种自怜，一种甚至连愤怒和眼泪都是制作过的，都是可以简化的、不带痛感的东西。或者连痛也成了痒的一部分，不是真正意义上的痛。诗歌写作在这种情况下变成了一种治疗。我特别讨厌把诗歌写作看作一种治疗。

之前你讲过，我们现在有一种虚假的语言，受到西方的影响比较大，就你的观察，这种语言对于现代汉语造成了一种什么样的影响？

我们这代人写作本来就诞生于西方诗歌的翻译，我们是在使用中文，不是纯粹的汉语。最早一批白话诗人都是懂外语的，当时是借助翻译，跟自己形成一个相互支援、相互影响、相互挪用的关系，那些人在翻译中使用的语言最终变成了诗歌创作的语言，这里面当然带有翻译的痕迹。所以中文诗歌一开始就具有一种翻译特质。但是经过这么多年原创诗人的集体努力之后，这些翻译的东西慢慢变成了现代中文诗歌写作的"原文"，某种意义上变成了我们的母语，它以翻译的诗歌原质构成了一个奇怪的、既不是汉语也不是外文的一个总的"他者"。这个"他者"介于双语之间，这个双语指的是母语和所翻译的其他语言，它变成了一种古怪的综合，变成正反之间、之外的第三者。这就有点奇怪了。这个东西历来就是被我们直接使用的一个资源，直接构成了我们的词汇表。

"中文"是不是已经沦为一种工具了？

对，"中文"是具有技术性、交流性、工具性的语言。我在《大是大非》中使用的一种综合性的语言。综合语言中含有"汉语"的成分，也有"中文"的成分，以及当代话的口语、书面语和各种行话包括媒体化语言、政治化语言、经济化语言、科学化语言等等。为什么要使用综合语言呢？因为在通常情况下，我们一写诗，就好像把自己从世俗的、混乱的日常之中抽离、超拔、升华出来。这个时候就是一个自我隔离，把自我和真实生活隔离、过滤开来。这种隔离和过滤之中一定含有自我认知、自我认可，以及自我纯化，就好像洗过澡一样。诗的语言就是一种被清洗过的语言，没有日常性的浑浊。

我们在接受西方的影响时，其实是在消费西方。可能这种消费在达到自己的一种——无论是有意识的还是无意识的目的。

有可能连目的都没有，它就是一种消费习惯。我们在穿衣服的时候还有目的，冷了就穿。但有的时候，就拿穿衣服说，穿一件阿玛尼的衣服，和穿一件没有牌子的衣服，去掉衣服本身有用性和功能性，我们最后消费的是品牌意识，这是虚假的、含有商业性的。这是人为制造出来的让你消费的金钱的记号，是象征着昂贵或者阶级意识的LOGO。我们经常说这是一个符号时代，我们经常消费到最后，你以为自己消费的是观念，以为是善恶之间、崇高与低劣之间的带有实际性的差别，抑或说一种决斗、决裂，甚至一种战争、献身，但是其实可能只是一个符号。连杠杆都不是，就是一种符号。

从新文化运动以来，我们一直面对的一个问题就是如何解决古代汉语和现代汉语的关系，你们在这方面都有什么样的不同的路径？

中国古典诗歌是特别伟大的人类文明遗产，如何将其转化为当代写作中的一部分，这是一个历史遗留问题，这个问题西方也有，古典诗人也有。我们可以看到，如今流传下来的唐诗，也是从好几百年的巨大的诗库、庞大的诗人群体中筛选出来的。其实唐诗有大量的垃圾，大量的照猫画虎，大量山寨的东西，大量的拼字游戏。如果连唐朝这个伟大的诗歌时代也有糟粕，我们这个时代有一些烂东西也就不足为奇了。包括我自己写的也有不少垃圾，这是肯定的。诗歌是非常神秘的，它怎么可能让你在任何时刻都写得完美。包括李白，我偶尔看到他有一些不怎么样的诗，每次我都庆幸，都有点幸灾乐祸：呵呵，李白这么伟大的诗人也写出这种烂诗。我要给李白发一个微信，附上他的诗，加一个表情，发到天上给他看。

设问人：陈龙 《南方日报》记者

荣　荣

荣荣，原名褚佩荣，1964年生，浙江宁波人，浙江省作家协会副主席。著有诗集《风中的花束》《闲夜无眠》《流行传唱》《看见》《时间之伤》等，另有散文随笔集和童话故事集多部。曾获鲁迅文学奖、徐志摩诗歌奖、刘章诗歌奖、华文青年诗人奖、中国女性文学奖、《诗刊》年度优秀诗人奖、《诗歌月刊》年度实力诗人奖、《人民文学》年度诗歌奖、《北京文学》双年奖，以及中国作家出版集团优秀作家贡献奖、新世纪十佳青年女诗人称号。

我们续上了曾有的翅膀

荣荣无疑是江南水乡滋养出来的著名的诗人之一。她很高兴自己一直生活在南方，大多数时光被南方温和的一面抚慰着，让她对南方有种深深的依恋。荣荣认为，正是这份依恋，让生活充满了无数的小诗意，"生活多苦难，也多凡俗的琐碎，而诗歌就是那些轻的美好的物质，是向上的，有翅膀的"。

初看到你的简介，有些小小的惊讶，你学的是化学，先后做过教师、公务员，现在，是文学杂志的掌门人。你之所以"跨界"或"跨越"，有什么特别的机缘吗？

很多人都会惊异于我的专业与爱好之间的落差，其实，我喜欢诗歌是从初中就开始的。我没有选择文科，其一文科那时候在学生中是一种被人瞧不起的科业，似乎只有笨得数理化学不通的人才改读文科。再者，我数理化非常好，但文科相对差远了，有些偏课，所以，我只能去学理科。

毕业后，我发现我真正的志向是做一个自由自在的人，而搞创作，似乎是通向我理想生活的一个路径，所以，几经周折，我来到了《文学港》这本纯文学杂志。从老师到编辑，我跨界很大，要说机缘，只能说我运气好，很多喜欢文学的人，都从事着与文学不搭边的事，而编辑工作与创作似乎是兄弟行当。如果我现在各方面过得都还差强人意，只能说是我命之幸吧。

"化学是人类认识和改造物质世界的主要方法和手段之一，它是一门历史悠久而又富有活力的学科，与人类进步和社会发展的关系非常密切，它的成就是社会文明的重要标志。"以此类推，诗歌则是人类认识和改造精神世界的主要方法和手段之一？

化学，仅仅在生活中的应用，就几乎是一场伟大的革命，它给现代生活带来了巨大的改变。诗歌似乎没有那么大的作用，我是指实用性。它什么也改造不了，更多时候只是人类精神困顿时的一种疏导途径。对于诗写者来说，也是寻求表达后的一种精神减负。自古如此，历来如此。诗歌拯救不了什么，只是多了恰似一江春水向东流的悲鸣。

你20岁时就从大学毕业了？这又算是一种"跨越"吧？初看到你的名字是20世纪90年代初的几乎就要停刊的《诗歌报》月刊，记得杂志上编辑称你是写作的"天才"，有这回事吧？不过按时间推算，写作方面的开始可能不算早。

我写作开始的时间并不早，1983年开始写新诗，也有十八九岁吧。我不是天才。我离天才十万八千里还多一里。当然蠢材也算不上，至今为止还没有权威机构界定过我的愚笨。不过我是一个好学生，因为老师都夸我学习聪明。后来到了社会上，我发现我的老师太伟大了，我真的只是学习聪明，其他的就不太那个了，比如说如何做人圆滑，如何与人周旋等。一个直性子，老是拿头咣咣撞南墙。关于我这个性子，好听点说是阳光，难听点就是简单。不过简单也有简单的好处，晚上可以一挨着枕头就睡，常常一夜无梦。

你是一个地道的江南人，并且是一位女性。作为历史文化概念范畴的"江南"，在你的写作里，似乎未能有充分的形象的体现，这是有意还是无意？

我的诗歌还是有南方的一些特定的东西，只不过因为写得"小"，感觉就少了历史文化厚重的支撑，这也是我一直为之自卑的。

我的感觉是，你相对地放弃了肯定存在的诗文化传统的"地理区位"优势和性别特色。而反过来，不少生长于江南、栖居于江南的男性诗者，倒是陷于某种以为然的无骨的倒错，把字行弄得胭脂粉气梅雨纷纷，挪用、扮演或换位于（实则是现成的）历史文化地理资源里拖声摇气……

前面我已说过，我其实并没有丢弃地理对我诗歌带来的影响，对此，我曾写过一个小文，发在上几年的某期《诗刊》上，题目是《只能这样了》，里面的一些话，很能说明我创作的姿态以及我对诗歌地理上的南北方的认识：一次与人闲说南北方诗人的不同，在北方人看来，南方这个区域总显得开阔不够但纵深有余。不知怎么的，我便突然想到"绵柔无骨"，并将这个词与南方联系起来。在我眼里，南方是旖旎多彩的，它有它的刚，也有它的柔，但绵柔无骨，应该可算作南方众多面里较典型的一面，这也是南方特生活特通俗的一面。南方有太多的雨水、太漫长的花季，酥酥的绵绵的。南方的长街里巷和小桥流水，以及人们过于膨胀的温柔欲望，让南方有了这么一种骨子里的媚。

很高兴我一直生活在南方，大多数时光都被南方这温和的一面抚慰着。我不想说我如何因为习惯而热爱我现实的生活，有些东西是显而易见又心照不宣的。我生命里的性情让我对南方的温和有种深深的依恋，这份依恋，其实更是自己的内心对相对安逸生活的一种喜欢，对动荡不定的生活的本能排斥和恐惧。这样的生活充满了无数可能的小诗意，也许不够激烈，更不够纯粹，也许更缺乏了一种锐利，但它是纤巧的，也是安静的，像一个人静处，也像在深夜里与喜欢的人面对面。

我的很多诗便与南方这个地理相关联。我愿意我的诗是婉约的，因为它与我的生活是般配的，这也是我的生活真实。我宁愿丢掉那些太硬朗的句子，比起那些空阔的诗，我更愿意呈现那些庸常的入世的姿态。

我便将不跟风，不赶时髦，认真、独立、执着、自足，将诗歌目光投在像自己一样普通的人与事上，在内心更多地开掘诗歌的窖藏，来作为我的诗写方式。这样便守着一份自我。有时候也会开玩笑或者赌气地说，我将辽阔让给你们，我独守我的一分真二分温柔三分小。

只能这样了。

这样看，你的某种原则支撑了你的写作方向与观念，比如诗低于生命、小于生活本身？

我从来认为诗歌是生活的产品，一个人不能不吃饭，但可以不写诗。当然这并不是说诗歌艺术与生命相比，无足轻重。诗歌是有意义的，诗歌让生命续上了我们曾有的翅膀，但不能简单地拿生命与诗歌相比较，没有可比性。与生活相比也是这样。

诗歌艺术被心灵所需，但不是心灵本身。我想我说明白这个问题了吧。

即所谓你曾说的"让诗歌拥有一颗平常的心"，其实有平常心，前提是做正常人；"让诗歌在生活中的位置从情人退为姐妹"，你说过这句话，它很实在。当诗歌的位置如"情人"那般时，整个生活会很变形、异样，对吧？

既然我认为诗歌是生活的产品，所以，生活首先很重要。你有什么样的生活，你会写什么样的诗。至于如何高于生活，来个精神的提升和拔高，这决定于每个诗人的境界和修为。我常常听到有诗人跟我说，不写诗，他会死的，其实他只是说出了一个精神痛苦的问题，要死也是死在他自己的精神问题上，而不是死在诗歌上。他有太多的东西想通过诗歌这种艺术形式来表达，不表达会憋得慌。他为什么想表达？还不是拜他的生活所赐。所以，我一直认为，诗歌写作一定要有一颗平常心。想写了才写，能写好了才写。这样的诗歌，对读者才会有点价值吧。

你对诗歌的理解确实很到位。可曾有过冒险之举？

冒险之举？你指的是什么？是现实中挑战生命极限这样的冒险之举吗？这个没有，除了喜欢开快车。当然肯定会有其他的冒险之举，比如喜欢一个不像是自己的菜，结果折腾得要死，发现确实不是自己的菜，整个过程仿佛做了一道判断题。还有一个险大家都在冒，就是结婚。我觉得对于一个和平时期的普通女性来说，与一个人结婚，决定鼻子对鼻子地过上一辈子，该是最大的冒险之举。因为今日的决定，未必是将来的选择，她不一定是他的第六根肋骨，事实证明还真的常常相反。不过，我是幸运者，我现在的生活平静安宁，看起来，当初这个险似乎是冒对了。

我还注意到你的另一方面的"异样"。我常坚持认为好的诗歌标题应该就是一句诗、或一首诗的第一句，而你的诗歌标题更像一个小说或故事的标题，判断与陈述语气居多，不依诗情画意的老规矩，有时特别生活化，有时亦呈示荒诞、夸张感，如《靠右行驶》《一定要有漏洞》《钟点工张喜瓶的又一个春天》《一个疯女人突然爱上了一个死者》《仅供参考》，对此，是写作的策略之一还是其他个性因素使然？

我常常是先有诗后有标题。因为我写的都是很短的诗，这几年尤

218

其是，越写越短。很多话，以现在的心态，总觉得不说也罢，要说就少说几句。所以，有了几个句子，然后取个题目。这些题目自然不是最合适，所写的诗歌也成不了什么经典，凑合吧。只能请我的读者凑合着读与看了。

所以在一个评奖中，评委对你诗歌评价是"娴熟地瞄准当下底层市民生存的本真状态"，应该正是这样。吕进对你获鲁迅文学奖的诗集《看见》曾如此评述，"荣荣善于从日常生活中寻找诗意。她的诗落脚在小的生活入口处，通过对现象的穿越，写出了'上升的蔚蓝'"。"上升的蔚蓝"是什么意思？

这是一个借用的词，我曾编过我市诗人的选集，厚厚的三大本，诗集名就是我取的，叫《上升的蔚蓝》。我取此，意有晴空、阳光、豁然开朗的意思。我始终以为，生活多苦难，也多凡俗的琐碎，而诗歌就是那些轻的美好的物质，是向上的，有翅膀的。评委评语的意思，也有这个意思吧。

有时想想，生活有多少入口，其实就有多少出口，太压力的生活并不是提高生活质量的初衷。你平常减压或调整自己，喜欢做什么？家务？舞蹈？旅游？喜欢泡在牌桌上？

我与朋友们在一起，不管男女，我常说的一句话是："想干什么我奉陪，什么玩的我都会。"确实，在现实生活中，除了那些太高雅的我玩不来，我自认为还是一个很好的玩伴：唱歌，打牌，喝酒喝茶，吹牛聊天。旅游也可以啊，我还可以当个好车夫，只是有点路盲，一上高速还喜欢将车开得似乎只有油门（自然这很危险，我会很注意看表盘里的数字，及时点一点刹车）。我觉得玩，与朋友和家人一起消磨掉很多时光，这不是为了减压，这本身就是生活很重要的部分。反过来，写作也是生活的一部分，我并没觉得写作比与亲人相处更重要。所以，我总是说："我想写了才写，更多时候我只想写我想写的。"

我感觉你诗里"爱情"的表达，也有些异样，综合看，爱情或相关的词在你诗中其实显现很多，但你似乎声东击西，将独有的情感状态分配给诗歌里的角色，或是有意漠视它，用现实的物事去抵消它，"现实的问题是/爱情常常会落在一棵大白菜上/也可以是一只胡萝卜……"（《仅供参考》），"已有些年了/我在诗中回避这个词/或由此引起的暗示和暖色……"（《爱情》），甚至偶尔想见，也是对"那些迷信爱情的家伙"略带揶揄地说"等着哭吧，有她受的！可是，我知道/我其实多么想是她/就像从前的那个女孩/飞蛾般地奔赴召唤"。你诗里的爱情观，是大喜大悲以及大幸大累……之后是大感悟，而后懒得再说、不想再究？

渴望才会去关注，得不到或者不如意，才会去表达。我总喜欢将现实生活与内心生活作某种分离。诗歌写作，更多地关于内心，它是我内心世界的一个呈现。这样的呈现有时候自然也会有顾虑，那时就喜欢说东反道西，王顾左右吧。不好的一面是，当我在写作时，我有时会将心灵世界混同于现实世界，似乎我写的都是真的，与我正在过的生活是一回事。当然事实不常是这样。这让我的很多诗歌，隔了一些日子自己再重读时，感觉当初的我在做一场又一场白日梦。

"我曾因她的耀眼而盲目，如今又因清醒而痛楚"，飞蛾动身之扑，是另一种美，多含叹息、悲壮的情感，而火焰或火源的燃烧结果，又该如何客观地重视？你怎么看中国女性的包容与宽容，它们在诗歌与在生活中是否相对不同？

包容与宽容，都是环境使然。如果环境允许一个女子（当然男人也一样），可以随意妄为，那么，天知道，她会成为什么样的人。如果说中国女人与别的国家的女子有不同的心态和处世态度，那只是因为中国国情不同。我在诗歌中，只是表达了自己，因为我从来都将自己放在大多数人里面，我将自我表达好了，我也表达了她们的感受。只不过这些东西一侧身于诗歌，被诗歌这种美好的艺术形式赋予了一层柔情的薄纱，似乎就与生活不同了。但是诗歌是诗歌，生活是生活，诗歌中表达的，常常是在生活中可笑的或不被允许的，比如诗歌中的爱情描写，很多都是"爱之不能"的状态，往往是不被现实允许的。我们可以将之入诗，却不能在生活中堂而皇之地招摇显摆。所以，诗歌来之于生活，但诗歌真的不同于生活。

爱情当然不是全部不是饮食，你的诗给我最大的感慨就是"事事关心"。看到有关你的介绍采访里，你对自己的定义和评价很多，譬如"小诗人，不跟风，不赶时髦，认真、独立、执着、自足，随遇而诗……"定义太多，反而就没定义了？这是否意味着你其实内心非常丰富多彩，甚至是变化多端呢？

我是一个兴趣爱好非常广泛的人。兴趣爱好是外在的生活，而情感生活是内心的。我两样都不想落下，都想精彩。前者让我的生活有了很多颜色，后者从某种意义上说，成就了我的诗歌写作。

你多年来貌似都没扎辫子了，可有过长发及腰之时？怎么看扎小辫的男诗人（是诗界的而非音乐与美术界的）？

我大学里是养过长发的，小时候也养过。但从没有及腰，更多时候只是短短的，扎在脑后。后来嫌烦，就只留短发。但我很欣赏长发及腰的女性，当那句"等你长发及腰，我便娶你"风靡网络时，我为我从来没有那样"女孩"过而感惭愧。

对扎小辫的男诗人，你怎么看？如果你也感冒，那我就大胆告诉你，我真的不喜欢。当然扎不扎小辫这是个人喜好，与别人无关的，别人爱看不看。但有时候看到这样的人，特别是那些发质并不好的，脸蛋又像个毛坯的，配在一起就觉得特别不爽。如果他恰好是我弟弟，我真会上前揪着他的小辫子，拍上一巴掌。

看过几位80后女性诗人关于"分娩"之类的诗作，从读者角度感觉并不成功。我想这表明经历并非就是资源，身与心演变过程中的关键环节，往往需要更多的时间才能回味和体悟。你近年开始写作"更年期"主题，这至少表明你其实是很有计划的继续着，并且更多地考虑质量而非数量，这又算一种"跨越"吧？

你说得对极了，经历并非资源，关键是如何由表及里地予以良好的表达。更年期的诗对于我来说其实只是一种标签，说实话，我的诗情感居多，上了年纪，突然觉得再以第一人称写内心的情感波澜或感慨，真的有点难为情了，也怕别人对号入座，让我诗歌里的白日梦做不下去。所以，我尽量以第三人称介入诗歌的情感内核，我试图告诉读者，我说的可是别人的事啊，我诉的可是别人的情啊，这样的写作，让我有了一种更放松的姿态。有读者说我这些诗写得透彻，或许是写得放松的缘故吧。

你家的小男孩读诗、写诗吗？

我孩子小时候写过诗，写过一些很有意思的小诗。那时我看他语言感觉不错，就老哄他，夸他厉害，让他写一些。后来他大些了，就哄不进了，他的眼神告诉我："我不想写了，妈妈再哄也没用了。反正我懒得写。"后来看他功课也忙，又要弹琴，我也就随他去了，再说，他以后干什么也许都比当诗人强吧。

家庭生活，你可能是属于强势族吧？是否曾让小男孩"学习"过弟子规、三字经之类？

家庭成员之间的爱，很多来自于依赖。我觉得我必须是被他们所需要的，不可或缺的，所以，我是一个还算用心的家庭成员。在家里，我很自觉地扮演很多角色，饲养员、保健员、妻子、母亲、媳妇等，反正每个角色都得上心。我天性是一个做什么都想落个好的人，这样的天性，让我整天像一只转个不停的陀螺，从单位到家里，都风风火火的，感觉时间不够，睡眠不够。我还是一个贪玩的人，自然更觉得玩的时间不够。

孩子有自己的阅读喜好。三字经小时候孩子会背，是老师要求的。但弟子规倒还没让他学。你提醒了我，下次我会推荐给他看。

呵呵，突然想到未来，从母亲到祖母的角色转变及其过程，应该会使你的诗歌写作再现光彩？这倒是个偏僻诗歌领域呢。

这肯定是一个不错的主意，现在写更年期，以后当祖母了，写一本《祖母诗》，我想我会考虑的。不过，祖母诗的题材内容应该以两方面为主，一个是"知天命"后的平静写作，一个是致力于给"小读者"的带有童趣的诗性东西。前者该是更大的诗吧，后者会充满生趣。谢谢你！呵呵，老而不死谓之贼，正愁年老无聊死呢。

现在经济发展了，但相比较而言文学却式微了，诗歌更是如此，但是还是有很多人爱好并坚持着。你作为获得过中国诗歌最高奖鲁迅文学奖的诗人，诗歌和诗人在社会生活中是一个什么地位，能起到什么作用，对此你有什么看法？

诗歌式微是正常的，如果现在还像20世纪80年代那样，全民对文学有一种狂欢式的追捧，那反而是有问题的。诗歌从来就是精神的奢侈品，是少数人的事业。诗人作为人，首先就该是社会上正常生活工作的人，只不过在情感表达上，比别人多了那么一点"调调"，咏叹调吧，或者说是抒情。诗歌就是将诗人心里那些柔软的部分以柔软的或者诗歌的方式表达出来。诗人没有什么比别人高明的地方。也许生活的直接，比诗歌更有力一百倍。所以，诗歌被冷落，诗人被边缘，都是生活正常的选择。同样，诗歌被一部分人选择，被一些心灵感动，被一少部分人作为言说的工具，也是一样正常的。世界是多元的，相信诗歌永远是多元里面的一元，或者一小元。生存着就好。

当今的诗歌越来越呈现出多元化、多流派的现状。由于网络的普及，让诗歌写作和展示变得越来越容易，多元、多流派的局面是不是一种积极或者说正确的方向？对于在这种背景下的诗人、诗写者、诗歌爱好者，你能否给出一些建议？

世界一大步，诗歌一小步。都在变，万变不离其宗，不是诗歌写作变容易，而是诗歌的受众随着网络的推广，变得更多元，大雅小雅都有相应的聆听者。这是好事啊。今天在欣赏口水诗的人，明天他就不满足口水了，他希望来点盐、味精，来点精致的样式，慢慢的，口味会越来越刁，也许后天他就是一个高明的欣赏者了。既然读者是多元的，如何要求诗人"专一单一"？反正爱怎么写怎么写，爱看什么看什么。只不过那些专业的刊物，专业的理论家，应该作一些引领：什么才是诗歌里顶尖的美味？什么才是真正的诗歌大餐？

对于一个诗人来说，诗歌生涯有没有顶峰？比如就说你，在你获得了鲁迅文学奖之后，自己的写作有没有变化？一个诗人应该给自己设定怎样的目标？

学无止境，诗歌创作也一样。怕就怕你内心里有一个"境"的局限。都说一个人看得多远就能走得多远，内心的境界决定作品的境界，所以，一个人，写作到后来，就是与自己的内心在比拼。我对自己的建议是，耐心些，只要你往前走，你总会在前进。上年纪了，老了，老要老得有底气——阅历、见地、经验都很重要，知识的更新和积累更重要。老了还要懂得取舍，少写多思考。如果一定要说什么目标，那就是，什么年纪写什么样的诗，写对得起时间的诗。

能给现在的诗歌爱好者或者说诗歌初学者一些建议吗？比如说，应该有怎样一个心态，怎样去读，怎样去写？

我以前老是很着急，看到人家的好诗急，看到自己写不好急。现在想想，急是没有用的。要多看多学多写。你要写诗，就得有"熟读唐诗三百首"这样的准备，要有"衣带渐宽终不悔"的历练，要有"见山是山，见山不是山，见山还是山"的认识过程。不急，你有的是时间。这时间不是让你等待，而是让你在不断的磨炼中，找到一种最适合你的言说，诗歌的言说方式，这样，你就成了。

现在大量涌现的民间刊物，对诗歌的发展有着怎样的影响？对于这些办刊者，应该提出哪些意见和建议？

首先向民间刊物的同仁们致以崇高的敬意！你们的付出太伟大，今天，如果中国的诗歌说得上繁荣和发展的话，你们是功不可没的。希望你们"人在江湖，心想社稷"，有一流大刊的雄心和志向。民间刊物虽然大多办得艰难，但还是有优势的，就是自在，条条框框少，爱怎么美就能怎么美。

"如此访谈"下来，你给我又添了些印象，我也如你那般堆一下：伶俐，谦逊，大方，自在，热情，从容，明白……好人！谢谢你忙中抽时。

设问人：赵卫峰 诗人，评论家

海　男

海男，原名苏丽华，1962年生，云南石屏人。主要作品有《疯狂的石榴树》《虚构的玫瑰》《蝴蝶是怎样变成标本的》《请男人干杯》《只爱陌生人》《花纹》《男人传》《女人传》《从亲密到诱惑》《女逃犯》《县城》《红粉者说》《妖娆罪》《我们都是泥做的》《裸露》《边疆灵魂书》《梦书：西南联大》等小说、诗歌、散文八十余部。曾获鲁迅文学奖等。

西南之隅是我的灵魂上升之地

从鲁迅文学院研究生班毕业之后，海男并没有像大多数同学那样留在北京，而是坐着绿皮火车重新回到了云南，她认为这是命中注定的事情，因为在这个地球上，每个人都应该寻找到自己的原生地，就是寻找到我们出生以后喝到的水源，以及滋养我们生命成长的神秘元素。她说，坚持是需要爱的，只有深深地融入身体中的爱会将写作推向远方。

谈谈你的写作之渊源吧，我知道你从滇西小镇就开始热爱上文字了。

是的，童年的经验非常重要。我们的童年没有幼儿园，在滇西小镇，我们随做农艺师的母亲开始了生活。那座坝子叫三川坝，是明洪武年间，从中原江南来到云南的移民和将士开垦而出的。三川坝或许是我记忆深处地球上最美的一片版图。田野上有错落有序的沟渠灌溉着农田，天空中飞舞着蜻蜓蝴蝶，更高处有拍击翅膀的雀鸟，我们就在那个物质匮乏的时代，去自然中追赶蝴蝶，仰头看着小鸟们的翅膀轻盈而自由地飞翔。这个属于儿时大自然的摇篮，相比一座现代的幼儿园更能滋养我的心性。直到如今，我仍能感觉到我赤脚穿过田野上小河时的水声。不错，那个时代，一切都是贫乏的，尽管如此，我们所有的生存却是干净而芬芳的，在任何一条沟渠中都可以看到鱼群在嬉戏，凡有屋檐的地方必有小鸟的巢穴，土地上生长着庄稼，我们跟着母亲手里捏着票据去排队买粮食买猪肉买红糖买盐巴。就是在那个物质贫乏的时代里，很幸运的是我们寻找到了自然的乐园，同时还寻找到了书籍，正是阅读让我发现了语言的早期魔力。

在那样一个贫瘠的年代你是怎样找到书籍来读的？

有一天，我突然在小哥哥居住的小阁楼里发现了一纸箱的书，那纸箱应该是装茶叶的，有一种淡雅的茶香使我弯下腰，我将手伸到床下边，奇迹发生了。纸箱外面有一层灰，被我从床底下拖出来，解开了外面的绳索，奇迹就这样发生了。书来到了我眼帘下，就像我的灵魂来到了我面前。

发现书籍给你的成长带来了什么？

是的，成长是一个巨大的问题，就像生活是一个问题一样。打开纸箱后，一种从书页中散发的味道扑面而来，很显然，纸箱中的书已不再是新书，因而没有纸质的芬芳，扑面而来的书籍味就像沉醇了很长时间的酒，我从纸箱中取出了《金蔷薇》《小城春秋》《野火春风斗古城》，天啊，我感觉到了一种从未有过的迷失。之后，在我的书包中就有了书的位置，我不是一个好学生，在初一，上数学课时，我竟然在看小说，被那一本本留下很多陌生人指纹的书牵引到了另一个世界，于是，在煤油灯下（那个年代常停电）我开始了贪婪的阅读。它改变了我的视觉，以往，家门口台阶下的紫薇和石榴树，仅仅是两棵树而已，而当我开始阅读以后，我看到了两棵树不同的语言，多年以后，这两棵不同色彩的树木成为我小说中的风景，诗歌中的回忆。

回忆一下你写作的故事吧！

我的写作是从滇西县城永胜开始的。很多人问我为什么喜欢上写作？是的，这当然是另一个问题，我们生命中总有众多的问题与我们相互纠缠，而写作相比其他问题要更充满美意。我写作开始于一个笔记本——从初中开始，我就喜欢上了笔记本，那时候只有单色调的，封面是纯黑色的，在永胜县城的百货公司就可以买到。我最初是用笔记本来抄写读书中的好词语，抄写很重要，它终于使我产生了一种莫名的冲动，想在笔记本上写上从内心喷涌而出的词语，这一天终于来到了，在我17岁的一个春天，窗外飘着雨丝，仿佛是织物中荡起的音韵，我就这样打开笔记本，写上了我内心的文字。

你的写作从永胜县城开始，这是你初期写作的背景，对于一个写作者来说，背景意味着什么？

永胜县城的背景中有当时的电影院和民主广场，古老的街头巷尾飘逸着芸芸众生之气息。我的青春就是在这座县城度过的，那时候我和青春的伙伴们最大的娱乐就是去电影院看电影，请租住在巷道中的上海裁缝缝制时尚的衣装，搭乘波兰大货车去省城昆明，听邓丽君的歌曲，等等。还有就是参加别人的婚礼，同时也经历着我青春期的迷茫，这些生活我曾经写在长篇小说《县城》中。背景对于一个作家来说就是你存在和他人存在着的舞台，我们的人生叙事就是从舞台上开始的。永胜县城是我青春时间中一座非常魔幻的舞台，它给了我写作的磁场，从这里我开始了解世界的生与死，人生的无常。

我们曾结伴走过黄河，现在想起来，那真是一段属于青春的轶事，只有青春才可能诞生去走黄河的故事。

是的，唯有青春使我们产生一种不可思议的哲理。那一年我24岁，你19岁，我们背上了沉重的旅行包，里边有指南针、药品、笔记本、牛仔裤，我们在昆明乘上了一辆西去的列车。说实话，我喜欢青春记忆中的绿皮火车，它们很缓慢，坐在窗口可以看到另外一个世界的风景缓慢地掠过，我们乘火车来到了青海，之后，又乘淘金人的大货车驰过了茫茫无际的四月的荒野，来到了黄河源头的巴颜喀拉山下，看到了比眼泪更干净的黄河源头的圣水。这次长旅历经一年，使我们饱经了一条大河流经处的时间之谜。我们就是这样走过来的，从青春的藩篱荒野深处走过来的。

谈谈时间吧！我知道你是最爱时间的……倘若追究时间，你愿意回过头去，从时间的哪一段开始叙述与写作相关的记忆？

时间重又回到了永胜县城，这是我生命中不可能忽略的原乡，我最美的青春就是在这座县城所度过的。我就是在这座县城开始了读书或写作——这条道路从开始就是模糊的，我执迷于模糊这个词汇，它其实就是写作中的人生，因为时间与人生息息相关，我们不过是这个辽阔浩荡星球中的一个匆匆过客，而人生在时间中变幻莫测……它召唤着我，仿佛我站在永胜县城的电影院门口，手指捏着一张电影票……由于等待，我的指尖很潮湿，我在20世纪80年代的永胜县城的电影院门口，用我青春中的18岁，是在等待谁？于是，很多人在那个飘着茉莉花香的黄昏开始上着通往电影院的台阶，我看到了手牵手的恋人，那是一种单纯的幸福，我同时也看到了一对对同床异梦的中年夫妇……我想，当眼前出现了这些众生相的面孔时，我已经开始了写作。而我手中那张汗淋淋的电影票是虚无的，它并没有等来那个陪同我看电影的人，后来，我独自进了电影院，白色的。幕布上飘忽着日本电影《追捕》的画面……这就是时间的模糊，不可确定的魔力，我就这样开始了写作。

我知道你从鲁迅文学院研究生班毕业以后就回到了云南，你的很多同学毕业以后留在了北京，我还记得1991年1月的那个黄昏，我和几个朋友去昆明火车站接你的场景，你戴着一顶当时很流行的帽子——颜色是青黛色的，帽子下面是你自然卷曲的略带波浪的卷发，那一年你好像是29岁。火车停下来时，你从窗口探出头来的刹那间，我突然感觉到了一个辗转不休的灵魂重又回到了原乡。

是的，1991年1月，我又回到了云南，我去了很多地方，仍然觉得我的灵魂应该重新潜回到这西南之隅——这里有我无法割舍的自然山川，更重要的是有我的灵魂上升之地。我是乘绿皮的慢火车回来的，而且是坐硬座回来的，当时很贫穷，只能坐硬座。不过，坐硬座可以看窗外的风景，中间会穿过好几个省份的版图，窗外有不断变幻中的风景，我觉得乘过去的绿皮火车，每个人都像是电影中的人物，又像是翻开一部长篇小说跟随叙事往下走……火车将我重又载回了云南，这是命中注定的事情，因为在这个地球上，每个人都应该寻找到自己的原生地，就是寻找到我们出生以后喝到的水源，母亲的腹地，滋养我们生命成长的神秘元素。

你曾沿着云南的版图漫游，实际上是以个人的方式在行走。你喜欢云南版图中变幻无穷的海拔。在你的笔下，海拔像一层层向上升起的阶梯，非常魔幻，给我们讲讲你笔下自然世界中的几个特定海拔中展现的世界吧！

从香格里拉通往梅里雪山的路上，是在海拔的变幻中前行的，常识告诉我们说，海拔高的地方必然寒冷，而海拔低的地方气候温热。当奔子栏小镇一出现在江岸时，我们便拉开了车门，一阵热浪涌来……我喜欢奔子栏小镇，每次去德钦朝拜梅里雪山，都要在奔子栏吃午饭。谈到美食，云南每个县镇都有你想象不到的美食在等待着你。云南美食中最诱人的无疑是野生植物做成的菜肴，那些绿得像琼浆的、红得像鲜血的、紫得像忧郁的、黑得像烈炭的菜肴，一旦来到你面前，必然会使你的味蕾激荡不息。在奔子栏小镇吃午饭，可以注视奔腾而下的江水……午饭后继续往前走，海拔渐次上升，只要打开车窗，就可以感受到从公路两边的树林中飘忽而来的寒气，这条路亦是世间最美的路之一，不同的色块闪烁在高低不平的山坡上，随同寒冷降临，白马雪山出现在眼前，我们将车停在路边，漫无尽头的野生灌木丛早已被冰雪覆盖……再继续往前走就看见峡谷中的德钦县城……这座城远远看去晶莹剔透，就像一串巨大的佛珠，无论是多么疲惫之心，突然会安顿下来。之后，我们下榻于酒店后，最为重要的是沿着县城的街道行走，去找一家有酥油茶的小饭馆。几个人聚拢在小饭馆的四方桌前。终于，一把银饰的壶中散发着酥油茶的香味……这当然是久违的味道，生命中在不同的偶遇中总会与久违的味道再次相遇。第二天，天未亮，我们已来到梅里雪山脚下，所有到此朝圣者手执香烛，心怀祈愿，朝上仰望着梅里雪山，它是海拔深处变幻无穷的圣境，如果幸运，梅里雪山会在我们的祈念中刹那间露出容颜……海拔在云南是一个伟大地理版图中丰富神秘的境遇，海拔中忽儿会出现热浪中的盆地河谷，挂满芭蕉的山坡；海拔中忽儿又会出现令你神秘战栗不息的独龙江大峡谷，那是一座极少数人可以抵达的绝境，如果这一生可以去领略独龙江碧蓝色的江水，你的一生都会拥有从梦乡涌来的神咒。云南海拔中变幻着苍山洱海、哀牢山、元阳梯田、碧色寨、玉龙雪山、金沙江、澜沧江、怒江、鸡足山、博南山古道、抚仙湖、滇越铁路……数之不尽人文地理的原乡，我曾一次次地漫游在这些神用符咒编织的地址中，行走云南，让我深感个体生命的渺茫，感恩宇宙之间人类创造了如此古老的历史画卷。

谈谈作家的孤独和寂寞吧！我知道你是一个善于沉浸在孤独和寂寞中的写作者，培植自己的孤独和寂寞同样需要一种能力，你是在什么时候开始尝试到写作中的孤独和寂寞，又是以什么样的力量延续了写作中的孤独和寂寞？

人从生下来的那一天就迎来了作为生命个体的最为漫长的孤独。当一团肉身落在尘埃之中时，你将面临着成长，凡是生命都难以脱离成长的要素。成长意味着摆脱母体，我曾无数次看见过屋檐、苇草、树篱中央的鸟巢，并用时间观察鸟巢中幼雏们的状态，一只只幼雏开始移动着身体，移动或爬行都很重要；那些幼鸟开始仰起头来接受母亲带来的食物，食物也很重要。之后，是长出羽毛的过程，它们一边长羽毛一边在鸟巢中嬉戏，开始商议何日飞行……人之生命跟幼鸟完全一样，只不过，人的成长期更为漫长，几乎充斥了人的一生。

就写作而言，从我开始写作的第一天开始，就感觉到需要安静。那时候，我在永胜县城，住在单位的宿舍里，窗户外就是走道。每当心底升起一种隐隐约约的想写作的念头，我就会拉上窗帘，我感觉到拉上窗帘的声音时，内心获得了一种说不清楚的安静……在这安静中，我似乎等待着一个词语的召唤，是的，仿佛一只鸟在鸟巢中等待着一朵云的召唤……写作是孤独的，它首先是一个人的活动，而且必须由一个人独立完成。拉上窗布，世界暂时被隔离了，写作者所建立的小世界里，那个用语言搭建的层层结构开始隐形而上升，这时候，写作者享受着孤独和寂寞所载来的一艘小船，它正载着你的满腹波涛去往黑暗和明亮之地，去往世界上那些熟悉而又陌生的地方。一个真正的写作者，从一开始使用语言时，就已经在悄无声息地培植着自己承受孤独和寂寞的能力。正是这种能力延续着写作中的明天。

弗吉尼亚·伍尔芙说，一个女人如果要写作的话，必须要有一间属于自己的房子，能跟我们谈谈一个女人在写作中关于房间的话题吗？

写作中的房间，是我此生呆得最多的地方，它消耗着我的年华和光阴，我不知道，如果没有写作，这无限渺茫的一生，我到底会去从事什么样的职业。不，我来到这世间就应该是写作的，当我幼年时在滇西的盆地上追逐着蜻蜓和蝴蝶，我就已经开始在搜寻语言了，我一边跑一边喜悦地仰起头来，那时候词语就已经来到了我内心，并猛力地撞击着我的心扉，只不过那时候我还没有学会用笔记录而已。对我而言，记录是一件始终要发生的事情……我是幸运的，从17岁开始写作，就拥有了一间独立的房间，我16岁工作于永胜县水电局做打字员，用一台1980年代的老式打字机，为水电局打水电设计书，后来，因写作又调到了县文化馆，又有了文化馆分的一间单身房间——我在里面写作读书，直到有一天乘着绿皮火车到了北京鲁迅文学院，同中国最优秀的小说家迟子建同屋，我们背对背写作……在一间小屋中生活了近三年时间，除了听课就是写作……房间很重要，从鲁院毕业来到昆明，我曾在莲花池畔租过房间写作，那是一片1990年代的出租房区域，无数的外省人操着不同嗓音租住在这片城郊接合部，有些人在此开始小商业活动，有些人为了逃避计划生育在此超生孩子。而我，是为了活着，而活着对于我来说是为了写作。一个作家如果此生没有租住过房屋来写作的话，就不会滋生对于房屋的幻想力……在嘈杂的出租屋中，你不仅接触了一个平凡的芸芸众生的世界，你看见了他们的生存状态和复杂的人性结构，同时也开始向往着一间更安静的房间……我对房屋非常执迷。到乡村时，我会幻想在一座古老的土坯屋阁楼上写作，我要透过木格子窗户仰望着星宿写作，我要倾听着家禽们的叫声、嗅着玉米生长的味和牛羊粪的味写作；抵达小镇时，每一次都想驻足而留下，我喜欢云南的每一座从荒僻遥远中伸及眼前的小镇，它跟县城保持着不远的距离，离乡村又很近，离省城就很远——远，我一直想远离省城，去找一座小镇筑建小小的藏书阁，拥有自己的写作画室……写作者之所以要有独立的房间，这是因为这房间足以装下我们身体中的语词和孤独忧伤……

你写小说、散文、诗歌已经多年，在几种写作中你是怎样划分写作特性的？

小说，是叙事，我执迷于小说中的叙事已经很久。小说更能显示时间的属性，小说揭示的是故事中的人生，从写下第一行小说时，有一个未知的故事将揭开帷幕。小说，可以穿越时空，很多时刻写作者就是游起千万层波浪，又将波浪化为潮汐推向岸边的人。散文，是什么？我是在写小说以后开始写散文的，在许多伟大作家的作品中小说中有散文诗歌的特性，如普鲁斯特的巨著《追忆逝水年华》中，就有大量的散文片断，又有许多诗性的语言，也就是说经典而永恒的作品是将三者结为一体的。对我而言，写诗歌更能追逐到我生命的灵魂，在漫无边际的黑暗深处，我们的个体只是附属在黑暗中的影幻，它仿佛麦浪之上的一束束星光，显得虚无而遥远。

是什么力量使你将写作从17岁延续到了今天？很多人在青春期的时代会喜欢上文学，但后来随同时间的变化就放弃了文学。

青春时代喜欢文学后来又放弃文学都很正常，因为文学写作只是极少数人可以做的事情。我起初只是偶尔写作，就像很多人在青春期一样，会凭着激情热爱上文学，但仅凭青春期的激情荡漾，是很容易凋零的。真正的写作是一种源自生命的需要，就像你口渴时对于水的期待，你走在沙漠中对于绿洲的渴望，等等。当我将写作持续进行下去时，它慢慢就成为了我的生活方式。坚持是需要爱的，只有深深地融入身体中的那种热爱会将写作推向远方。

几年前你开始了绘画，也可以称之为跨界，你的画室坐落在原西南联大的校址。2017年6月，你在云南省图书馆举办了一次《色域与抵达》的个人画展，共展出了130幅作品。你还画了两百多幅钢笔画作，你的钢笔画也非常迷人，每幅画下面都配上了诗歌……你是在何种境遇中开始绘画的，因为之前你并没有真正地学过绘画，一个从未学会绘画的人，初次开始绘画时，需要什么样的机缘？

虽然年轻时代，我身边有许多绘画的朋友，但我与他们交往时并没有滋生过绘画的念头。尽管如此，一个关于绘画的梦从青春期就已经埋下了，它在我隐秘的血管中暗自穿越着，直到有一天，我走到一家订制画框的店里，里面有各种颜料，大小不等的布面画框，就这样我为自己订下了40个画框。之后，又将画框带回了家。那是2013年的黄昏，我在闻一多先生遇难的路上跌了一跤就骨折了。那是一个非常寒冷的冬天，一个无助疗伤的冬天，就这样我开始了绘画。那段时间，每晚梦见的都是色彩，明媚而又灿烂的色彩几乎覆盖了我的整个梦境……之后，绘画便来到了我的现实生活中，就像我当年写作一样，只要我来到画室，总有一种魔力在吸引着我，有时候我会在画室呆上整整一天，中午就吃点面包，我画原始森林、怒放中的向日葵、池塘、山冈、蝴蝶……我色彩中的世界来自云南的自然景观，正是它们教会了我色彩。如今，我又开始喜欢上了黑白钢笔画……总之，除了写作之外，我又有了另一个小宇宙，我同画布上那些精灵般有形或无形的世界生活在一起的时光忧伤而又饱含着喜悦。

神牵引着我的手正在往一片迷途中走去，我知道，写作绘画都是孤独和虚无者所热爱的劳动，我愿意继续往前走，色欲与抵达都是艰难的，但我仍在往前走。

这两年，除写了众多的诗歌，你又写了一部中国远征军在缅北战役中的长篇《野人山》，能谈谈这部长篇的写作吗？

我想写这部书已经有太长时间，我曾一次次地往返于从滇西到缅北战场的路……我曾无数次地与来自缅北战场的仍然活在世间的为数不多的老兵相遇……这渺茫的宇宙间，唯有心灵可以隐蔽也可以呈现，手眼鼻耳唇都在时间中历经着寒冷的历练。虽然我们正在逐渐地丧失着记录的潜能，无数高端的科技和文明正在悄无声息中剥离了我们的记忆和缅怀的深情，但我仍坚信语言是这个世界上记录历史传奇和神话的一种魔杖。正是它的存在，让我终于开始面对野人山的原始森林，开始了艰难中的饱含泪水的记录。

生命因其渺茫从而获得了大海以上的陆地，因为有触觉眼眸幻影，从而与万灵所厮守，并与自己的躯体朝夕相处，介于两者之间的神秘关系，心灵获得了光阴的馈赠。

我想写这本书已经有太长时间……它捆绑着我。记录在今天显得如此珍贵，若干世纪以后，钢笔、纸质、墨水将像剪裁术、犁铧、村庄尽头的森林，海拔深处的天鹅逐次地消失于人类创造的每一轮回的泡沫之中，或许有一天，地球人终将迁往另一星球居住……然而，时间不可能会改变我们大脑的植物神经的漫游，也不可能改变从肉身中产生的触觉区域，以及对疼痛饥饿的体验……更不能割舍并改变称之为灵魂的那种东西，它始终会潜伏在我们体内并携带我们的生命，朝着时间之书的彷徨和巨雾弥漫中走去……

很多次，我拜谒着山冈上的一座座墓地，我拜谒着来自博物馆里的战争遗物，同时我也去看候生活在民间的一个个老兵……我移动着笔触，仿佛移动着来自野人山的天堂或地狱的两种光泽，噢，脆弱，写作中的脆弱，生命中变幻莫测的无尽的种种脆弱，它不仅是一种现代人的疾病，也是一种艺术。因此，我感恩世间有小说的文本存在，因为小说，尤其是一部长篇小说，就是我们的人生里面装满了荒谬、谎言、战乱，以及生与死的轮回、众生的迷途和幻想。

漫长的黑夜过去后，战争终于结束了……我在小说中，穿越了野人山的昨天以及现在的时间，我们彼此往返的因果之缘中的磨难终将过去，那些培植我们良知和爱的神意，终将我们的生命引入另一个神圣的世界。我曾在野人山消失了生命的踪迹，我同时也获得了新的轮回，因而，生与死是庄严的，也是日常生活为我们所缔造的事件。我们有前世的历史，也有此世的现实生活，还有来世的因果，不管这个世界将发明什么武器，生命的躯体是柔软也是坚韧的，两者的禀性将融为一体，去探索这个星球上不可以被时间所湮灭的爱，只有爱才是永恒的。

我将在这本书中与他们再次相遇，并彼此寻找到失散于时间中的灵魂。简言之，这是一本搜魂之书。

设问人：海慧 诗人，编辑

商　震

商震，1960年生，辽宁营口人，曾任《诗刊》常务副主编。业余时间写诗，写散文。出版有诗集《大漠孤烟》《无序排队》《半张脸》《琥珀集》《隐身术》（韩国语版）《食物链》，散文随笔集《三余堂散记》《三余堂散记续编》等。

我痛这是因为有爱

商震作为一名诗人的时候，当有人问他为什么写诗？他说因为他疼，他疼是因为他爱，真实的爱才有真实的疼，真实就是硬度，就是力量。他说，诗歌写作的变化，就是生命不断成熟的变化，他如果离开了诗，就剩下苟活了。商震作为诗歌刊物主持人的时候，当有人问他都为诗歌做了什么？他说，不把诗歌当作自己生命一部分的人很容易把诗歌当工具，对诗歌没有敬畏心的人很容易把诗歌刊物当作一个社交平台，他的座右铭是：对历史负责，对当下诗坛负责，对自己良心负责。

我一直觉得在传统诗歌包括一些新诗之中，情是其生命的支柱；可是几年前在读你的作品时，我心里却不自觉地产生了一种疑惑。为什么你的诗里"诗情"成分浓郁，"诗想"的分量更重，有着一种情思硬度？你考虑过出现这种艺术状态的原因吗？它是否可以看成是你的有意追求，和你的诗歌观念有何关系？

我从来不认为"情"与"想"是分开的，"想"是"情"之母。一个诗人无"想"，大概就不会有"情"，不会有真情。我们常看到一些诗人自身感情不在场的诗，就是无"想"而作的诗。还有一些诗靠灿烂、炫彩的词语制造"情"，在我眼里都是伪诗。

诗人是有社会功能的，那就是要见证诗人所生活的场域的状态，或者表明你对自然环境、生存环境、情感环境的态度。这个态度的生成过程，就是"想"。当然，"想"是理性的，把态度写进诗里是感性与理性的综合体，也就是"想"与"情"的融合。一首诗若不是"想"与"情"的融合，我认为是失败的。我国的《诗经》已经给我们后世的诗人树立了写作典范，那就是叙事与抒情的平衡、理性与感性的平衡。

曾经有一位记者问我："你为什么写诗？"我说："因为我疼。疼是因为爱。"真实的爱才有真实的疼。真实就是硬度，就是力量。

我想着什么事物，我的感情就会寄居在这个事物里。我的诗歌表现什么事物，就是对这一事物爱的过程和结论。

我不会说假话，不会伪抒情。所以，我的诗常常缺少弹性。但是，我觉得这样才是我成为我的途径。

一般说来，哪些事物能够入诗，哪些事物不能够入诗，虽然没有谁明确地界定过，但在自古至今的诗人们心里，它们还是有诗性与非诗性之分的。这种"常识"在你不少诗歌那里被颠覆了，《半张脸》《夏日观荷》《我也是废铁》等大量文本，似乎在日常凡俗的存在和语词中建构着自己的诗学，你这样做是出于何种考虑？

我一向坚定地认为，生活中没有什么事物不可以入诗，也不可能对自然界及生活中的什么事物可以入诗有规定性的要求。我又想说《诗经》。《诗经》中所呈现的事物是无巨细之分的，而且在《风》中，日常凡俗比比皆是。我主张热爱什么就写什么，什么让我疼就写什么，什么可以恰切地寄托我的情感就写什么。

有些诗人喜欢选择庄严的题材、重大的事件入诗，也是很好的。诗人的使命就是用诗歌来证明这个时代。但是，这个时代不仅仅是那些庄严和重大的事件，每天的俗常生活同样是步步惊心。当我们强调要表现新时代现实的时候，当我们强调要讲好中国故事的时候，不是都去写航母、卫星、蛟龙号、高铁。老百姓日常生活的故事，也是中国故事的一部分，每个人的情感故事也是中国新时代的现实。

我的诗是表现个人在新时代的生活状况与情绪的，只要怀着热爱去写，写什么、怎样写，我都不认为会有危险。

我以前就说过你诗歌的语言"似一把快刀，简捷、干脆、利落、老辣，直指人心，令人无法逃脱"；同时，又保持着传统诗歌耐咀嚼的含蓄之美，我想知道你是怎么做到这一点的，是用什么方法去调和看似水火难容的两种因素的，在这个过程中碰到过失败的挫折吗？

诗歌表现出的风格特征，就是诗人本身的性格特征。我这个东北人，说话办事都追求直率、干脆，但反对粗糙。我喜欢李白的"五花马，千金裘，呼儿将出换美酒"，也喜欢鲁迅的"无情未必真豪杰，怜子如何不丈夫"。李白喝酒是为了消愁，而且是万古愁。这万古愁与李白有多大关系，就是值得别人咀嚼的诗情。这里我想说，李白为了这"万古愁"，竟然把酒喝得如此决绝！同样，鲁迅先生细腻的"怜子"并不影响他成为大豪杰、伟丈夫。诗歌本身就应具有"大雪满弓刀"和"日晚倦梳头"的合成品格。其实，在这方面，我做得还不够好，或者正在努力让"快刀"有"梳头"的功能。

至于失败，是每个诗人都必须经历的，而且经常经历。二十年前，我的诗，写一百首诗可能有一两首自己满意的；十年前，写一百首诗可能有二十首满意的；现在，写一百首诗可能有五十首自己满意的。这个满意度的增长，就是不断失败带来的结果。

曾经有这样的经历，写了一组诗后，当时很满意，一个月后再看，就不堪卒读了，于是果断扔掉。至今，我仍然保持着每写一首诗放一段时间再看看，满意了，拿出去面世，不满意就扔掉。还有，就是诗写好后，先给诗友看看，提提意见，尽量避免可能的失败。我在《人民文学》工作时，写了诗都会给韩作荣老师看、给朱零看，到《诗刊》工作后，写了诗要给刘立云、蓝野看。

自己纠正自己是有难度的，而身边有能说真话并有诗学判断能力的朋友给你提些建设性意见，就是减少失败的重要途径。不瞒你说，现在我的诗中，被叫好的作品，其中就有他们的功劳。

从早期的《大漠孤烟》，到后来的《无序排队》《半张脸》《琥珀集》，我觉得这中间还是有很大的变化痕迹的，你以为这种变化和年龄之间隐含着必然的关系吗？有没有年龄以外的原因，几种诗集之间始终不变的东西又是什么？

年轻时写诗，除了热爱诗歌这一形式之外，对诗本身根本不懂。虽然也写了不少，但那都是荷尔蒙顶的。那时，我选择了写诗，写的东西只是在外形上长得像诗。后来，通过大量阅读古今中外的诗歌作品和美学理论等书籍，开始对诗歌无比敬畏。敬畏的结果是不敢随便写了。

《大漠孤烟》是2000年初出版的，《无序排队》是2014年9月出版的，两本诗集相隔近15年。这15年是我苦读书的15年，是越来越对诗歌敬畏的15年。因为敬畏，所以谨慎。还有，1996年我开始在《人民文学》做诗歌编辑，直到2009年做《人民文学》副主编，每天做的工作就是毙稿子。我想，我写的诗总不能比我毙的稿子还差吧！于是，一边毙别人的诗，一边毙自己的诗。

诗是经验的生长，年龄的生长是各种经验的积累。但是，年龄所积累的经验未必就是诗的生长。一个诗人，能写出什么样的诗（智力元素除外），和这个诗人对诗的态度有关。我很喜欢沈浩波的一句诗："向诗要命！"当一个人决定用诗来证明自己、完成自己的时候，诗就比命重要了。那么，我诗歌写作的变化，就是我生命不断成熟的变化。如果我离开了诗，就剩下苟活了。

你左手写诗，右手写评论，《三余堂散记》影响就相当不错。在你这里，创作和理论呈现为一种什么样的关系结构，理性思考不会挤压、破坏诗意的孕育和传达吗？

可以不夸张地说，我能看到的诗歌理论书籍和文章，我都会洗手净心地捧读。理论是解析诗歌作品的钥匙，是诗歌创作的紧箍咒，不敢不学。我很少写纯粹的理论文章，一是认为自己的理论知识积淀不够，不可以信手而为；二是觉得自己就是个诗歌编辑，别往自己脸上再多贴个理论家的标签了。《三余堂散记》是我的经验之谈，其中有一些理论的阐述也是不得已而为之。其实，我曾在一些文章里说过，一个好编辑一定是个批评家。也就是说，一个好编辑必须占有美学理论知识，否则，就会被作者用作品欺负。

我做了近三十年的编辑，唯一要完成的一件事，就是不让任何一篇作品欺负。

至于掌握理论和诗歌创作之间的关系，前面我已略述过。杜甫说：读书破万卷，下笔如有神。这万卷书都是什么书，我想应该一半以上是理论著作。

作为全国诗歌界的第一大刊，《诗刊》不仅要引领诗坛的方向，更该不断地发现、推助新人，繁荣诗坛的氛围。请问你执掌《诗刊》这几年在这方面都做了哪些尝试和努力，效果如何，有没有需要总结的经验和教训？

我不喜欢"执掌"这个词。我是2012年到《诗刊》主持工作的，所以"主持"这个词好。

主持好《诗刊》的工作，其中就有做好你问的这个问题。对新人的关注、培养、扶持是每一个刊物都会倾心、倾力做的事。我到《诗刊》后，动作最大的一件事就是制定"青春诗会"的筛选规则，因为大部分诗人甚至社会各界都很关注"青春诗会"。从第28届到现在33届，我们筛选的"青春诗会"代表，是由外请的诗人、教授、评论家们面对面、一篇一篇讨论、投票通过的。《诗刊》编辑，包括我在内不参加投票，选出了许多陌生的、优秀的青年诗人。

不把诗歌当作自己生命一部分的人，很容易把诗歌当工具；对诗歌没有敬畏心的人，很容易把《诗刊》当作一个社交平台。

在《诗刊》主持工作，我的座右铭是：对历史负责，对当下诗坛负责，对自己良心负责。我曾用毛笔写过两副前人的对联挂在我的办公室，一副是：俯仰不愧天地，褒贬自有春秋。一副是：我自横刀向天笑，去留肝胆两昆仑。后来觉得有些矫情，就摘下来了。

21世纪以来，民刊的地位不断蹿升，编辑质量也在明显提高，甚至不少海外诗歌友人一度更看重民刊的地位。不知作为最大诗歌刊物的主编，你怎么看待自己的刊物和民刊的关系？

官刊与民刊很难一刀切。我想说，诗歌刊物都是诗刊，都对诗歌的发展、繁荣起着或大或小的作用。在历史上，大部分的图书及刊物都是民间力量在办。那么，就质量而言，也难以一刀切地认定官刊与民刊谁的质量好于谁。我可以负责地说，我读的民刊比官刊就多。当然，我读民刊有职业需要的成分。

我从来不认为官刊与民刊是格格不入的，只有殊途同归。归到诗歌的发展上，归到创作交流上。刊发诗歌，为诗歌发展作贡献，似乎不需要非常严格的合法性。

无论你承认与否，诗歌创作者和批评者之间始终存在着紧张关系，如果不把二者之间协调到水乳交融、相得益彰的程度，恐怕就很难说做到诗坛真正的繁荣。你觉得用什么方法来弥合创作和批评界的裂隙，《诗刊》在这方面有没有可以圈点之处，以后又该怎样处理这一问题？

我和你的有些观点不太一致。我认为作者和评论者之间应该是文本对立的关系。作者写诗时不必考虑评论者的存在，而评论者要主动寻找面世作品中的可论性。

作者与评论者的感情过密，就会带有感情倾向。这种感情倾向带入论者的文本，客观性就会减弱，会影响读者的理解，甚至带来误导。评论者误导读者，就失去了一个论者的尊严。这样的事情发生不少，有的可以理解，有的不可以理解。

作者和评论者的尊严都只能自己维护，自欺欺人是愚蠢的。因为读者的眼睛是明亮的，历史的眼睛更是明亮的。利益交换是诗歌界乃至文学界的毒瘤。

我非常希望评论者和作者之间能在人本上成为朋友，论者对作者人本的了解，有助于对文本的深入解读。

说到这儿，突然觉得对评论者有些苛刻。其实，抛开作者和论者的身份，生活中好人和好人是朋友，坏人和坏人是朋友，属于正常的。好人说好人的文章好，坏人说坏人的文章也好。这还是正常的。

你的"繁荣"观，我很认同。诗坛的繁荣离不开批评界的努力。离开了批评界的参与，就只能说是热闹。我对当下的诗歌批评界，确实有些看法。首先，主动阅读的批评家不多；其次，对诗坛创作的动向及时捕捉能力不够；再次，就是个别批评家的文章，客观性较弱。

诗歌批评家的战场是诗歌创作现场，个别批评家喜欢在故纸堆里用放大镜找前人遗落的问题，有些无才的理论家，整天在吃前人嚼剩的饭。我不是说故纸堆里无问题可谈，而是希望批评家能积极参与到当下的诗歌创作的现场中，好的现象立即找出理论支撑，不好的倾向立即提出理论批评。只有这样，才能让诗歌创作走向扎实的繁荣之路。

我主持《诗刊》工作这几年，在这方面，没有什么经验可谈。理论批评的稿子，基本上是等米下锅。有些约来的稿子还好，有些约来的稿子并不好。

另外，多说一句，现在许多理论家写诗，这是件好事，有助于理论家们体会诗的生产过程。

必须承认，当下大量高校与中学教师所受的诗歌教育过于陈旧，面对新诗作品常常一片茫然，不知所措，以至于有一些人干脆"旧瓶装新酒"，用传统的诗歌欣赏理论硬套新诗作品，不但十分蹩脚，而且还常出笑话，久而久之，新诗之美也就被毁了。不知你认为诗歌刊物在这个问题，是否应该负一定的责任，它能够起什么作用，贵刊有过怎样的举措？

你在学校多年，我也在学校多年，我们都知道，选进教材的诗歌作品，不是按照诗歌艺术的标准来选的，或者说，和我们对诗歌的认知不是使用一个坐标系。学校里对诗歌作品的教学不是诗歌创作的教学，对诗歌作品的解析也不是诗歌创作手段的解析（特别是初、高中）。所以，我理解的是，教材里的诗歌，是让学生知道有诗歌这样一个文本，有诗歌这样一个文学式样。

近些年，学校里的诗歌活动比较多，几乎每所大学都有诗社。学生写诗的群体比较庞大，除了青春的需要，还得益于网络。有些大学生在知识储备到达一定程度后，一上手写诗就感觉很好。有些中学生，凭直觉写诗也很不错。《诗刊》下半月刊，每期的"校园"栏目，刊发的都是在校学生的作品。

至于你说的"旧瓶装新酒"和沿用旧理论生搬硬套地欣赏当下诗歌，又涉及教育问题，我还是不多说吧。我们还是要相信："不废江河万古流"吧。

这些年置身诗坛中心，你对国内诗歌界的动态了然于心。你认为在1990年代的个人化写作之后，诗坛还存在清晰可变的流派或潮流吗？

流派一词应该是批判家习惯使用的，我很少用。而且，当代人去辨析当代诗歌的流派，也难免有疏漏和偏颇。

20世纪90年代初的个人化写作，有其历史背景和社会环境。那个时期的诗歌作品可以介入政治生活、经济生活、情感生活，甚至家庭生活，是全社会在推动诗歌创作，推动百花齐放。也是在那时，一些诗人的艺术风格和表现手段，有共同、共通的特点，或者属于同一体系，被命名了一些流派。1990年代后期，社会环境发生了变化，政治、经济、情感，甚至文化界，都不再看重诗歌，诗人们也归于沉寂。但是，1990年代初的影响还在，可以负责地说，至今还在。

潮流或流派过多对写诗这种完全个人化的精神作业是利大于弊还是弊大于利？

其实，流派并不是诗人们聚在一起商定了怎样写、怎么实现流派宗旨，而是后人的归纳、总结，至少是大量作品诞生后的归纳。当下的诗歌作品，形成流派的趋势并不明显，尽管有部分作品在审美、风格、手段等方面有相似之处，但是，过早给这些作品定义为某一流派，不仅为时过早，也显得不负责任。

诗歌是个人情绪的释放，这是常识。任何一个诗人贴上任何标签都会给创作带来制约，而制约是对诗的伤害。百花齐放是指平原上有花、高原上有花、高寒地区有花、高温地区也有花；水里有花、冰上也有花。但是，地域特征不能简单地归为流派。诗，还是先表现诗人的个性，有个性才能形成共性。

我觉得现在的诗坛，应该是百花齐放的，是适合诗人创作并能推动诗歌在审美和技艺上发展的。

前些年听说别人用机器软件写诗我就吓了一跳，近年第一部由机器人"小冰"写的诗集《阳光失了玻璃窗》正式出版，更让人吃惊不小。互联网和智能软件介入诗歌创作，书写方式的革命好处自然很多，但可能负价值更大。机器人写诗规模和质量均很可观，那以后还需不需要人写诗了，最好的诗能够由机器人写出来吗？

关于机器人"小冰"写诗及出诗集的事，最初我就知道。这家公司曾找过我参与这项活动，后来我拒绝了。

首先我要说：机器人写诗不是诗歌创作的革命，而是一种智能游戏。现在的机器人什么事都可以做，可以代替人的各种劳动，但写诗不仅仅是劳动。诗是创造，是感情的释放。机器是没有创造力和感情的，机器所能做的仅是完成操纵者的指令。

其次，机器人可以大批量、大规模地生产诗歌，这种生产具有模式化的特点。尽管在结构和语言上可以根据指令发生一些改变，但这种改变是机械运动，而不是情感的起伏。最主要的是，机器生产的诗歌是对已有的多种多首诗歌的畸形组合与再处理。

机器人生产的诗，只能是像诗，绝不会是好诗。曾经有人担心，机器人写诗会让诗人沮丧。也有人惶恐，今后诗歌都由机器来生产，诗人这个称号将属于机器。这真是大可不必的忧心。再逼真的塑料花也招不来蜜蜂，因为假花里没有蜜，没有鲜活的蜜。

诗歌最根本的本质是记录诗人的心灵状态和情感经历，机器只有数据运算的择优选择，所以，不必担忧机器人生产的诗歌将来会得诺贝尔文学奖。

新诗的引发模式特征与反传统的姿态，很容易让人感到中国新诗与古典诗歌之间是无缘而对立的。这是不是一种认识误区，当下该如何接通新诗和古典诗歌的传统，又怎样摆正新诗和外来诗歌影响的关系？你以前教授过古典文学，在这个问题上最有发言权，我想一闻高见。

这绝对是误区。

汉语诗歌的传统是从《诗经》诞生就得以确立。三千多年，没有什么变化。直到今天，无论新诗发展到什么程度，技术手段有多丰富，其内核依然没有摆脱《诗经》以及汉、唐诗歌的影响。比如，叙事与抒情的平衡，理性与感性的平衡，词语使用与艺术感染力的平衡。

新诗的内敛、含蓄、借代、对偶等等表现手法，都是来自传统的古典诗词。我不相信一个不精通古典诗词的当代诗人能写出好诗，具体的实例我就不列举了。

在诗歌写作上，"古为今用"是句真理。同样，"洋为中用"也是。当古代汉语逐步进化到现代汉语的时候，"洋"诗歌为汉语新诗的创作注入了新鲜血液，丰富了汉语新诗的生命内涵，使汉语新诗有了更加广阔的前景。

说到这，我可以正面回答你，古典诗词与新诗一直是通的，包括"洋"诗。通到什么程度是每一个诗歌写作者的能力问题。

如今的诗坛乱象纷纭，有人认为是朦胧诗以来最好的诗歌发展时期，也有人认为诗歌已经边缘化到接近"死亡"的程度，那现在诗坛的繁荣是真实的还是虚假的，生态究竟是好是坏，理由是什么？

我从来不认为"诗坛乱象纷纭"。诗坛的主流趋势是健康的，甚至是蓬勃的。不能把审美的多角度当作"乱"，更不能把表现手段的多样性当作"乱"。至于说，在自媒体无限扩张的今天，有人愿意乱说，那更不是诗歌本身的"乱"。任何一个群体，都有喜欢"乱"的人，诗坛也不例外。但是，不断给诗坛制造"乱"的人，大多是写不出好诗的人。这些人可以忽略不计。有一句农谚：听蝲蝲蛄叫还不种庄稼啦？

至于说诗歌被边缘化的问题，我的看法是，古今中外，诗歌从来就没成为过社会意识形态的主流，即使是隋唐时期的"以诗取仕"，诗歌依然是少数人情感释放的通道。偶尔被政治家或政府重视，也是为了让诗歌为政治家或政权服务。诗歌毕竟属于艺术范畴，对社会的影响力是有限的。当一首诗或一个诗人介入了政治领域，成为某一时期的集体代言，这时，这首诗或这个诗人，已经有了政治符号。比如"朦胧诗"。关于诗歌"死亡"说，纯属庸人自扰。

我觉得当下的诗歌生态环境也是比较好的。因为当下的各类诗人的创作都可以找到一块田地生长（哪怕是自媒体），各种不同审美、不同表现手段的诗歌都可以同生共长，甚至互相依存。

你说的"繁荣"，是不是指诗歌的各类活动？如果是，那么我可以确定地说：无论做多大规模的活动，颁多大金额的奖，都不能代表诗歌繁荣。以诗歌为媒介或诗歌创作为内容的活动，实际上已经社会化了。或者说，所有的活动并不是诗歌创作本身的需要，而是社会性的需要。补充一句，社会活动不是"兴观群怨"的"群"。诗的"群"是诗的交流、切磋、互补。

回答了你这么多问题，纯属一己之见。如果有错误和偏离，请谅解。

设问人：罗振亚 评论家，南开大学文学院教授

梁　鸿

梁鸿，1973年生，河南邓州人。中国人民大学文学院教授，致力于中国现当代文学研究。出版非虚构文学著作《出梁庄记》《中国在梁庄》、学术著作《黄花苔与皂角树》《新启蒙话语建构》《外省笔记》《"灵光"的消逝》《作为方法的"乡愁"》、学术随笔集《历史与我的瞬间》、短篇小说集《神圣家族》。曾获华语文学传媒大奖、《人民文学》奖、文津图书奖、首届非虚构写作大奖等。

生活那么美如果不写活着没意义

自2008年开始，梁鸿以非虚构的方式书写"梁庄"，对于她而言，"梁庄"的命运就是她的命运，或者说她的命运她的思想是梁庄的命运和思想的一部分。随后，又以虚构的方式描写了真正的家乡吴镇，对于《神圣家庭》中的"神圣"，她解释说，这里人物有时候是荒诞的错位的，但是在这些错位的灰暗的东西之中，还有一些光亮的温暖的存在，这就是生命的神圣之处。

前不久，你做了三场"梁鸿的梁庄"系列直播，以穿越文字的可视画面呈现，让我们"看见"梁庄、"看见"中国。做乡村调查这么多年来，你如何看待"看见"这一行动？

这个直播的念头一开始只是出于配合《中国在梁庄》和《出梁庄记》再版，现在我觉得留下一些影像资料还是挺好的，毕竟，时间在慢慢流逝，很多人、事和景物都会消逝。我想留下一些声音、生命和大地的形象。真正让我感动的是我在梁庄和镇上直播时所感受到的精神形态。我的老乡们，不管是五奶奶还是婶婶，还是叔叔堂哥，都非常大方地直面镜头，他们坦荡而充满热情地表达自己，展示出一种乐观、自然的内在精神。在镇上的时候，许多人可能在前一天看到村庄的直播和预告，几乎有点奔走相告的意味，守着手机等着看直播，即使我从他们身边走过，也丝毫不以为意。我早年的同学朋友，奔突百里回来，和我相聚，在镜头前聊天，彼此取笑，极其开心。他们对有人关注他们的生活特别开心，因为那就是他们自己。这也使得我有一种感触，"倾听"和"观看"并非只是想表演，而是一种表达，想表达自我。

我想，那些围观这三场"梁庄"直播的人，也是这样的心情吧。那也是他们的梁庄，他们的生活，有他们对生活最基本的感受和情感，如此萧条又如此富于生机，如此悲伤却又如此乐观，几乎有些迷人。你看镇上的那个手艺人，边魔术般地创造着气球造型，边随着音乐跳舞，乐观、坚韧。在这条街上，他度过了他的一生。他既是小镇的基本背景，也是小镇本身，已然成为这小镇的精神与气质的一部分。

通过"看见"梁庄的"风景"，我们究竟看到了怎样的中国？是写出《故乡》的鲁迅的中国，还是80年前《乡土中国》中的费孝通的中国？我们该如何重新认识脚下的这片土地和它的人民？

从"梁庄"里看到的中国，既不是鲁迅的中国，也不是费孝通的中国，而只能是梁鸿的中国，或者说，是正在行进中的中国的某一代表。在官方话语和我们的日常话语中，"乡村"总是有一个总体形象，有对其的基本定义，但是，我们所要做的，恰恰是通过个体的眼睛和个体的认知去认识这片土地，去认识这片土地的每一个人，而不只是"人民"。

这么多年过去了，梁庄又有什么变化？

其实，每次都有人问我这个问题：梁庄有没有变化？这次回家我也特别有感触。从表面看来，梁庄似乎没有变化，只是四季的变化，比如这次回来是秋天，有落叶，有枯枝，比如夏天回来会有各种繁茂的植物。这是一种大地性，常在，安稳。但其实不是这样的，梁庄内部还蕴藏着很多的声音，很多的东西。从内部的个体生命来说，其实一直都有变化，生老病死，悲欢离合，每个家庭都在经历着各种情感，每个生命都有得到和失去。对于整个社会而言，或许这些得到失去并不值得一提，但是，对于个体而言，却可能是非常重要的。

所以，当我们说梁庄有没有变化的时候，我们先要看到人，看到梁庄的人有哪些变化。

在《出梁庄记》中，我注意到，有一个叫梁东的老乡。他对"农民工"这一称谓提出了质疑。我们好奇，农民和农村贫穷、落后、粗俗、"侵略和毁灭城市人和城市生活"这些形象，究竟是从哪来的？

其实，这与我们长期的话语塑造和观念固化有很大关系。一方面，是我们的意识和制度在不断强化这些概念，譬如户籍、工作机会和子女入学等；另一方面，大众媒体也在不断加深这一差别，譬如一些流行电视剧对城乡差别、农村生活，及农村人格简单负面的描述，它们都在无意识中参与了整个大的社会话语的塑造，最后形成了一个确定的、有着鲜明文化含义的符号化称呼，譬如"农民工"。所以，我们首先要反思的是这样一些词语，要让无意识的词语变得问题化，让我们意识到它内部所包含的意义及所存在的问题。只有这样，才有可能最根本上打破固化。

现如今，为什么大家都有回不去故乡的危机感？不只是进城农民，还有年轻的打工者、白领和很多工薪阶层，都有这种感觉。这几乎成为一种普遍的社会情绪。

每一代，每一个走出去的人可能都有一种精神上的没有归属的感觉，但是我们不要把这种没有归属过于悲观化。一方面，可能生活的常态就是这个样子，年轻的时候出去奔波，见识世界，体验漂泊在外的感觉；另一方面，可能跟我们整个时代的大的晃动是有关系的，很多时候，并非是你作为一个个体真的就无家可归了，而是整个时代大的晃动给你带来的不安全感，这是非常重要的，其实也是我们真正要思考的：为什么我们有这么大的精神犹疑，或悲观意识？我们到底身处在怎样一个时代？为什么我们生机勃勃，同时却又强烈地感觉无家可归？我们的生活、观念和精神到底是被什么塑造出来的？

乡愁按我们常人的理解是背井离乡的人的离愁别绪。但在你的学术论著中，乡愁无疑是你进入文学研究的一种方式，一种结构全篇的问题所在。你甚至还独创性地把它当作文学批评的一种方法论。能否请你具体谈谈，你是如何理解作为情感的"乡愁"与作为方法的"乡愁"的？

"乡愁"确实是我非常关心的一个问题，而且正是对"乡愁"这一问题的探究，让我意识到中国生活——现实生存、文化状态、制度体系——的断裂性。"乡愁"不是一种实体存在，也没有具体的时间和空间限定，它是自古以来产生于任何离家怀乡之人的头脑的情感。但是，如果把这一概念限定于自现代社会诞生工业文明发展以来，它就有了某种实在的含义。它不只是一种超越于时空的情感存在，同时也是现代性发展过程中的一个产生物。只有在现代性的视野下，才能考察它所代表的时间维度和心灵指向的深层原因，"乡愁"才有作为方法论的可能性。因此，"乡愁"既是一种具体的精神指向，也是一种"方法"。

思考"乡愁"，其实也是重新思考"乡"在中国生活中的独特意义。"乡"既是广义的"乡"，你我的家乡，某一个村庄，某一个小城，也是实际的乡村大地、山川河流，还指中国独特的文化意义上的"乡"，乡土、农业文明、亚洲文化、东方生活等等。我们要思考的是：这一"乡"内部有怎样的生活样态，这些样态哪些应该属于"永恒和不变的那一半"，哪些则是属于"不停变化着的过渡的未来的那一半"。而在当代的中国，"乡"逐渐只剩下政治经济学层面的乡村，而文化、道德和"家"的层面的乡村正在丧失，"永恒和不变的那一半"正在被摧毁、扭曲，或彻底消失。

所以，我觉得，可以把"乡愁"当作一种话语，甚至当作一种现实和观点来处理。不是谈"乡愁"好或不好，而是把"乡愁"当作研究的起点和视野的起点，重新来返观自己的生活和自身的文明，这可能是作为方法论的乡愁中最重要的一个起点。

像贾樟柯拍电影，张赞波拍纪录片，都是他们与故乡保持的一种联系。你写作呢，是否也是你与故乡保持联系的一种方式？

我觉得每个写作者都难与自己的故乡脱离联系，因为人类精神的来源可能就是从童年生成的，当你开始写作的时候，总是不自觉地想到那儿，挖掘出来一点东西。倒不一定是说那个地方有多大的社会意义，如果你生活在城市，那城市就变成你非常重要的精神来源，因为我恰巧就生活在村庄，所以这是有偶然性的，并不是说我就有多大的社会责任感才一定要写梁庄的，而是我有冲动。在写作过程中，那些社会问题才越来越清晰，虽然之前你也知道，但你最开始写作的冲动还是来自个人对家乡的情感。

你一边做学术研究一边书写，两者之间有什么相互作用？

这两者肯定是相辅相成的，学术上的严谨和思辨，能给你的写作带来更多的话语方式，因为学术本身就是一种看待世界的方式，你可以通过学术找到很多种看待世界的方式，包括世界观的理解方式，这都会或多或少地渗透在你的写作里面，这两者相互促进对我来说是一件好事情。可能到现在为止，我并没有找到一个将两者结合在一起的最好方式，但那些学术知识一定会慢慢渗透在我的写作里面。反过来而言，你写作越多，你进入到的社会层面越多，它对你的学术思维也是有帮助的。

那能把学术研究和写作这两者归为理论和实践吗？

这不是完全对位的，因为这都是抽象层面的，不是说你找到了某种理论的方法能直接指导你实践，从来没有这样的，因为写作是一种混沌的状态，你学的理论到那时候都不管用了。虽然我对各种方法都很熟悉，但真正写的时候一定要回到一种混沌的状态，否则你是写不好的。所以说反而是要抽离，但那些理论作为一个背景它一定是在的，它会形成一点点的纹理进去，这种纹理也很重要的。我们阅读的时候很简单，就是读故事而已，其实都是有纹理在里面的，就好像你怎么来织这个布，横的、竖的、彩的。这种纹理是作家自己非常精心在编织的，只不过读者可能感受不到而已。

非虚构中的"真实"究竟意味着什么？你一直强调你在写作梁庄过程中的"个人性情感"。

其实中国的非虚构才刚刚开始，大家对于非虚构这样一个文体，可能还不太熟悉，之前我们可能有报告文学、纪实文学，关于什么是非虚构也是众说纷纭的，但是我觉得不用着急。非虚构在西方已经是一个非常成熟的文体，有客观性，人文性，但是我觉得在中国，客观性也不缺乏、人文性可能也不缺乏，但我们缺乏的是一种真正的真实，一种个体的真实，带有个人思考的真实。在今天我们的中国文学里，非虚构其实缺乏一种真正的个人性，所谓个人性就是你自己的视野，你自己的价值观，你自己对这个世界的判断和理解，我们大多都没有一种独立性。这是非常重要的，对写作而言，特别特别重要。

从梁庄到吴镇，你又写了一部新书《神圣家族》，用12个故事串联起"县域"里生命群体的命运。那些纪录片中，"村庄的日常"、"集市的欢乐"，以及"河流与记忆"在这部作品中是否也有展现？这些意象对你来说意味着什么？

有很多意象都有出现过。《神圣家族》中的吴镇完全就是以我家乡的这座小镇为原型的。如果你看了《神圣家族》，再看这三个视频，尤其是"集市的欢乐"和"河流与记忆"，你会看到很多熟悉的场景。譬如吴镇本身就在一个高坡之上，下面就是那条大河，譬如那条大十字街，我几乎是按照那条街的原状进行书写的，你按照我书中所写的，可以一一找到对照。胡辣汤店，羊架，修鞋的，卖水果的，百货店，五金店，理发店，邮政所，等等，一模一样。它们对于我而言，就是生活本身，它们构成一个空间，在这空间中，时间流逝，物景转移，生命来来往往，呈现出各种面相。面对这一空间，我几乎是充满着趣味，还有一种巨大的热情，去书写它们。

"一朵发光的云在吴镇上空移动"，这一句奠定了整个吴镇书写的基调，这一句话是来自于一个什么样的场景，或什么样的契机让你想到它？

这个确实是某一天的一个灵感。在我的脑海里一直有这样一个少年的原型，傻乎乎的，不是智商有问题的那种傻，而是纯真的，蒙昧的那种，他看世界的方式很天真。我觉得这就是我跟吴镇之间的关系，就是一个少年在吴镇上空游荡，俯瞰整个镇子中发生的事情和镇中的芸芸众生。你好像既了解他们，但同时又很陌生，若即若离的感觉。所以我个人很喜欢这句话，以它来奠定基调，它有一种飞扬的感觉。有一个人的眼睛，那么纯真地看生活，可能是颓败的生活，但依然有一种爱在里面，这种爱可能是作者的，也可能是某一个外在的人的。我希望有这么一个少年来看着吴镇。

《神圣家族》与"梁庄"系列相比，或者说，面对"吴镇"和"梁庄"，你的身份、写作伦理和精神状态有无变化？

对于我而言，"梁庄"不只是一个写作问题，还是一个伦理问题。这也是在写作"梁庄"时，我采取非虚构写作的原因。只有在与生活内部有了血肉联系时，你才知道，你面对的是什么，你才明白，你的选择是多么艰难。对于梁庄而言，许多时候我不能作为一个局外人来做进一步的行动，我还必须是一个梁庄人。因为，在他们的叙说中，在他们的期待逻辑中，首先是把我放在了一个梁庄人的位置上来讲的。这时候，不是简单的正义与非正义的问题，你还要面对一个古老的村庄感情的问题。

在这一意义上，"梁庄"中我的犹疑，还有某种情感，与"它也是我自身"有很大关系。这是一次非常特殊的写作。我常常说，正因为此，《中国在梁庄》和《出梁庄记》是两部非常纯粹的非虚构作品，因为，它们最大限度裸露了作为作者的"我"和作为"梁庄人"的情感方式和思想经历。

但是，当面对"吴镇"时，则充满莫名的趣味、热爱和欢喜。当站在，或者想象自己站在吴镇的街道上，我感觉我就像一个大富翁，这条街和这街上的所有事物就是我的百宝箱。他们都是我的，而他们却不知道。我为这种富有的感觉忍不住一笑再笑。我常常梦想着自己也是一个摆摊人。每天早晨离开家，来到吴镇的街道上，摊开货物，坐在太阳下，看人来人往。有人过来，我和他聊聊天，说说话，没有人来，我就一个人晒着太阳，看他们走过我，走到它处，又走向远方。阳光蒸腾着喇叭声、叫卖声、笑声，蒸腾着饭香、油香、草香，蒸腾着灰尘、杂草、垃圾、粪便，所有的声音和气味都在这蒸腾中漂浮、汇合，成为世间最微妙、最细腻又最好听的交响曲。我喜爱这生活。

对于我而言，"吴镇"是一个可以去爱去观察去欣赏去剖析的对象，可以置身事外，而"梁庄"则不行。"梁庄"的命运就是我的命运，或者说，我的命运我的思想是它的命运和思想的一部分。

你看到了永恒所在，写到"生活如此古老又新鲜，永恒存在，又永恒流逝，但并不悲伤，甚至有莫名的希望所在"。我们如何理解这种永恒，又有着怎样的希望？

是的，生活还在行进，生命也还不断往前走，活着本身就是希望，就像那条大河一样。流动本身就是力量，虽然这流动中有丧失，但还在向前，这是一种自然属性。我想，生命也是一样吧。

《神圣家族》的最后一篇是"好人蓝伟"，你曾说蓝伟可以单独拎出来写一本书，这一篇在你心目中的地位好像比较重要，为什么？是有具体的原型吗？

肯定都是有原型中的一点在里面，也有渲染一些东西。《好人蓝伟》中显示出了人生的颓败和人性的变异，包含了一种很深刻的哀伤在里面。我们说人在不断成长，但其实从这个人物身上看到人是在不断退化，是特别无奈的一个状态。漫长的人生像一个不断搏斗的过程，人是在节节败退的，而不是节节胜利。包括个人的际遇，性格的变化。眼看着人从一个飞扬的、正直善良的少年，变成一个唯唯诺诺的醉鬼，那种哀伤不是亲情角度的，而是对人存在的一种哀伤。这一篇还可以再写是因为我觉得我没有写出这种很深刻的哀伤，就是人存在本身的东西。这个人物有很大的普遍性，其实蓝伟他的生活也并不是最差的，他毕竟有工作，够他基本的生活。但从他的人生轨迹中可以看到，人在跟生活的搏斗中，有着无法抵抗的惨烈。不是说他遇到了强权和不公，其实他是在跟自身搏斗的过程中逐渐失败的，他跟他人和社会的搏斗更是失败的，但他还试图保留一点善良和美好的东西，而这些在别人看来是非常可笑的，甚至是懦弱的，这是很残酷的。这些人所承受下来的跟梁庄里人们面对的生存的考验是不同的，这更偏向于精神上的溃败，身在其中的人或许都感受不到这种吞噬。

实际上我们每一个人的人生都是这样的，这是我特别想写出的普遍感，我自己也一样。当年十四五岁的时候，我觉得不写作，人活着不在世界上留一点文字，是没有意义的。当时很小，喜欢写文章。我记着有一天我一个人走在路上，看到夕阳下的白杨树，就一个人默默地哭了，我觉得人生这么美好，我竟然没有写什么东西，活着都没有意义。虽然现在我在写作，但当年那种纯真、迫切的激情已经没有了。其实我们也被吞噬了，早年那种特别纯粹的东西也没有了。

"在场"和"立场"是非虚构写作的关键词，这次你是从非虚构到虚构的转换，你觉得在虚构写作中，关键是什么呢？

虚构更多在于对意象的把握上。你想在这个意象上赋予多少东西，你得有充分的想象力。但是，意象只是第一步，就像列夫·托尔斯泰写《安娜·卡列尼娜》，他曾经提到，他只是在睡梦中梦到有一个身穿白衣的女子向他走来，有着很哀伤的面孔，就这样一个意象。但是，当他写的时候可就不是这么简单了，他把对俄国上层社会阶层的考察，对整个俄国思想的考察，都通通放了进去。所以说，意象只是最小的第一步，但当你真的拿起笔写的时候，呈现的是你对现实考察的能力，对这个社会的、情感的、经济的，甚至宗教层面的理解。当然。也要看你想要对这个人物赋予多少东西了，像安娜·卡列尼娜，她身上被赋予了多少东西，女性的、感情的、贵族的、宗教的。所以他几乎把对于整个俄国的了解都赋予进去了。像《神圣家族》里面的人物，我没有赋予他们那么多东西，可能就想截取一个意象，一个片段，把人和物之间的关系一点点写出来，可能我没有那么大的野心，但你要细致读的话，里面也是有一些东西的。

你在新书发布会上说"不管哪一个非常微小的人，他们的生命自有神圣之处"。神圣之处何在？就书里的人物来说呢？

一说到"神圣"这个词，我们大家就过分严肃化了，就比如我书里面写的圣徒德泉，他实际上是个流浪汉、精神病人。他救人也老是救错，他很荒诞，很可笑，人家海虹正在谈恋爱呢，他把人家拉走；他想去救那个小孩，但差点把人家勒死了。这完全是一个荒诞的、错位的存在，但看完之后是不是觉得在他身上也有某一点光亮的东西呢？也有一种人性的善。在这些错乱的东西之中，还有一点光亮的存在，这光亮并不是说他真的救了人，而是人性本身的闪光。就是说哪怕他身处黑暗之中，他依然有着内部的一点点光亮，有向善的本能。虽然德泉自己也不见得感知到，但他身上的确是有的，这就是他神圣的地方。这个神圣在通常世俗的观念来看可能是错的，是可笑的、荒诞的，但确实是有一丝光亮的存在，可能称不上温暖，但一定是有更深远的意义在的。

在很多时候，哪怕我们的生活没有更多的意义，只是世俗人生、吃喝拉撒、飞短流长，但仍然有欲念。有欲念，就会有希望有绝望，有争夺有诉求。大家既相互伤害，又相互依存，不管是绝望、孤独，还是冷漠、背叛，内部都有对爱的渴求，所以，才有黑暗、深渊，才有哭泣和眼泪。我想，这也是生命的神圣之处。所以，在《神圣家族》中，我写的大部分都是一些普通人的普通人生，没有突然的死亡，没有额外的压迫，就是一种最正常的博弈、屈服，或反抗，像《许家亮盖屋》《肉头》《大操场》，都是非常普通的生活，但其中，能够感受到些许的反抗、挣扎和忏悔的意味。

或许，这也是生活的迷人之处吧。

设问人：李金哲 《青年报》记者

裘山山

裘山山，1958年生，浙江嵊州人，曾任成都军区创作室主任。主要作品有《裘山山文集》七卷，长篇小说《我在天堂等你》《春草开花》《河之影》等五部，小说集《白罂粟》《野草疯长》《戛然而止的幸福生活》等十部，长篇纪实散文《遥远的天堂》《亲历五月》等二部，散文集《从往事门前走过》《春天来到哥伦布》《行走高原》等十部，长篇传记文学《隆莲法师传》等二部，以及电影剧本《我的格桑梅朵》《遥望查理拉》等若干部。曾获鲁迅文学奖、中国人民解放军文艺奖、冰心散文奖、在场主义散文奖、全国女性文学奖、《小说月报》百花文学奖、《小说选刊》年度奖、《当代》小说奖，以及夏衍电影文学剧本奖等。

我们一生就浓缩了几生

勿以善小而不为，这同样适应于写作。在裘山山看来，大喜大悲大起大落的人物命运值得写，小人物小场景小细节也值得写，生活中最普通的情感，喜悦、哀伤、嫉妒、内疚、思念、郁闷、忐忑不安，都是人性的折射。她最新完成的非虚构作品《家书》则是以他们的小家庭折射时代的情感，通过百余封家书串联起的家有喜有悲，引起无数人的共鸣，也激励更多人前行。

你新作《家书》里边的信件，是在父亲去世后偶然发现的意外惊喜，还是以前就大概知道它们的存在，只是没特意关注？

也不算偶然发现，因为我们都知道父亲有这个习惯，保存一些在他看来很重要的东西。父亲一直就是个喜欢整理的人，是我们家的档案管理员。不止是信件，家里的其他文件他也保存着，比如我和姐姐的奖状，姐姐小时候画的画，妈妈当年改正"右派"的有关文件，他自己发表的一些学术文章和散文诗歌，都分门别类装在一些大信封里。但是，那么多信集中看到那是第一次，还是很震动的。也许是因为后来不再写信了，他就把所有的信放进樟木箱里了，他可能觉得樟木箱不易生虫。他很看重这些信件。

从1971年，13岁的你给父亲写第一封信算起，这本书已写了40多年。40多年间，亲人之间光留下来的信件就1000多封，写信对你们这个分散在四面八方的家庭，有着怎样的意义。

这些信把我们这个一直无法团聚的家，勾连成了一个整体，空间和时间都没让它破碎。我们在信上交流感情，在信上讨论家庭大事，在信上沟通彼此的情况，也在信上互相鼓励、支持。这些信是黏合剂，也是安慰剂，还是加油站。说情感的纽带似乎都还不能达意，应该是我们家的另一个存在，是一个文字组成的家。

与你的其他小说、散文、传记、剧本相比，这是一部与你个人生活经历同步共振的非虚构作品，可说是一部"家信格式"的自传。写这样的自传时，与你其他作品对比有什么不同感觉？

《家书》应该是青年时期的自传，因为截止到30岁。写这样的作品和其他作品，当然有很大的不同，因为它最需要的不是写作技巧，而是勇气。很多时候我也会犹豫不决，要不要把过往的一切都呈现出来？青年时期的鲁莽冲动，和父母之间发生的龃龉不快，还有对单位及领导的不满和吐槽等等。让我纠结，写的时候经常感慨。但我想，既然是非虚构，还是尽量真实地呈现吧。虽然有时候我自己也对青年时期的自己感到不解，怎么会那样做（说）？同时又觉得，自己原来是这样走过来的呀。

《家书》所涉事件时间跨度长，内容琐细而丰厚，关乎家庭成员的重要事件几乎皆有涉及，从这些家书中间，是否可以看出社会的变化？

当然可以看出社会的变化。从20世纪70年代初到80年代末，变化还是挺大的，虽然我的那些信是以家事为主，也还是能够窥见社会的变化。一个家庭是社会的一个细胞，一个人也是。我的成长也是伴随着社会的发展，当兵，考大学，教书，当编辑。这个过程中经历的文凭热、经商热、南线战争、百万大裁军等等大事件。另外还有很多小细节，比如收入的增长、物价的增长、服装的变化、家具的变化、稿费的变化等等，都能看到社会发展的痕迹。加上那些老照片，也很能看出过去的生活状态。

在文学领域里有许多书信体的名著，《家书》是作为文学作品的形式而呈现的，你希望读者能从你这本书里获得什么？把这本书放在当下文学的大背景下，你自己是如何评价的？有什么样的期待？

老实说，写之前我丝毫没想过这个问题，因为没把它当成文学作品来写。的确，文学领域里有很多书信体的作品，比如傅雷的《傅雷家书》，梵·高的《亲爱的提奥》等。我个人觉得它们之所以被读者喜爱，很大程度是因为书（信）中所渗透出的浓浓亲情，当然还有书信写作者的修养、学问，以及独特经历。而《家书》的书信写作者，却是一个稚嫩的青年，除了亲情，论修养、论学问、论阅历都很欠缺，有的只是青春期的困惑和挣扎。所以我并不指望读者能从这本书里获得多少人生哲理或做人的道理，我只是想呈现那个时期一个青年走过的路。当下非虚构作品越来多，不乏优秀之作。2015年诺贝尔文学奖得主阿列克谢耶维奇的非虚构作品，就深深打动了我。我个人觉得非虚构写作最重要的一点就是态度诚恳，尽可能地还原真实、不粉饰、不做作。我希望《家书》能被更多的青年读者喜爱，能从中明白一些简单的道理，比如自己的一切要靠自己努力，比如家人永远是重要的。

这些书信，你是尽量保持原样呢？还是进行了一些修订？你修订的主要原则是什么？

录入的信，我尽量保持了原样，包括错别字也保持了原样。其实大部分录入的信我都拍照了，只不过版面有限不可能全刊在书里。要说对信件选择的原则，那就是和我自己成长有关的，和父母对我的关爱教育有关的，以此为主。其他的，比如家事，涉及他人隐私，或者意思不大的事，我就省略了。另外录入过程中，涉及到他人的，凡是帮助过我的，对我有过积极影响的，我基本都写出了真实姓名。希望以这样的方式，表达我的感激。

今昔对比，你感觉自己有哪些地方要对父母说的？有哪些话是特别想对年轻人说的？

对父母，永远都是那两个字——感恩。随着年龄的增长，随着阅历的增加，这样的感激之情越来越浓厚。父母给予我的，是我永远无法报答的。年轻时不懂事，总以为父母就该如此，等自己做了父母，或者等自己看到了各种各样的父母，才知自己父母的不易。我为自己有这样的父母感到幸运。

至于对年轻人，想说的都是老生常谈，就是有空还是要多和父母聊聊天，多和父母交流一下感情。哪怕是一起聊聊影视剧，一起玩儿玩儿游戏。虽然现在不写信了，但交流方式依然很多。不管自己多忙，或者多有成就，都不要忘了父母的养育之恩，没有谁是凭着一己之力长大的。现在多做一点，将来就少后悔一点。

过去，书信是一种特殊的社会符号，它给人们留下了许多美好的记忆，但是在这个通讯异常发达的时代，书信已经成了一个稀罕之物，你是怎么看待这种变化的？你认为纸质的书信交流会不会消亡？

书信（这里主要指纸质书信）淡出我们的生活，是从电话普及开始的，我记得20世纪90年代末，我就写过一篇感叹人们不再写信的随笔《一封关于信的信》。我估计自然的纸质书信（为写而写的除外）终会消失。虽然很可惜，却无法避免。我们今天的生活更新得太快了，很多东西的消失（或出现）真是迅雷不及掩耳之势，是我们完全没想到的。比如我们完全没想到我们坐在家里可以买七买八，我们完全没想到出门购物可以不带现金，我们完全没想到拿着手机就可以隔山跨海地和家人面对面，我们还没想到一个叫二维码的东西渗透到了每个角落。不过，我对这些完全没想到的新东西是怀着欣喜的，这种欣喜淡化了我对失去的东西的哀伤。也许这样的速生速朽，我们一生就浓缩了几生，我们在生前就能看到自己留下的文物了，想想也挺有意思的。

从1978年起开始发表作品，你的处女作发表在哪里？谁是最初的伯乐？走上文坛的道路是否顺利？

看到这个问题我有些汗颜，以后我要改一下，把最初发表作品的时间推后到1984年。因为1978年我发表的那四篇小文，真的是很幼稚，不能称为作品。第一次见报是在1978年4月的《重庆日报》，第一次见刊是在1978年第六期的《解放军文艺》。那时我就是一个小战士，自己投稿去的。要说伯乐，第一次发表我作品的编辑都是伯乐。

我真正开始发表小说，是在六年之后的1984年，那时我已大学毕业一年多了，在《昆仑》（解放军文艺出版社的文学双月刊，现已停刊）第六期发表了第一个短篇小说，责任编辑是海波。海波也算是伯乐之一吧。此后我以每年一到两个短篇的缓慢速度开始创作。那时候养孩子和工作占据了我大部分时间，加之也没摸到门儿，直到1993年以后我才比较多的开始发表作品。1995年有一次小爆发，记得一年内我就发表了9个中短篇小说，其中5个是刊物头条。到1998年我40岁了，才开始写第一个长篇。在创作上，我真的是晚熟加慢熟。20世纪80年代好多50后作家都走红了，我还是个业余作者。所以我跟好多60后作家一起玩儿，因为出道晚。呵呵。

能谈谈家庭对你的影响吗？

家庭对我的影响很大。我很幸运，父母都是非常好的人，正直，善良，有爱心。我们家就我和姐姐俩姊妹，从小得到了比较好的教育，家教也很严。我从小就属于成绩好又听话的那种孩子。尽管我父母最早是不希望我走文学创作这条道路的（他们希望我学理工科），但他们依然潜移默化地影响了我。母亲是报社的编辑，文笔非常好，父亲是工程师，特别喜欢古典文学。于是，母亲对文字的感觉影响了我，父亲对文学的热爱影响了我。他们后来看到我对文学一心喜欢，也就不再阻拦了。当然，父母对我的影响不仅仅是在创作上，还有对生活的态度，对工作的态度，正直的秉性，包容的情怀，做事认真，为人厚道，还有幽默开朗的个性等等，都影响了我。

新一批成长起来的军旅女作家，很多难以脱离自身的经历，都是写军营生活或军校生活。你的小说却离自我很远（据我有限的视野），你觉得这些得益于什么？

我还真没想过这个问题。我确实写了大量的军营之外的社会小说，从数量上说，几乎超过了"军事题材小说"。我是这样想的，面对文学，我首先是作家，其次才是军人和女人。所以我的职业对我的选材不会有太大影响，我只是根据内心的感觉去写的。

为何会如此？现在试着梳理一下吧：一个是家庭的影响，或者说成长经历的影响。第二个值得一说的原因是，我读的是地方大学，而且还是20世纪80年代初刚刚恢复高考的大学校园，思想开放，充满活力。我从大量的经典作品那里，从老师同学那里，获取了丰富的知识和养分。

第三个原因，我自认为我已经具有了一定的虚构能力和感悟能力，不太依赖所经历的人和事。最后，我必须承认，我写军事题材不是特别得心应手，即使写，也只能从感情角度入手，我写不了大场面，写不了金戈铁马。这可能和个性有关吧。

无论小说《春草》还是传记文学《隆莲法师传》，你的作品中不少关于女性的故事写得精彩细腻，格外打动我。很好奇你是怎么把握和驾驭"春草"这个人物的？何以把女性角色写得如此真实？

写《春草》是有一点冒险，因为我一点儿没有农村生活的体验，我连知青也没当过。但在生活中我不断接触到像春草这样的女人，她们打动了我，一开始只是感动，到后来就觉得非把她们写出来不可。我觉得她们太了不起了，比我强一百倍。挫折不是一次两次，苦难不是一天两天，但她们没有倒下，挣扎，奋斗，忍耐，苦熬，坚决不气馁，不放弃，甚至咬紧牙关不诉苦。曾有个读者看了小说后写信给我说，你写的就是我母亲啊。他还问我是怎么知道他母亲的经历的。这让我很吃惊。可见在中国，像春草这样的农村女性太多太多了，她们如草一样遍布，与命运抗争。千百年来的文化传统以及尚不发达的经济状况，让她们的生存十分艰难。但她们默默地艰辛地劳作着，为了让家人能过上好日子，为了让儿女们改变命运，从姑娘做到母亲，从母亲做到奶奶，一直做到离开人世才停下双手。她们是生活的底色，也是亮色。我一直认为，女性的坚韧和忍耐，是女性最了不起的品质。我写春草这样的女人，就是为了向坚韧的女性表达敬意，向承受苦难的女性表达敬意。

你问我如何写得如此真实？我想第一是我爱她们，想努力写好她们。然后是用心去感悟和揣摩。虽然我和她们的生活很不一样，缺少体验，可作家毕竟还有虚构能力和想象能力。何况我也过过穷日子，也经历过苦苦挣扎的生活，多少可以弥补一些。

很羡慕你有机会接近隆莲法师。《隆莲法师传》的写作，对你的心态或创作有什么影响吗？

采访隆莲法师对我来说是一种缘分，也是一种福分。因为我先生的奶奶年轻时跟隆莲法师是好姐妹，差不多就是闺蜜，我有幸比较早的就见到了隆莲法师。我年轻时有个愿望，就是去写那些了不起的女性，所以当有人约我写隆莲法师时我一口就答应了。我不是把她当成神来写，而是当成一个女性来写。她越是平凡就越了不起。为了写《隆莲法师传》，我前前后后采访了她老人家两年多。我很怀念那些日子，常去她的小院子里与她对谈。每次谈完后，都感觉自己心里很宁静，也很通达明朗。我想这经历对我的创作肯定会有影响的，因为对人生的认识有影响就会对创作有影响。

评论界对你的叙述方式，大致认定为"温情"可以概括。你自己如何评判？

评论家李美皆写过一个《裘山山论》，其中有两段论述：

"裘山山的教养和经历使她的内心具有很强的向善性、向光性、母性，呈现为某种质感，就是秋日沉淀的沙床，正午温厚的河水。这种温厚的内在沉淀使她能够在创作中对人性加以温暖地守护。"

"裘山山不以乌托邦诗篇来进行虚妄的抚慰，而是尽力贴着地面走，以女性乃至母性的胸怀悲悯，抚慰着笔下的小人物。裘山山一向关注普通人的痛苦、矛盾、困惑，因为，看似简单的个体生命，其实都有复杂的内心生活。"

我比较认可她的评价。我个人认为我的创作比较有悲悯情怀。我努力用文字去体察每一个生命的艰难和痛苦，去描摹每一个生命的珍贵和独特，去欣赏每一个生命的温暖和光亮。我愿意给我自己和喜欢我文字的人，带去温暖与抚慰。

可否谈谈你的短篇小说创作？评论家洪治纲认为，你的短篇小说几乎全都是针对当下生活的，特别是那些并不具备某种重大历史意义和尖锐冲突的普通生活。面对越来越同质化的生活，你会觉得题材匮乏吗？

至今为止，我已经创作发表了一百多个短篇小说，为什么喜欢写短篇？我也琢磨过，也许和个性有关，性子急，总想尽快把一个故事讲出来，把结局讲出来，把看法说出来。没耐性（所以也留不起长发）；还有个原因，对大题材缺少把握能力，换一个说法，对重大题材缺少兴趣。

虽然我也写了5部长篇小说，4部长篇纪实文学，但写短篇让我更快乐，更自信。这些年，我越来越着迷短篇的创作，着迷它的结构，它的叙述风格，它的韵味。不要小看短篇，一个小切口，一样会有痛感。大喜大悲大起大落的人物命运值得写，小人物小场景小细节也值得写。勿以善小而不为，用在写作上也是可以的。生活中最普通的情感，喜悦、哀伤、嫉妒、内疚、思念、郁闷、忐忑不安，都是人性的折射。所以我认为，要写好短篇，第一就是不能轻视它，而是要热爱它，要喜欢它。也许你喜欢，才能沉住气，去发现生活中那些微小的却有价值的事情。

至于说到题材，我一点儿也不觉得匮乏。生活是无法穷尽的。不要说所有的生活，单是婚姻生活都写不完。何况我们不仅仅是写故事，是写形形色色的人，写无比复杂的人性。潜入其中，会发现许多隐秘，其乐无穷。

从短篇到长篇，是因为厚积薄发的自然过渡，还是觉得写到一定程度必须要以长篇证明自己的实力？

我写长篇的时候，压根儿没想过这些问题。就是遇到那样一个题材，必须写几十万字才行。《我在天堂等你》是我的第一个长篇，就是进藏采访遇到了这样一个题材，感觉非写不可。第一稿写到了四十多万字，修改时压掉了几万字，还有三十五万字，这是我至今为止字数最多的一个长篇。应该说，是我遇到了必须写的长篇。三代西藏军人的故事，三十多万字都少了，拿给会写的说不定写三卷本呢。

当然，我得承认，写长篇比短篇累人多了，是全方位的考验。思想、语言、技术，还有意志。每次写长篇我都要掉头发、掉肉。每次写完我都想，以后再不写长篇了。但遇到必须写的题材，我还是会写的。

长篇纪实散文《亲历五月》是在汶川余震中断断续续写作的。而且采访中你本人也经历了生死。这次独特的写作经历给你带来了什么？

之所以把《亲历五月》收入我的文集，就是因为这本书对我来说太独特了，它几乎与文学无关。前面我说，面对文学，我首先是作家，其次是军人和女人。但是写作《亲历五月》这本书就颠倒过来了，我首先是军人，其次才是作家和女人。

作为军人，我的职责要求我在第一时间赶往灾区，第一时间拿出作品。那个时候我将自己的作家身份转为记者身份，快速采访，快速写稿，快速见报。大地震发生后百日内，我发表了22篇作品，多达10万字。一直到奥运会开幕我还在灾区。

这次独特的写作经历极大丰富了我的人生，虽然我至今没有写地震题材，但它让我对生死，对灾难，对救赎，都有了新的更加深刻的理解。同时，我也为自己是一名军人感到骄傲，那个时期我的许多战友都在灾区战斗，冒着危险，尽职尽责，奋不顾身，吃尽苦头。我们都做到了问心无愧。

《八岁的运河》采取一个八岁女孩的视角来书写中国20世纪70年代的日常生活。作品的结构非常用心，也突破了以往的"温情叙事"。很想了解你在写作这部作品中的心态是怎样的？

可以说，从来没有一部小说像它那么让我有责任感，我一再对自己说，必须写出来，必须留下来。我甚至不能否认它在很大程度上是我的亲历。但是在写作过程中我不断意识到，这段经历不仅仅属于我个人，也不仅仅属于我们那一代人。它是历史长河中的一部分，是不应该被忘记的那段历史的一部分。虽然它已经过去了将近半个世纪，但并没有因为岁月的沉淀而变得清晰。该正视的尚未正视，该厘清的尚未厘清。而且我发现，由于岁月的流逝，那些刻骨铭心的记忆竟然在渐渐淡去、渐渐消褪，这令我紧张。写之前我对自己的叙述定位是：客观，真实，冷静，不控诉，不渲染。"文革"在我童年的眼里，更多的是荒诞、荒唐、滑稽，然后才是可怕、可憎。我想尽力写出那场可怕的浩劫之中，尚未灭绝的人性和温情，父母之爱，邻里之谊，师生之情，和小伙伴们青梅竹马的快乐。写完后我感到最大的遗憾，是对那段历史的梳理和反思还远远不够。不过我又想，也许对作家来说，最重要的，是呈现。

《遥远的天堂》是你又一部关于西藏的作品。西藏对你来说有着怎样独特的意义？在不同的时代，你对于西藏的书写和认识，有何变化吗？

《遥远的天堂》已经出版10年了，第一版是2006年出的，2007年获鲁迅文学奖。它和《我在天堂等你》被称为姊妹篇，不同的是，这一部是非虚构文学，是长篇纪实散文。我把自己10次进藏的经历，以及十几年来所采访到的、听到的、见到的关于西藏军人的故事梳理归纳到了一起。如果说西藏对我有独特的意义，那就是它是我的精神高地，也是我的福地。

2014年我再次与创作室全体同仁进藏采访，可能是年龄大了的缘故，我反应很大，这让我意识到也许今后我无法再进藏采访了。回来后，我们集体创作了长篇报告文学《雪线上的西藏》。在那本书里，我又写了几个新的西藏故事和西藏军人。我自己感觉在写法上有些变化，但对于雪域高原和西藏军人的感情，依旧如故。

你如何评价自己的语言风格？

说到语言风格，我追求的和我呈现的，可能会有所不同。

我追求的是朴实简洁，机智幽默。但肯定没完全达到。达到了一些吧，比如朴实，我想我基本做到了，我一直是比较本色的写作，这个受我母亲影响，她教导我要用自己的话去写，不要渲染夸张。简洁也基本做到，我讨厌拖沓，长期当编辑养成了习惯，总是反复修改稿子，没写完就会回头去改，看到哪里多一个字也会去删掉，有时删掉了感觉不通畅，又加上。受不了粗糙的文字。

但机智幽默，就是更上一层楼的境界了，我还在努力。

在《家书》之后，可否谈谈你接下来的计划？

我的新作《家书》目前已经完成。我下一部创作也是非虚构作品，是中国作家协会与中国科学院合作的一个项目，专门写中科院重大创新成就及杰出科技工作者群体，我接受了其中一个。我很愿意为中国科学家立传，这辈子没能按父母的心愿学理工科，好歹弥补一下。

设问人：舒晋瑜 作家，《中华读书报》总编辑助理

陈蕾 文学编辑

鲍尔吉·原野

鲍尔吉·原野，1958年生，内蒙古赤峰人。著有散文集《掌心化雪》《流水似的走马》、报告文学集《最深的水是泪水》、短篇小说集《哈萨尔银碗》等数十部。曾获鲁迅文学奖、全国少数民族文学创作骏马奖、蒲松龄短篇小说奖、《小说月报》百花文学奖等。

不诚实是一种罪孽

鲍尔吉这个姓氏，属于成吉思汗子孙黄金家族的命号。可姓氏并没有注定鲍尔吉·原野的命运，许多成吉思汗的子孙离开故乡，告别草原，而他留了下来，将一生献给草原。他对于故乡的热爱，不止因为他的姓氏、他的出生地，更因为这里的大自然、这里的文化，以及对祖先的怀念。蒙古人认为污染河水、毁伤草木是罪孽，不诚实是罪孽，不赡养父母是罪孽，这些世代传下来的准则深深烙刻在他心里，这种热爱全部渗入到了他的创作之中。

原野老师，首先祝贺你获得了第七届鲁迅文学奖。虽然在几年前我就开始关注你的散文创作，不过一直没有机会这样面对面交谈。这次很荣幸有这样一个机缘，能够比较系统、全面地与你畅谈文学与创作。大家都知道你是蒙古族，现在在沈阳定居，不过你行事为人都较为低调，对于你的创作历程和人生经历，大家还是了解不多。请你先为我们简要介绍一下吧。

我想从1981年开始说起，当时我在内蒙古文联的《草原》杂志发表一组诗《假如雨滴停留在空中》和一篇短篇小说《向心力》。按照过去的说法，这是第一次在省级刊物上发表文学作品，意味着步入文坛。但我彼时并不会写作。这像小孩子画画一样，他信手涂鸦却受到称赞，但他并不知是怎样画起来的，他对线条、对色彩的规律并不懂。几乎每个小孩都经历过这个阶段，我将此称为"天才绘画"，或"假绘画"。对这个小孩而言，这个阶段将转瞬而逝，他会被其它游戏所吸引，比如弹玻璃球、游泳，最常见的是互殴。如果，这个被称赞的儿童的生活在绘画中停下来，他一直画下去，是相当可怕的一件事。这等于让生活停滞，这个孩子承担不了这样的负担。

这个情形，类同初入文坛的写作者，至少像我当时的状况。处女作发表后，我豪情万丈投入创作。当时流行一种观念——好像现在仍然流行——说"有志者事竟成"。这是毫无道理的一句话，是一句不知什么人，在什么情况下说出的话，它只强调主观努力，而不管客观条件。我是这句"格言"的奉行者之一。当时我刚刚入职——在赤峰市广播电台担任编辑，刚结婚并有了女儿。单位——现在想起来都难以置信——竟分给我一套新楼房，你什么都不需要做，到后勤部门把住房钥匙领回来入住就可以了，这是在20世纪80年代初期。我在入职、结婚、住房诸方面都顺利，就注定后面的事情不顺利。人生就那么多事，有注定的顺与不顺，只是先后顺序不同而已。而写作对所有写作者来说都不是顺利的事，如同跑步对所有跑步者均艰辛。我那时练习写短篇小说，写出来投寄各家文学期刊，之后石沉大海。在那个时代，从事文学创作的人非常多。时代由封闭到部分开放，人们由集体无语进入可以把自己写的钢笔字变成铅字，文学意味着社会的苏醒。那时，像顾城那样背着一兜作品投寄出去然后积累一抽屉退稿信的文学习作者也非常多，只有少数人凭着他们的敏锐、才情与运气在数量很少、版面很少的期刊报纸上发表作品。他们是幸运儿，其他人都在苦苦挣扎。那时候，文学期刊、报纸的刊载量完全无法应付全国性的写作浪潮。从阅读也可以看出人们对文学的热情。当刊登报告文学《哥德巴赫猜想》的《人民文学》到达赤峰市新华书店后，购买者从新华书店排队一直蜿蜒到马路上，占领了十字路口，汽车停止行驶也排起了长队。我想说，爱文学在那个年代是再正常不过的一件事，像吃饭喝水一样，我是其中一人而已。而这些人，后来绝大多数"事竟不成"。不是他们没才华，是持续开放的社会给他们提供了更多的选择机会。

我出生于20世纪50年代末，我们这些人从事文学创作最大的短板是读书太少，如果想写作，一定比有书读的人更艰难。我日日夜夜地构思与写作。现在看来，大部分时光都在做无用功，但从硬币的另一面却培养了一个创作者应有的耐力，也培养了我写小说必备的刻画人物、组织故事的初步能力。20世纪80年代，我写的一些短篇小说陆续在《现代作家》（现《四川文学》）、《文学》（现《安徽文学》）、《作家》《萌芽》《上海文学》《鹿鸣》和《民族文学》等期刊发表。短篇小说《白色不算色彩》获得《文学》杂志年度奖。这个时期我还发表了一批诗歌作品。我的老师——诗人安谧对我的写作有重要的影响。

到了1987年，我们全家迁居沈阳，一切都变了。我从小地方进入大城市生活，在一个陌生领域里工作，起初完全不适应，没有从容的心态写小说，又不愿放弃文学梦想，转而写篇幅较短的散文，至今也近30年了。最开始，我不知道散文怎么写，所写是一些文学笔调的情景记录、人物速写和读书笔记。摸索着写到今天，更加不会写了，因为在今天我看到了文学、散文的浩瀚星空与大海。来到海边的人，会顿悟自己的渺小。

过谦了原野老师。通过你的描述，我能强烈地感受到你在创作伊始对文学的那份热情和渴望。很想知道你创作时的一般状态是什么样子的，是有感而发，是即兴创作，还是沉淀一段时间？

创作状态是个说不清的事情。"有感而发"对我常常不灵光。在鼓荡十分的情感面前，所能表现者不过三分而已。也就是情感这个气球里的气充不进作品的气球。我后来明白，"感"是内心的独立活动，它跟身体联系比较密切。而文学是另外的独立系统，两者之间不是输送关系，而是化学性的转化关系。可是沉淀时间过长，题材又会蒸发。我的状态是觉得该写了，就强迫自己写。"强迫"这个词，道出了我写作时的困境：完全不想写，不知道怎么写，困难重重。所幸它们都被写出来了，好与不好只有天知道。

在我看来，你写作时的这种韧性和耐力正好与你的蒙古族文化身份有着天然的联系，下面就想听听你是如何看待蒙古族身份、你的故乡对创作的影响。

"蒙古"与"故乡"，这两个元素在我心里是重叠一体的。少数民族有自己的语言——仅仅凭语言这一件事，他们心里就有一个不同于外部世界的独有世界。一切事物由于语言的命名呈现出独特性。命名是重要的，太阳和Nara（蒙古语太阳的音译）虽然指向同一物体，但各自感受不同。蒙古族有自己的文化，在这里，我把文化理解为祖辈流传下来的对世界万物的阐释和伦理观念。譬如蒙古人认为污染河水、毁伤草木是罪孽，不诚实是罪孽，不赡养父母是罪孽。这些世代传下来的准则深深烙刻在每个蒙古人的心里，包括我心里，这些都会渗透到我的创作之中。

我在作品里写到的草原和蒙古人民的生活，是我在故乡赤峰市的所见所感，这是我生活过的地方，所以我的作品也是我的故乡记忆。《流水似的走马》这本书获得鲁迅文学奖之后，赤峰市委宣传部召开表奖会，给予我至高的荣誉——奖励一匹蒙古马。我在获奖感言中表达了对家乡的感激之情：我曾经无数次梦到故乡赤峰。梦见她的山、她的草原，包括杏花和天空的小鸟。60年过去了，如果把梦境的所有碎片组成一幅画，是这样的情景：一株卑微的小草，在太阳初升的光线里看到了自己长长的身影，好像长成了一棵树，长在西拉沐沦河浇灌的草原上，忘记了自己的渺小，感到前方的道路开阔无尽。感谢家乡授予我"赤峰市百柳文学特别奖"这一尊贵的荣誉。我在怀想远方那匹马，它的矫健令人赞叹！从成吉思汗时代开始，奖励一匹马，是蒙古民族至高无上的赏赐，希望我能分到它的智慧和勇气，继续前行！

这份特殊的获奖礼物很让人感动。我们都知道一个作家的成长会受到很多方面的影响，在你的创作经历中，哪些作家的作品对你产生过比较大的影响？

在创作中引领我、提升我的老师是诗人安谧和评论家楼肇明。给我留下深刻印象并影响我创作的作品主要有：托尔斯泰的《战争与和平》，契诃夫小说，巴什基利亚作家卡里姆《漫长漫长的童年》，杜甫诗，惠特曼的《草叶集》，泰戈尔与纪伯伦的诗，艾·巴·辛格《卢布林魔术师》，汉乐府诗，马克·吐温的作品。

通过你的作品我们都知道，你很热爱跑步，听说最近你也成为"沈马"的形象大使，能谈谈"跑步"对你创作的影响吗？

从内心说，我跑步是一种对抗。我真心不愿与污浊的社会风气合流。但是当风气成为风气时，你就不适于表达对它的厌恶，否则你会被众人厌恶。不断地、疯狂地跑步，会让一个人清空自己，他会变得简单澄明，心里多余的东西就被挤掉了。这样的人会变得有些傻——对好多事反应不过来，我宁愿自己傻。我很想拿自己当一个试验品，看一看傻的结果最终会怎么样。跑步20多年，改变了我的人生信条，我会认为：每一件事都不能投机取巧。失败是经常发生的，成功的机遇随时都有。狄金森曾说："我们生来就是为了含辛茹苦。"这是跑步者的写照，也是写作者的写照。跑步者睡得早，起得早，在曦光中感受大地的呼吸，是有福之人；跑步让人身体强壮，性格朴实，胃口好，睡眠好，可以应对繁重的文学劳动；跑步让我知道人生不是竞赛，是自己与自己的对话、修复、完善与过招。

三十余年的创作，你已出版了几十部散文集，在这些作品中，你较为偏爱哪些呢？

我比较牵念这几部书：一是《掌心化雪》，2000年出版，此书前后卖了有10万册吧，为我找到了一些目标读者。二是我的第一本散文集《善良是一棵矮树》，1995年出版，这套丛书的作者有楼肇明、止庵、苇岸、老愚和我，那时候我们相互结识并相处愉快，想起来十分亲切。三是《青草课本》，这是一本谈古典音乐的书，2002年出版，它记录了我的爱乐时光。我有两项爱好，一是跑步，二是听古典音乐。一首勃拉姆斯的《德意志安魂曲》我傻傻地听了20多年。写作前，先放这首曲子，乃至恍惚。好像我所有的文字都来自这首交响曲。

你创作很重要的一个主题是对草原故乡的书写，能谈谈你是怎样构建自己散文中的故乡的吗？你对自己的草原故乡、草原人民是一种怎样的感情？

这是一个好问题。如果作家能够连续不断地写故乡，而这个故乡在读者面前呈现出了丰富性、深入性和驳杂性，那么，这个文学里的"故乡"是由作家创造的并且他成功了。这个"故乡"不等同于作家出生地的真实情形。创造"故乡",于作家是一项长期艰巨的工作,他要一样一样置换填充"故乡"的一草一木,包括太阳月亮和人的表情与手势。如同福克纳笔下的奥克斯福只存在于福克纳的作品里,它的名字叫约克纳帕塔法,却比现实的美国南方更真实。我写的草原故乡是我创作的文学园地。跟大师的领地相比,我的园地很小,但也是我一笔一笔画出来的风景。能够进入"创造故乡"的作家是幸福的,是对他们写作的巨大考验。

对草原和草原人民的感情?岂止是感情,你看那溯流而上的大马哈鱼群,你看那从南方飞向北方的雁群……看到这些,你就知道这不是感情,是宿命,他们不是他们,是我们。"我们"于我是草原和草原人民的总称,它是一棵大树,我是上面的一片小叶子或叶子上的小锯齿。

你对草原故乡的深情厚谊我在过往的阅读中就已经感受到了,今天面对面交谈,更是能通过你谈话的语气神态感受到,这种"小锯齿"的情义其实是世上最真实的情感和告白。下面,想请你为我们介绍和评价一下《流水似的走马》这部获奖作品。

《流水似的走马》这部散文集的第一辑"索布日嘎之夜"占到书的一半篇幅,是我在2014年之后写的新作品。其余各辑是之前20多年中所写作品的选编。新写的作品没有对之前作品进行延续,视角和想法都不一样了,篇幅也不一样。《火的弟弟》《我认识的猎人日薄西山》均为长散文,每篇约两万字左右。我把牧民们放在更辽阔的大自然和更深厚的蒙古传统文化中加以观察刻画,贯注着我的情感体悟,是我所创造的"故乡"的主要组成部分。说到对本书的评价,请允许我在这里引用书评家韩浩月为这本书写下的几句话:"《流水似的走马》是鲍尔吉·原野在出版了几十本书之后的又一部散文集。可是在读它的时候,竟然有读新人作品时才能产生的那种独特的喜悦——作者的语言充满一种好奇，像穿越山涧与平原的水流，时而奔放激越，时而平缓惆怅，但始终保持流动的速度。这种语言，穿越了严苛的时间考验，让鲍尔吉·原野的文字，从传统时代走来，仍然能在所谓的新媒体公号时代，让读者产生阅读愉悦感与转发的冲动。"

是的，所以有评论家认为你这部书是草原文学的巅峰之作，中国的蒙古族作家开始用世界文学的角度书写草原与自己的民族。还有一个问题，很多读者，也包括我，都被你的散文语言所折服，你的作品多篇被收入中小学语文课本中，可以说，你的写作是对汉语语言美的一个充分展现。能谈谈你运用语言的心得吗？你是怎样建构自己的"修辞世界"的？

语言，是的。除了语言，文学作品，尤其是散文里还能剩下什么呢？如果血液里没有氧气，其它成份有什么用处呢？你的故事没有说书人说得更好（单田芳的粉丝不少于1000万人），你的题材没有网络更惊耸，你没有视屏画面，没有配乐，你有什么呢？语言！除了语言，作家一无所有，当你用优美、准确、生动、幽默的语言与读者交流时，你才获得文学人活下去的理由。古人给我们留下了什么？秦汉宫阙早已颓圮，他们给我们留下最为确凿无疑的宝贵遗产是语言，它比四大发明更伟大。能够珍惜地、纯洁地、准确地运用这种语言，是对祖宗的最大忠诚。

我是蒙古人，汉语文不是我的母语，但在阅读和写作中，汉语文让我着迷，我感受着它的无尽的美感与质感。它可以像豹纹那样华丽，像小鸟飞翔那样灵巧，像大地那样厚重，像山岩那样坚硬，像月照大江那样流光千里。作为少数民族族裔作家，我为自己多篇作品收入国内大中小学语文课本而感到幸运，我觉得在这个用大话、空话、套话与粗鄙话语污染汉语的时代，我和孩子们一起使用纯洁的汉语交流心迹，实在是一件美好的事情。

说到建构"修辞世界"，我以为首要是倾听，用耳朵听各地的人用不同的语言表述世界。然后是阅读，看优秀作家怎样用文字传达美感。这是饶有兴味、永无止境的功课。

聊到现在，以上的问题可以称作是散点透视，我非常想问你一个直接的问题，那就是你一直以来所坚持的一种创作观或者说自己所坚持的一种文学信仰是什么？

我的文学信仰来自惠特曼。他所描写的草是世上最为卑微、最为广大的存在；也是低下、平等和自由的象征，还是鲜明的美学旗帜。这样的文学来自土地，强调朴素和流动，和中国固有的书斋文学和庙堂文学完全不一样。我希望我的作品能让读者感到这是在旷野里和星空下写下的文字，有风和露珠的参与，其中的所谓幽默或优美不过是河流与虫鸣的一部分，远处还有草和土地的歌唱。

我们都知道文学不是孤岛，它与社会生活紧密相连，你的作品也是对社会人生思考的结晶。作为一名作家，你也一定很关注当下文坛与社会，你能谈谈你比较关心社会生活的哪些方面吗？你如何理解作家的担当意识？

我比较关注几十年来中国社会结构的变化，关注这期间国民性的变化，关注飞速发展的中国对自己的看法。简言之，我愿意用鲁迅刻画国民性所提供的视角来观察鲁迅所爱所恨的中国人今天的内心感受和表达。进一步说，我是那个未庄的疑似不姓赵的阿Q，我在观察我自己的内心以及赵钱两位太爷、他们的女人与儿孙，尤其是人数最多的未庄广大村民们的喜怒哀乐。

我觉得作家的担当首先是卸妆，卸掉作家身份，回归社会人的角色。然后是诚实。诚实地对待文学劳动，诚实地记录这个时代的艰辛与美。

"卸妆"的比喻非常形象，作家需要诚实劳动，你的散文中也一直有"批判"，不过很想知道你对于"文学在当下社会已经无用""文学已死"等论调怎么看？

文学一直都在场呀！也许有一些纸质文学的杂志社关张了，那只是这个时代消失的几十万个单位中的几个而已。文学一直在广告里、影视里，特别是网络里高高飞扬。文学是空气，它不仅流动于文学编辑部的房间里，它流动于一切地方。纯文学或者叫传统文学只是文学的面目之一，如观世音菩萨有三十二化身，文学也有许多化身，身身不同。微信公众号的诞生，也可以理解为一万家文学杂志社的诞生。文学一直在被运用，只是目的、效果不一样。

你的内心比我们年轻一代的学人更坚定、更强大、更乐观，我们反倒更容易受当下舆论环境的影响。就我的阅读体验来说，你散文呈现的自然世界对于当下青少年朋友是非常独特的，有别于他们日常生活接触到的现代城市生活。不论是你运用语言修辞的方式、还是讲述的故事，我想对于青少年朋友们都会是不小的震撼，能谈谈你希望自己的创作对青少年有何影响吗？

目前没有具体的调查数据反馈说我的作品对青少年有什么影响。但我深知，当下网络上由亿万人参与创造的时时更新的语言和文化样式对青少年影响巨大。假如我的作品透过课本对青少年有所影响的话，我希望他们能体会这个人的语文态度不虚伪、朴素，对生活有观察并有爱。

我盼望看到中国的青少年在中华语文和多元文化的灌溉下有一种朴实蓬勃的样貌，他们懂得审美并在美里获得爱的力量。爱，而不是其它，是一个民族获得持续活力的内驱力。

我知道你以老师的身份，近年来也一直为中学生、大学生授课讲座，能从你讲课的角度，谈谈当下文学教育的缺失吗？或者是当下青少年文学素养方面应该如何培养？

我近年陆续在沈阳师范大学等院校给学生们开办讲座，讲杜甫、古诗十九首和欧美文学。我感到一些即使是文科的学生包括研究生的语文能力也有缺失。应试教育在他们最好的时光剥夺了他们在语文课中审美的权利和能力，语文只是通向高考的工具之一，是分数的科目。文科生也不见得爱文学，就像建筑工人不一定爱水泥。我以为语文能力应该是国民素质的重要呈现，不光是表达与作文。语文应该给予学生审美能力。透过美，学生们汲取到爱——包括尊重、悲悯、节制、友善、胸怀、眼界和文化的多样性，这是良善国民应有的素质，生活在这样的人群中彼此都很舒服。而且，语文应该让学生学会欣赏大自然之美，懂得审美的一生而不仅仅是赚钱的一生是好人生。这些元素，在当下的语文课里有吗？即使有，也被高考的功利目标冲淡了。可是，你想过没有，如果未来的国民是一些只会赚钱，不懂得审美的人，他们会冷漠，会盲从，这真是相当可怕的一件事。美，不是作家和艺术家的术业，是所有人通向善的路径之一。否则，我们为什么号召人民读中外文学名著呢？若要补救这一缺失，我要用一句官话回答你：这需要领导重视。这是国家行为，除此没别的办法。

在谈话接近尾声的时候，我想用"感动"二字来概括我的心情。不论是你对故乡的热爱，还是你不断突破自我的创作之途，还是你对当下社会人生的关爱，都让我看到一个匍匐于大地的写作者：心中充满良善，意欲表达美好，在旷野中、星空下，倾听万物歌唱。最后想听听你对自己创作的期待以及对读者阅读的期待。

谢谢你！我对自己的创作期待什么呢？越写胆子越小了，但眼界有所提升。如果天假以年，我想以当下作为一个新的开端，把心底储存已久的一些东西慢慢写出来，这需要勇敢，也需要技术。我希望像魔术师那样从袖子里抛出扑棱棱的白鸽，它们是我酝酿多年但没敢写的东西，怕写不出或写不好。我祈盼读者诸君垂注我的新作品，欢迎诸君批评指导。

设问人：韩文淑 评论家，吉林大学文学院副教授

熊育群

熊育群，1962年生，湖南汨罗人，广东省作家协会副主席。著有诗集《三只眼睛》，长篇小说《连尔居》《己卯年雨雪》，散文集及长篇纪实作品《春天的十二条河流》《西藏的感动》《路上的祖先》等十八部。曾获鲁迅文学奖、郭沫若散文奖、冰心散文奖等。

骨子里的文化酵母从未离开

熊育群呕心沥血十几年创作出有关抗日战争的长篇小说《己卯年雨雪》，小说甫一问世就引发了大量关注，专题报道见诸各国报端。这部长篇突破了关于战争的一些认知，超越了简单的人道主义与和平主义，以中国传统文化、精神人格与人道主义的融合，成就了充满力量感的人性之书、悲悯之书。熊育群表示，写魔鬼容易，写人变成魔鬼就难了，但只有写好人变成魔鬼才有启示意义。他的写作以世界和平为目的，希望能永远给人以警示。

你现在已经是著名作家，你能谈谈自己的主要创作经历吗？

我少年时期就画画，给小朋友讲故事，我当孩子王靠的是瞎编故事，写过长篇侦探小说，青年时期做画家梦、歌唱家梦，大学时期写诗。在上海读大学时还小，17岁，非常想家。万物花开的四月，春天的气息强烈地袭击我的感官，我是在一种本能的引导下写起诗来的。写春天，写思乡，很幼稚。我的起点很低，文化素养与艺术的能力都很低。但我有疯子一样的热爱。

现在回头来看，这都不是太要紧的问题，兴趣的确是最好的老师。我走到今天，全都是自学。我的建筑学、新闻、美术、摄影和文学，全都自学得来，我三个职称：建筑工程师、新闻高级编辑、一级作家，除了工程师是科班出身，其他两个正高职称都是自学得来的，科班得到的还是个中级职称。自己体会来的东西才是自己的。

年轻时候写诗，当然现在也写，2018年推出了新诗集《我的一生在我之外》。写散文主要是到广州之后，岭南文化的务实使得我散文的空灵落到坚硬的现实上。因此，创作上有了很大的变化。写小说是现在最迷恋的，有太多的想法，太多的题材。文学创作除了艺术的修养，重要的还是人生的经历和文化的供养。

你在诗歌、散文、小说等多种文学体裁上都取得了不小的成就。你是怎么理解自己从诗歌到散文到小说的转向？文学给了你怎样的影响？

我觉得，我本质上是个诗人，灵魂是诗人的。来到广东我才开始散文创作。我的散文是比较诗化的，而且很唯美。我自己觉得我早期的散文是诗歌的一种展开。散文能把日常的东西带进文字中，内容更为丰富，因此也更吸引人。随着年龄增长，我眼光变得高远，看到的就不只是眼前的东西了，还有消失了的更为广大的时空里的东西，那就是所谓的历史吧。它对于我同样是存在之物，我能够感知感觉得到，让时空粘连，让消失的事物在现实里重新浮现。事实上，现实生活里它仍在流传、生发，正如时间之流不会断开，历史与现实从来就有着千丝万缕的联系，就看我们是不是有这样的眼光发现。有时空感的抒写，能写透很多东西，生命、文化、历史等等，乃至意义的浮现，内含的丰富、厚重，这都是自然的过程。

写小说是我多年的愿望，我既无限地逼近现实，又无限地虚构创造着一个世界，我以小说来追问生存的荒诞、生命的虚妄，以及文明的病灶。

文学帮助我思考，让我去把握世界，它是我人生的一个支撑。有时甚至是一种信仰与宗教，一种终极的价值追求，在我现实生活遭遇困顿时，它给我以精神的力量。

我觉得你的散文是"行与思"的散文，文字中隐藏着一种反思的大情怀，这在当下作家之中很难得。你以敏锐的目光观察生活观照自己并努力揭示出思考的症结，能谈些个人具体的感受吗？

写作中，我始终关注的是自己的灵魂。我把自己当作一个对象，我观察它、剖析它，通过它寻找到一个独特的世界。这是我自己的世界。既客观又主观，但它是一个人所感知的真实世界。人在行动中，心灵的感受是变幻最大最丰富的。因此，我的创作得益于我的行动。这种行动既有我地域上的迁居、工作上的变换，也有我国内外的游历。我常常是一个人上路，有时甚至连目的地也不定。人生重要的在于经历，多些经历，就多了生命的内容，等于延长了人生，我用空间来战胜时间。

在你行走的经历中，西藏是形成作品最多的一个地方，你20年前只身前往青藏高原旅行探险，并在国家科考队进入雅鲁藏布大峡谷之前，先行穿越大峡谷，战胜了死亡的威胁和难以逾越的自然障碍，后来又登过珠穆朗玛峰。你对西藏的印象是怎样的？

西藏有一种巨大的力量，她来自于自然，也来自于生存，她能改变你的人生观，改变你的心态，让你更接近生存的本质。她给你一种坚定的力量，不对现实屈服，坚持自己的理想。我对她有一种感恩的心理。

我曾经用3个月走过了藏北的羌塘草原、阿里的神山圣水，爬过了珠峰，穿过了大峡谷。五次大难不死，像珠峰雪崩、大峡谷山体塌方、中印边境的暴雨雷击、藏北无人区的迷路，还有饥饿、翻车等等都让我遇到了。从滇藏线走到云南时，我瘦了20斤，几乎换了一个人。心灵深处的改变更大。我从此认定了朴实的生活才是生命所需要的，一切奢华皆过眼烟云。

在你获得鲁迅文学奖的散文集《路上的祖先》中，从客家文化到欧洲风情，你的笔墨带来了心灵阅读的震撼。

我并非历史书写者，我从现实的生存出发，视角是极其个人化的，但它都是触动心灵的东西。这里的历史是从生命出发的一次更幽深的体验，如同从现实的层面打开一口深井。重视身体，身体生理、心理的反应是我得以体验世界、表现世界的依据。因此，我写历史、文化、风情，都是主观化的有着我个人体温的东西。

据了解，你出生在汨罗江边，而且是端午节，那是屈原投江自尽的地方，你如何看待养育你的那片土地？

有人说我的散文是当代作家中最具楚人风范的散文之一，也许这与我出生在汨罗江边有关。在我的血脉里浸染着浓厚的楚文化，它时而恣肆汪洋，立意悠远，时而天马行空，傲骨铮铮。我至今非常感念养育我的湘北大地，我写作的视线，或者说骨子里的文化"酵母"，一直没有离开过这一片神奇的山水。

我感觉到你非常关注民间文化，是否与你的出生地有关呢？

我们说民间是一个文化宝库，它不是空洞的。先从对待生死的观念和态度上来说，不同的文化主要从这里被区分。每个民族都有自己的巫师，这些神职人员大都是自己民族历史与文化的传承者，也是集大成者。

洞庭湖是楚文化的中心地区之一。楚文化主要是巫文化。虽然这种文化表征消失了，但流淌在我们血液里的鬼气仍然是区别于中原的地域文化特征。这种文化曾让庄子醉心过。我在《复活的词语》中写到过楚文化与中原文化对于人性的不同态度。这是日常生活表现出来的文化。

在我们家乡给亡人做道场的时候，道士和尚的吟唱，所想象的冥界，有很博大精深的东西。譬如对生死的认识、对生命的感叹，都是非常深刻和令人震撼的。我们的悲欢不过是前人悲欢的延续。我们都在以同一种语言表达。

你对民间文化有过特别的经历吗？它给你的写作带来了怎样的影响？

有一次，我搜集到一本唱词，年代不详，其中有招魂一篇，形式与屈原《离骚》中的《招魂》完全一样，但内容不同。那么它与屈原的《招魂》谁在先？谁影响了谁？我相信屈原写他的《招魂》不会全无依傍，何况那时正是巫风盛炽的年代，招魂是当时最普遍的祭祀活动。这部唱本用到的词是非常古老的词，已经在现代人的视野之外了。我在《生命打开的窗口》一文中引用了一点。正是这种生命共同的幻灭感让我们与过去接通。

这一切当然也对我的创作产生很大的影响。

关注生命个体的存在，思辨生命本体，乃中国文学沿袭千年的传统。如此卷帙浩繁的经典文本中，从来就不乏浓郁、敏锐的生命意识。你曾在答记者问时说到你的生命意识非常强烈，请你诠释一下你对"生命意识"的理解。

生命意识简单来说就是死亡意识。当然前者的概念要大于后者，但它是建立在后者基础之上的。人对于死亡的敏感有差异，天才人物大都对死亡特别敏感，极端不敏感的人直到自己面临死亡才如梦初醒，这样的人是愚顽而没有灵性的。用一种死亡的眼光看待一切，会具有对事物宏大把握的可能，能够看清看透人生的意义，呈现生命的本相。庄子就是这样的人，他的所作所为都是彻悟者所为，他为亡妻鼓盆而歌，他的庄周梦蝶，他的逍遥游，所有的一切都是对于死亡的反抗。是死亡意识唤醒了生命意识，是死亡意识让人追寻生命的意义，对自己的存在产生极大的疑惑，感受时间和万物的节律。

我无法摆脱强烈的生命意识，对于死亡直接的感知与思考，我在《生命打开的窗口》和《死亡预习》中已有最直接的表现。如果把生命意识比作一种温度，那么我大多数文章都浸透了这种冰凉的体温。它在每个字里结成了霜。像历史文化散文《复活的词语》《脸》，生命散文《春天的十二条河流》，你用看透自己一生的目光看世界，世界呈现出的景象将是瞬息的、暂时的、变幻的，它们都带着强烈的时间印迹，历史也不再遥远，它与现实息息相通。

你的散文中有不少"历史文化寻根"的篇章。但你对历史文化的书写，似与20世纪90年代以来流行的"文化散文"大相径庭。请简要谈谈你的"文化观"，以及你书写历史文化的策略。

我不太认可"历史文化寻根"的说法，这与我前面说到的散文观是一致的。我写历史，是因为我感受到了它的气息，它就在我生活的时空里，我感觉到了它的存在，历史文化在我只是呈现事物的一种工具，它不是目的，通过它我找到现实与过去的对接，把我们看不到的事物延伸过来，我在乎的是从前的气息，我感觉到了这样的气息和气场，我要把这已经虚妄了的气息表现出来，把这种存在再现出来。我还在乎的是这一过程所表现出的时间的纵深感，也就是说，我还是不能摆脱生命意识，这是超越自身的更宏大的生命意识。人类在传递生命，当然还有传递中的文化，作为一个诗人我对此不可能不敏感。

文化只有与个体的生命结合它才是活的，那些活在每个心灵之上的文化才是我能够感知的。否则，它就是知识，是脱离个体感知的抽象的文化知识，这样的写作是知识传播，而非文学的性灵抒写。

所以我的历史文化散文不会有完整的历史，它们是断续的、跳跃的，历史永远是跟随人的心灵意志的，或者是时空的感觉，或者是一个抽象出来的象征符号，我要表达的是心灵史，是消失了的生命的现场。我只要抓住自己的一种感觉，一切都会在这种感觉中展开。往往在写作中，我会重新发现历史，特别是民间的历史。这与行走和阅读有关。如果只是躲在书斋里，就很难有新的发现。

曾经读到你写的一篇名为《无巢》的新闻纪实小说，小说通过对衰败乡村的描述，对都市社会底层生活真实而苦痛的揭示，以及人物心灵在黑暗现实探搓下发生灾变，却最终在乡土文化和亲情的抚慰下走向忏悔和救赎。读后很受触动。这篇小说在《十月》发表后还登上了《小说选刊》头条，并被多本中篇小说年选收入，社会反响很好，这凸现了你在小说创作方面的深厚潜力。你是否打算弃散文而转攻小说创作？

写小说谈不上弃散文。现在小说是我写作的重点。

你的长篇小说创作是从《连尔居》开始的吗？

从出版时间来看，《连尔居》是我的第一部长篇小说。从写作时间来说，却是《己卯年雨雪》。连尔居是我出生村庄的名字，那是个建在洞庭湖沼泽地上的村庄，面对荒野，一群迁徙的人做了一个生存的实验，有关自然、人性和文明的实验，连尔居就像一个实验的容器。这是我与它阔别三十多年后突然醒悟到的。正如马尔克斯《百年孤独》中的马孔多，它非乡镇，而是寓言似的一个世界。连尔居也是，当有人说它是农村题材小说时，我感觉特别荒诞。虽然《连尔居》出版当年进入了中国作家长篇小说排行榜，但对它真正的认识还远未开始，我相信未来岁月里会越来越显现它的价值。

你去年推出的长篇小说《己卯年雨雪》引起了极大的反响，听说这部小说是你从"营田惨案"的田野调查开始的，用了14年的时间搜集资料与创作，非常不易，请你谈谈创作《己卯年雨雪》的过程。

这得感谢互联网，15年前，我在网上无意中发现了"长沙会战"，汨罗江防线就是我家门前的河，这仗就在我家门口打的！这让我非常吃惊。那时，亲历者有的还健在，我从他们的口中知道了"营田惨案"。但谁也说不清惨案的具体情形，连死伤人数都说法不一。我找了一个朋友易送君，他组织起人马，我们开始了一场长达一年的田野调查。在我写作的漫长时光里，很多亲历者都去世了，连易送君都离开了人世。

以这样的题材作为小说来写，无疑缺少新意。这是一个写了几十年的老题材，而且战争是我最不熟悉的，当我写到五万字时不知道如何往下写了。这时候我才发现写好这个题材远没有这么简单。我放了很长时间也没有找到感觉，觉得写不出来了。这五万字中有些不错的内容，丢了可惜，但它又不是一个完整的东西，我便从中挑了一万字出来，作了一些修改，这便是2006年4月发表在《人民文学》上的《春天的十二条河流》。想不到这篇文章反响很大，还引起了争议，说它四不像，是散文还是小说就有争议。

我的困难很多，一是不熟悉民国时期的生活；二是对抗日战争特别是"长沙会战"了解十分有限。我吃不透的东西又如何能够独立思考，进而去感受去发现去表现？我的立场与情感又如何建立？

随着相关资料的获得，一点点的积累，就像拼积木似的，真相似乎在慢慢复原。譬如当年湘阴县县长谢宝树的《守土日记》的发现，那场战争每一天发生的事情他拣重要的记录下来了。特别有一天，我在大理的旧书店无意间发现了《湘水潇潇——湖南会战纪实》，在这本书中，我看到了一个日本女人近滕富士之的档案材料，一个真实的日本人的内心世界令我感叹，她让我回到了常识——我们是一样的人。正是她引出了小说的女主角之一武田千鹤子。

这时候我认识到要写好这个题材不能缺少日本人，离不开日本人的视角。因为这是两个国家间的战争。而我们这么多年都一直在自己写自己，日本人几乎成了一个魔鬼的符号。写魔鬼容易，写人变成魔鬼就难了。但只有写好人变成魔鬼才有启示意义。要说战争中的人性，日本士兵更能提供丰富的例证。

第二次创作，有了一对日本恋人。那时我没想到遇到了更大的挑战：你如何写好日本人，尤其是昭和时期的日本人与他们的生活。日本人的视角必定有他们对这场战争的理解，他们自己认为的战争史与真实历史的区分，他们如何思考如何行动，他们真实的内心世界……

牵涉到日本的历史、地理、文化、国民性、起居生活环境等等，你又依托了哪些书籍？

这时期，我开始看日本的书。侵华日军的战地日记也开始出现了，我找到了《东史郎日记》《荻岛静夫日记》，还有太田毅《松山：全军覆灭战场的证言》、小熊英二《活着回来的男人》，这些书有的是我从台湾找到的，有的是朋友惠赠，有的是民间抗战博物馆的高价影印件，它们对我帮助特别大，让我有如亲历。小说主角之一武田修宏立即获得了灵魂，他的每一个行为都有了依据，特别是恶行细节我无一虚构，它们全部来自这些日军日记。

当然，光有书本是远远不够的。还得去日本采访、体验。两次去日本，我不但找到了侵华士兵的家，找到了昭和时期生活的真实环境，还找到了千鹤子的原型。

有人指出你的大作《己卯年雨雪》与著名的《战争与和平》有相似之处，你怎么看？

托尔斯泰的《战争与和平》是世界名著，中国几乎家喻户晓。我早年就看过。也看过电影。它是史诗性的对于战争全景式的描写。《己卯年雨雪》与它不同的地方，是选择了一个"营田惨案"的事件切入进去。

我的小说通过中国与日本两个家庭来反映这场中日之间的持久的战争。但我的立足点是"己卯年"，就是1939年，"营田惨案"发生的时间，主要通过中日两对恋人的回想与交锋来表现战场背后广阔的社会与生活背景。这种全景有别于托尔斯泰，是一种相对概括的全景，同样有一种史诗性。与托尔斯泰那种慢节奏全景式写法的时代相比，如今小说的观念已经发生了很大的变化，尤其是中国的小说艺术不同于西方，我们的审美偏于感性与感觉，就像中国的山水画重视虚与留白，不像西方油画要求每个细节都照相似的作细致入微的刻画。所以说这是中国式的。

《己卯年雨雪》以中日两对年轻夫妇的爱情为主线，战争之前，他们的生活并无多大区别，真挚的爱情，待人接物的友善，日常生活里的温情，战争来临，这一切急剧变化，两对毫不相干的恋人变成了不共戴天的仇敌。从国家到民族到个人，悲剧在每一个个体身上发生，无人可以幸免。小说以中日双视角叙事，创造了一个中日对话的语境，写出了中日两个民族在文化、心理、审美上的碰撞和冲突及其内部复杂性的层层展开，既钩沉战争形态下诸多反人道、反文明的残暴细节，又从历史的苍凉图景出发，探微历史表象之下深层次的逻辑和行为法则。在多重视角、多向度叙事中，表现战争如何把一个正常人一步步变成杀人魔王，又发生了人性的觉醒。

我写作的主要目的就是把战争真相告诉人们，就是为了世界和平而写。小说具有强烈的现实性、针对性，把我们每一个人都带到了一个巨大的课题前，拷问着我们的灵魂，这也是人类长期需要面对与思考的课题——战争与和平。因此，我愿意将这部书视为和平之书，希望它永远给世人以警示。

你曾说过《己卯年雨雪》采用了虚构与非虚构的写法，为什么要把非虚构融进小说？

小说是虚构的艺术，但面对这样一个巨大又残酷的事实，你会觉得虚构的小说特别无力，尤其是现实生活中的人越来越偏爱非虚构的东西，小说面对现实正在失去它的力量。我尝试了一条虚构与非虚构结合的路子，那就是细节、大的事件、背景、环境力求真实，但人物与故事可以虚构。人物能够找到原型的，我尽力寻找。我希望读者可以根据小说内容去与现实世界对应，甚至寻访小说主人生活与走过的地方。我自己写作时就沿着小说主人的行动轨迹行走过了。小说因此拥有一股真实的气息，它能够对现实发言，就像一个人站到了大地上，它是能够发力的。

在北京的研讨会上，你在讲话中说，在对史料的挖掘中，你一度因看到人性的残忍而感到绝望，甚至抑郁。你能谈谈这方面的情况吗？

这个题材你要深入会很恐怖，承受力差的人可能会被击倒，譬如张纯如。我的绝望倒不是来自那些血腥的场面，而是人性。在完成《己卯年雨雪》创作之后，我看世界的眼光也变了。我在小说中追问战争灾难责任时，竟然追究得十分困难，很多人都自我原谅了。如同一千个人来凌迟一个人，到底是谁杀死了他？这其中人性的恶更令人心寒，我时时感觉到寒意。几千年来，社会变化如此巨大，人性却一点没有变化。人类只有自己筑墙自我设限自我警戒，建立重重机制，困住心中的兽性，也许才能够得救。目前，战争几无摆脱的可能，细细想一想，直接的大规模的杀戮，是多么残暴野蛮的行径，但战争却依然在地球上肆虐。有人说《己卯年雨雪》是一部和平之书，的确，它写出了战争的非人性与残酷性，看过《己卯年雨雪》的人绝不会轻启战端，他会走入反战的队列。

《己卯年雨雪》甫一出版，就引起了中日两国读者的反响，引发了大型的"和平祭"系列活动。2016年3月28日，在小说故事发生地湖南湘阴，当年侵华的日本士兵与中国抗战老兵第一次坐在一起，反思战争、祭祀死难者、祈愿和平。他们代表了中日民间不忘历史、反对战争、要求和平友好的声音。日本一些读者和作家写信表达对这部小说的喜爱。《己卯年雨雪》的和平主题从书本进入了现实。

《己卯年雨雪》多次进入畅销书排行榜，受到国际文坛的关注。外文出版社挑选了美国汉学家，正在翻译，准备推向国际。埃及、匈牙利、意大利、俄罗斯汉学家也在洽谈翻译出版事宜，匈牙利、罗马尼亚、波兰、保加利亚、约旦、摩洛哥等国家图书馆、博物馆和作家协会纷纷收藏。日本、埃及等国媒体前来采访报道。中国抗日战争文学题材作品引起国际关注，因为它直面的是战争，是战争的本质与思考，超越了民族与国家的立场。

设问人：陈仓 作家，诗人，媒体人

《对话百家》系列丛书作家名录

大 解	王 干	叶 舟	宁 肯	龙仁青	吉狄马加
刘亮程	西 川	何建明	李元胜	李鸣生	李修文
李春雷	周晓枫	欧阳江河	荣 荣	海 男	商 震
梁 鸿	裘山山	鲍尔吉·原野		熊育群	

弋 舟	马金莲	双雪涛	文 珍	王十月	王威廉
付秀莹	田 耳	石一枫	乔 叶	孙 频	朱山坡
张悦然	张 楚	李 浩	李骏虎	肖江虹	周李立
郑小驴	徐则臣	黄咏梅	鲁 敏		

二月河	凡一平	王 蒙	王跃文	王 刚	王祥夫
尹学芸	方 方	邓一光	东 西	冯 唐	冯骥才
艾 伟	叶 弥	关仁山	吕 新	孙惠芬	朱 辉
次仁罗布	衣向东	红 柯	刘 庆		

刘醒龙	刘庆邦	刘慈欣	李敬泽	李佩甫	迟子建
余 华	吴克敬	张 炜	张 平	杨少衡	杨争光
肖克凡	邱华栋	邵 丽	阿 来	阿 乙	陈忠实
陈 彦	陈应松	麦 家			

宗 璞	周大新	周梅森	范小青	范 稳	金仁顺
柳建伟	残 雪	胡学文	赵本夫	赵 玫	海 飞
莫 言	贾平凹	陶 纯	盛可以	笛 安	葛水平
蒋 韵	韩少功	熊召政	魏 微		

王安忆	马 原	叶 辛	孙 颙	血 红	吴 亮
张 翎	甫跃辉	陈思和	金宇澄	赵丽宏	姚鄂梅
唐 颖	殷健灵	秦文君	钱谷融	葛 亮	路 内
蔡 骏	潘向黎	滕肖澜			